KB108344

<동아시아연구총서 제6권>

동아시아 마이너리티 사회와 타자표상

동의대학교 동아시아연구소 편

박문사

동아시아연구총서 제6권을 발간하면서

근대 제국주의의 산물인 많은 수의 마이너리티는 식민지 지배라는 구조적 강제에 의해서 타국으로 이주한 뒤에도 조국과의 관계와 민족적 정체성을 유지하면서 초국적 네트워크의 형성을 지향한다고 볼 수 있다. 이러한 마이너리티 사회는 대개 제국주의 전쟁이나 박해에서 벗어나거나 경제적 기회를 얻기 위한 월경 또는 국가의 강제이주를 통해서 성립되기 때문에 거주국과 조국 사이에서 수많은 난관에 봉착하게 된다. 먼저 거주국에서는 자국 사회와 이질적인 마이너리티 사회를 어떻게 수용하고 통합해나갈 것인지가 중요한 사회문제로 대두된다.

바로 일본에 있어서 재일조선인의 문제가 그렇고, 아이누인, 오키나와인의 문제가 그렇다. 그리고 중국의 조선족을 비롯한 수많은 소수민족, 러시아의 고려인의 문제가 그렇다. 재일조선인의 문제에 있어서도 1945년 이전 일본강점기에 건너가 정착한 재일조선인 올드커머의 문제와 1948년 대한민국 정부수립 이후에 건너간 재일코리안 뉴커머의 문제는 같으면서도 각기 다른 다양한 사회적 문제를 내포하고 있다.

주류인 메이저리티는 수가 적어도 스스로를 다수라고 생각하며 그래야 안심하는 사람들이다. 이들은 현재의 지배세력에 동참하거나 할 수 있다고 생각하는 사람들이다. 자기를 지배하고 있는 세력과 동조하려 하거나 독자적인 삶을 살려 하지 않는 사람들, 스스로 피지배자로 남길 원하거나 혹은 남을 지배하려는 사람들이다. 이에 반해 비주류인 마이너리티는 수의 많고 적음에 관계없이 권력의 장악이나 지배 세력에 편입되기를 바라지 않는다. 그들은 지배 세력이 요구하는 것과는 다른 독자적인 삶의 모습을 꿈꾸고 실천하며 기득권을 이용하여 남을 지배하려 들지 않는다. 이러한 마이너리티의 개념은 매우 수동적이며, 차별당하고, 배제당하는 소수자 집단이 아닌 행동을 포함한 적극적인 개념의 마이너리티를 의미한다. 그러나 이런 긍정적인 의미와 달리 현실 속의 마이너리티 사회는 항상 차별당하고 배제당하는 일이 만연해 있는 사회이다.

그러나 마이너리티와 메이저리티의 관계는 영구불변의 고정적인 것이 아니다. 경우에 따라서는 누구나 마이너리티가 될 수 있고, 메이저리티가 될 수 있다는 다양성에 대한 사회 구성원의 진중한 인식이 필요하다. 결국 중요한 것은 우리 사회가 앞으로 좀 더 탄력 있고 변화하는 사회로 발전해 나가기 위해서는 이러한 다양성이 인정되고, 일탈의 허용 범위와 개인의 자유가 보다 폭넓게 보장되어야 한다는 점에 귀결된다.

이 책의 출간은 동아시아 지역에 있어서의 마이너리티 사회를 살펴보고, 이들 마이너리티의 문제가 어떻게 표상되고 있는지에 대해 다양한 관점에서 논의해 보고자 하는 시도에서 비롯되었다. 동아시아 마이너리티의 다양한 사회 문제들을 파악하고 향후의 문제에 대해서 조망하고자 한다. 그러나 동아시아 마이너리티에 대한 연구가 거대 담론 수준에 머물러서는 안 될 것이다. 동아시아 지역의 다양한 개별 사례들을 통해 동아시아 마이너리티의 전체상을 파악하고, 그리고 이러한 인식을 토대로 다시 한국과 일본, 중국에 있어서의 마이너리티를 바라보는 관점의 전환이 필요하다고 생각한다. 동아시아 지역의 다양한 마이너리티 사회를 이해하기 위한 담론을 구축해 나가는데 있어서, 이번 동아시아연구총서 제6권의 발간은 시사하는 바가 크다고 생각한다.

이 책은 동아시아연구소가 최근 개최한 동아시아 관련 국제학술심포지엄 주제와 관련된 글을 모아 『동아시아 마이너리티 사회와 타자표상』이라는 주제로 엮은 것이다. 이번 동아시아연구총서를 발간함에 있어서 흔쾌히 출판에 동의해주시고 원고 집필에 협조해주신 집필진 여러분에게 깊이 감사드린다. 또한 총서 기획에서 원고 편집에 이르기까지 협조해준 동아시아연구소 연구원 선생님들께도 감사의 마음을 전한다. 끝으로 이번 총서 출판에 아낌없는 후원을 해주신 도서출판 박문사에 감사를 드리는 바이다.

2019년 5월

동의대학교 동아시아연구소

소장 이경규

목차

동아시아연구총서 제6권을 발간하면서 · 003

제1부

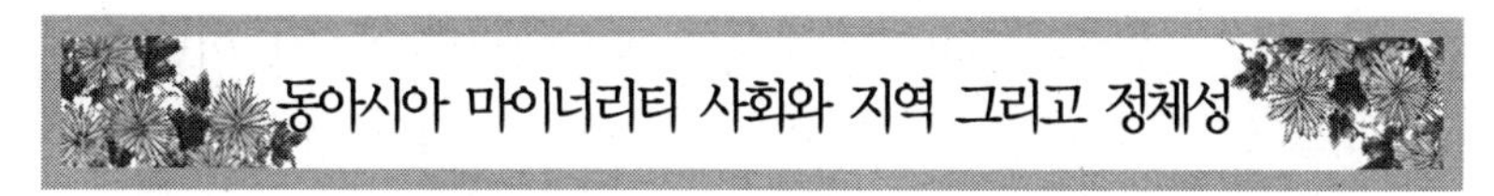

011 동아시아의 마이너리티로 본 신종교 운동 … 양은용

031 디아스포라의 다층·다중적 커뮤니케이션을 통한 … 이홍렬
초국적 연계성/정체성 형성
-영국 터키이민자와 재일코리안의 일상적 경험 비교 분석-

063 홋카이도와 아이누 민족 … 구로타키 히데히사

089 오키나와 지역 마이너리티의 복잡성과 과제 … 마키노 에이지
-동아시아 마이너리티 연구의 새로운 사유 방식-

109 조선족 청년의 초국적 이동과 정체성 변화 … 예동근

제2부

재일코리안 사회의 역사와 민족교육

135 재일한인과 민족교육 현황 … 이수경

209 조선학교 교과서에서 보는 체제유용성 추구의 민족교육 … 권오정
–고급부 「현대조선력사」를 중심으로–

261 미군정기 재일조선인 발행의 신문기사 … 이경규
–한신교육투쟁 관련기사를 중심으로–

281 일본 속의 마이너리티 … 임영언
–도쿄와 오사카 코리아타운의 공간적 특성 비교–

참고문헌 · 313

찾아보기 · 331

제1부

동아시아 마이너리티 사회와 지역 그리고 정체성

동아시아연구총서 제6권

동아시아 마이너리티 사회와 타자표상

동아시아의 마이너리티로 본 신종교 운동

양은용(梁銀容)

원광대학교 대학원에서 문학석사 학위를 받았으며 일본 붓교대학(仏教大学) 대학원에서 석·박사과정을 마치고 문학박사 학위를 취득했다. 이후 모교인 원광대학교에서 교수를 거쳐 대학원장, 종교문제연구소장, 한국종교학회 회장, 한국원불교학회 회장, 한국종교사학회 회장을 역임하였다. 현재 원광대학교 명예교수이며 한일문화연구원장, 수필가로 활동하고 있다. 저서에 『한국근대사상사 탐구』, 『아침을 깨우는 지혜법문』 외 다수가 있고, 논문에 「원효의 미륵신앙과 연구」, 「원불교 교서 결집과 이공전종사」 외 다수가 있다.

1 서언

근대는 격동의 시대였다. 과학문명의 발전 아래 전개된 선박·통신·정보 등의 기술진보는 이른바 지구촌사회를 이루게 되었고, 서세동점(西勢東漸)의 제국주의 물결 속에 전통사회는 일대 변혁을 초래하였다. 그것은 정치체제에서부터 각국의 관계, 그리고 민중의 일상생활에 이르기까지 일찍이 경험하지 못했던 새로운 세계상이었다.

본고는 이러한 근대에 있어서 우리나라를 비롯한 동아시아를 살펴보고자 한다. 근대적 표상(表象)과 마이너리티(minority)를 특히 신종교 운동(新宗敎運動, New Religious Movement)과 관련해서 파악하려는 것이다.

한국의 경우, 근대 이후의 사회상황을 사상적인 측면으로 조명하면 크게 세 가지 부류로 나누어 볼 수 있다. 하나는 유·불·도 삼교를 중심한 전통사상(傳統思想)의 근대적 변모, 둘은 그리스도교를 중심한 서구사상(西歐思想)의 유입과 토착, 셋은 자생 신종교를 중심한 민중사상(民衆思想)의 흥기이다.[1)]

첫째는 전통사상의 근대적 전개이다. 고유신앙 위에 중국으로부터 전래수용된 유·불·도 삼교가 한국사상을 주류를 이루어왔는데, 근대의 격변하는 세태를 맞아 새로운 구세이념을 전개한 것이다. 불교는 개혁사조 아래 전개된 개혁론(改革論)과 실천[2)], 유교는 구신론(求新論)과

1) 양은용(2015)「근대한국의 종교와 역사인식－한국 자생 신종교의 개벽사관을 중심으로－」『신종교연구』33, 한국신종교학회, p.204 참조

2) 權相老의「朝鮮佛敎改革論」(1912), 韓龍雲의『朝鮮佛敎維新論』(1913), 李英宰의「朝鮮佛敎革命論」(1922), 金壁翁의「朝鮮佛敎杞憂論」(1927), 朴重彬(1891~1943)

공자교운동을 전개하고[3], 도교는 조선시대의 수련도교에서 민중도교로 변모하였다.[4]

둘째는 서구사상의 유입과 토착이다. 제국주의의 동점과 함께 18세기에 장래된 그리스도교는 가톨릭의 신유박해(1801)·병인박해(1866) 등의 수난사를 거쳐[5], 19세기에 장래된 개신교와 함께 개화운동의 여러 부문에서 선구적인 역할을 수행하였고, 이는 전도와 토착으로 이어졌다.[6] 의료·교육 등에 미친 영향은 지대한 것이었다. 이에는 한일합방 후의 일본, 광복 이후의 미국에 의한 정치적인 영향을 특필해야 할 것이다.

셋째는 자생 신종교를 중심한 민중사상의 흥기인데, 새로운 문화·사상의 발아 형성이다. 민중 속에서 일어난 신종교 운동은 변화되는 사회상황 아래 기성종교 역할의 쇠퇴를 전제하는데, 이 변화된 세계상을 한국 자생의 신종교에서는 개벽사관(開闢史觀)에 의해 파악하는 특징을 보인다.

이러한 경향은 동아시아의 한·중·일 삼국이 크게 다르지 않다. 물론 전통사상을 삼교라 칭하는 것이 무방한가, 서구사상의 유입을 근대에

의 『朝鮮佛教革新論』(1935) 등의 개혁이론서와 함께 禪法改革, 制度改革, 경전한글화 등 다양한 운동이 20세기 초기에 전개되었다. 졸저(2012) 『한국근대사상사탐구』 논형, p.186 이하 참조

3) 金允植(1835-1922)의 「敎化論」, 朴殷植(1859~1925)의 『儒教求新論』(1909) 등 유교개혁리론, 張志淵(1864~1902)의 大同教, 李承熙(1847~1916)의 孔教, 李炳憲의 孔子教 등의 실천운동이 그 예이다. 금장태(1993) 『한국근대의 유교사상』 서울대학교 출판부, p.103 이하 참조

4) 1850년대 이후의 각종 勸善書 開版普及과 權重顯(1854~1934)의 『功過新格』 등 민중도교로의 변모가 뚜렷하다. 졸고(1996) 「한국도교의 근대적 변모」『한국종교사연구』5, 한국종교사학회, p.348 이하 참조

5) 주명준(1984) 「천주교의 수난사」 숭산기념사업회 편 『한국근대종교사상사』 원광대출판국, p.701 이하 참조

6) 이찬수(2009) 『한국 그리스도교 비평』 이화여대출판부, p.31 이하 천주교회·개신교회의 연구성과를 참조

한정해서 볼 수 있는가, 신종교 운동에서 민중사상을 어디까지 인정할 것인가 등에는 부차적인 논의가 필요하다. 그럼에도 불구하고 이들은 시대사조(時代思潮)를 대표하면서 미묘한 차이는 오히려 각각의 국가 사회가 가지는 특징을 드러낸다.

다만 신종교 운동에 관해서는 종교학계에서 연구의 지평을 여는 단계에 있다. 종교의 본령은 구세제인(救世濟人)에 있는 만큼, 변화된 시대에 맞추어 새로운 구세이념(救世理念)을 제시하는 입장에서 보면, 신종교 운동은 사회상황의 변화를 가장 잘 읽을 수 있는 분야임에 틀림없다. 그러나 그것이 곧 역사적인 평가까지를 담보하기는 어려운 일이며, 이점이 마이너리티적인 성격을 드러내는 대목이기도 하다.

2 근대의 표상, 제국주의와 동아시아

근대의 시기설정을 어떻게 할 것인가에는 관점에 따라 다양한 견해가 가능할 것이다. 흔히 역사의 시작과 끝은 시대구분이요, 철학의 시작과 끝은 개념이라는 말이 있는데, 한국의 경우에 있어서 사상적인 측면에서 보면, 최제우(水雲 崔濟愚, 1824-1864)가 동학(東學)을 창도한 1860년을 근대의 기점으로 삼을 만하다.[7] 신종교의 효시를 이루는 동학 교명이 타자인식(他者認識)을 전제한 자아발견을 전제하고 있기 때문이다. 이와 관련해서 보면, 중국에 있어서는 백련교(白蓮敎)에 의해 1794·1801·1813년 등 민란이 거듭되는 시기[8], 일본에서는 잇손뇨라이

7) 편찬위원회 편(1984)『한국근대종교사상사』원광대학교 출판국, 시대구분 참조.

기노(一尊如來喜之, 17562-1826)가 여래교(如來教)를 세운 1802년 등이 주목된다.[9)]

이러한 근대적 표상은 동아시아에 있어서는 우선 제국주의 세력으로 대표될 수 있을 것이다. 일반적으로 근대적 이미지는 반봉건의 시민성·과학성·인간성이나 민주·평등 등이 중심가치로 떠오른다. 교육과 계몽을 비롯하여 서구화 등 급격한 변화를 겪으면서 새로운 세계상을 배웠음에도 불구하고 모순과 혼란을 피할 수 없었다. 우리나라를 중심으로 한 동아시아에 있어서 근대는 제국주의 세력에 의한 약육강식의 각축장이었기 때문이다.

서구 열강제국이 다투어 개항과 함께 식민지를 구축해 나가는 가운데, 특히 일본은 1867년 왕정복고에 의한 근대국가체제를 탄생시키면서 제국주의 국가에 편입한다. 이른바 탈아입구(脫亞入毆)정책의 전개이며, 정한론(征韓論) 등의 침략론이 힘을 얻게 된다.[10)] 이는 1854년 미국과의 불평등 조약으로 개항하고, 이어 영국·러시아·네델란드 등과 조약을 맺으면서 제국주의로 변신을 시도한 결과이다.

중국은 청나라인 1840년 영국과의 아편전쟁으로 홍콩을 할양하게 된다. 이어 1841년 영파, 1842년 상해·남경 등을 유린당한 다음 불평등조약 아래, 광동·하문·복주·영파·상해 등 5개 항구를 개항한다. 그리고

---

8) 李民勝 外編(1988) 『中國少數民族宗教總覽』 中央民族學院出版 ; 鄭燦 著(1980) 『中國邪教禍源流考』 佛教出版社 참조

9) 류병덕·김홍철·양은용(1992) 『한중일 삼국 신종교실태의 비교연구』 원광대학교 종교문제연구소, p.33 이하 참조

10) 明治天皇 때인 1867년 國權을 상실한 江戶幕府를 반막부세력이 무너뜨리고 大政奉還의 王政復古에 의한 근대국가가 이루어지자 이듬해 明治維新을 단행하였다. 고종황제의 재위시절인 당시 쇄국정책으로 한국과의 외교가 교착상태에 빠지자 1873년 西鄉隆盛(1828~1877)·板垣退助(1837~1919) 등이 대안으로 정한론을 주장하며, 이는 韓日合邦이라는 일제강점기의 단초를 이룬다.

1844년 미국과 망하조약, 프랑스와 황포조약 등을 맺으면서 잠식되는 길을 걷는다. 그리고 1894-5년 동학농민혁명이 촉발되면서 한국의 지배권을 둘러싸고 청과 일본의 세력다툼이 전쟁으로 화한 청일전쟁에서 중국은 일본에 패하고 만다.[11] 결국 1911년 신해혁명으로 청나라는 망하고 1925년 쑨원(孫文, 1856-1912)의 민족·민권·민생을 주창한 삼민주의(三民主義)를 치국이념으로 한 중화민국의 건국을 가져온다. 그러나 대동아공영권(大東亞共榮圈)을 내세운 일본의 대륙침략에 맞서 1937년 일어난 중일전쟁(中日戰爭)에서 남경대학살(南京大虐殺) 등을 입으며 다시 패전에 이른다.

한국은 1866년 프랑스가 이전의 천주교 박해를 빌미로 함대를 파견한데 대해 대원군은 이를 물리치는 병인양요(丙寅洋擾)를 거치면서 쇄국정책을 고수해 나간다. 1871년 신미양요가 일어나고 이른바 위정척사(爲政斥邪) 운동을 전개하지만, 1875년 운양호사건(雲揚號事件)을 일으킨 일본과 이듬해 불평등조약인 강화도조약을 맺게 된다. 일본의 독점적 경제침탈이 자행되는 가운데 조선은 이를 견제하고자 친중국(親中國), 결일본(結日本), 연미국(聯美國)이라는 외교방침을 내세워 청국의 지원 아래 1882년 미국과 조미수호통상조약을 체결한다.[12]

한국에 있어서 이러한 개항과정은 조선왕조의 몰락을 뜻하며 생민은 도탄에 빠지게 된다. 그들은 국가적인 보호를 받지 못한채 수탈과 억압의 대상이 되며 민란(民亂)을 야기시킨다. 1862년 농민들의 반관숙정운동(反官肅正運動)으로 일어난 진주민란을 비롯하여 각처에서 이어진

11) 강문화(2009) 「동학농민전쟁, 청일전쟁과 청중앙의 강경론 : 文廷式의 『文廷式集』을 중심으로」 『동학연구』27, 한국동학학회, p.72 참조
12) 김재엽 저(2006) 『한국사－개항에서 한일합방까지』 살림출판사, 유홍열(1976) 「개항과 신교자유문제」 『한국종교』3, 원광대학교 종교문제연구소, p.25 이하를 참조

민란은 1894년 갑오동학농민혁명에 이르기까지 다양하며, 그것은 결국 위의 청일전쟁과 관련하여 일제의 침략으로 이어지는 악순환을 가져온다.[13) 그 연장선에 1905년의 을사보호조약, 그리고 1910년의 한일합방에 의한 일제강점기라는 사직이 끊어진 비운의 시기가 존재하는 것이다.

이렇게 보면 제국사조가 고조된 동아시아에 있어서 한국은 마이너리티의 길을 걸었다. 그 가운데 치세이념을 전개한 종교 가운데 특히 신종교 운동은 그 교의나 사회적 역할과는 관계없이 마이너리티로서 존재할 수밖에 없었다.

3 마이너리티로서 신종교 운동

신종교 운동은 세계적인 사조이다. 불교나 그리스도교 등의 세계적인 종교도 그 시초는 미약하여 종교로서의 지위를 인정받지 못했었다. 그 교의를 실천하고 또 전하는 가운데 지구상의 허다한 종교가 흥멸한 가운데서 살아남아 영향력을 행사하고 가치를 인정받게 된 것이다.

그런데 이 신종교 운동은 세계적인 현상이다.[14) 세계가 지구촌사회를 이루면서 종래의 구세이념으로는 감당하기 어려운 상황이 되었고, 이에 따라 새로운 가르침이 요청된 것이다. 형태는 새로운 창립을 비롯

13) 송찬섭(2009) 「민란과 농민항쟁-조선후기 농민운동에 관한 역사용어 검토」『통합인문학연구』1, 한국방송통신대학교 통합인문학연구소, 조경달 저, 박맹수 옮김(2008) 『이단의 민중반란』 역사비평사 참조

14) 김종서 외 『현대 신종교의 이해』 한국정신문화연구원, p.1 이하 참조

하여 기성종교의 교파까지 다양하다. 세계적인 현상으로 보면, 위의 동아시아의 경우를 비롯하여 조셉 스미스(Joseph Smith Jr., 1805-1844)가 1830년 미국에서 창시한 몰몬교(The Churth of Jesus Christ of Later-day Saints), 페르시아인 바하올라(Bahaullah, 1817-1892)가 1863년에 이란에서 창시한 바하이교(Bahaism) 등 이르는 곳에 크고 작은 움직임이 있다. 주요 발생 원인을 정치·사회·경제적인 아노미(anomie), 상대적 박탈감, 전통적 가치관과 기성종교의 설득력 상실, 문화접변(文化接變)에 따른 충격, 인간의 심리적·병리학적 반응 등으로 설명되는데[15], 천년왕국운동·원주민보호운동 등 유사한 개념이 다양하다.[16]

이를 사상사의 흐름에서 보면, 야스퍼스(Karl Jaspers, 1883-1969)의 말대로 인류정신의 개명기인 B.C. 800-B.C. 200년을 전후한 시기를 추축시대(樞軸時代, Axial Age, Achsenzeit)로 부르고 있다.[17] 추축시대의 특징은 인류공동체의 삶이 열리는 가운데 정신적 방향 내지 도덕적 축이 형성됨으로써 그 「본질은 새로운 인간을 창조하는 영성의 혁명」으로 정리된다.[18] 그렇다면 과학문명의 발달과 함께 지구촌사회를 이룬

---

15) 김홍철(1989) 『한국 신종교사상의 연구』 집문당, p.16 이하 참조

16) 서구 학자들은 유태교·그리스도교의 신정통주의(Neo-drthotox)와 신근본주의(Neo-foundamentalist-version)·신동양주의(Neo-orientalism), 잠재력 개발운동(Human-potential-movemaet)를 신종교로 보지만, 유사한 개념에는 부흥운동(Revitalistic Movemant)·천년왕국운동(Millenarian Movement)·원주민보호운동(Nativistic Movement)· 메시아운동(Messianic Movement) 등 그 범위가 매우 넓다. (J. Coleman and C. Baum edis, *New Religious Movement,* N.Y. The Seaubury Press, 1983)

17) Nobert J. Rigali, A New Axis: Karl Jasper's Philosophy of History, *International Philosophical Quarterly* 10, 1970, p.441-457. 엘리아데(Mircea Eliade, 1907-1986)의 표현에 의하면 이 시기는 인류정신의 일대 개혁에 의하여 신화와 전설들이 성스러운 역사(Sacred History), 즉 성서와 경전의 형태로 바뀌는 시대이다.

18) "The essence of the Axial Period is the spiritual revolution which brought forward a new man"(Hellmuth Kornmueller, Karl Jaspers' Philosophy of History, *Morden*

근대의 격변기는 재추축시대(再樞軸時代, Reaxil Age)로 이름할 정도의 중요한 시기를 맞이했으며[19], 그 종교적 대응이 신종교 운동의 형태로 나타나게 되었다는 것이다. 우리나라의 경우에 있어서 그리스도교가 장래·전파된 것은 민중에 있어서는 신종교의 움직임과 다름없었고, 전통종교의 근대적 변모[20] 즉 개혁운동 역시 이러한 시대적 요청에 응한 현상으로 해석된다.

그런데도 불구하고 신종교 운동은 사회적 활동이나 역할의 위상에 걸맞는 인식이 이루어지지 않았다. 예컨대 1920년대 이후 우리나라의 신문화운동을 주도한 것은 천도교이다.[21] 그럼에도 불구하고 천도교를 비롯한 신종교는 공인종교제를 채택한 일제[22]에 의해 모두 유사종교(類似宗教)로 낙인찍힌다.[23] 이후 이 핍칭(乏稱)은 사이비종교(似而非宗教)·이단(異端)·사교(邪教)·신흥종교(新興宗教) 등과 혼칭하여 문화계·종교계는 물론 역사학계·종교학계에서까지 무분별하게 사용되어 왔다. 사회적 마이너리티가 가진 사회적 위상이었다. 이에 대하여 가치개념을 배제한 용어로 신종교라는 개념이 자리잡게 된 것은 한국에서

Schoolman 42, 1965, p.136

19) 梁銀容(2009) 「生命·霊性の問題と仏教」 實行委員會 編 『生命論と靈性の問題』 思文閣, p.48 이하 참조

20) 유교에 있어서 박은식(1859-1926)의 「유교구신론」(1909) 등, 불교에 있어서 한용운(1879-1944)의 『불교유신론』(1913) 등이 그러하고, 도교에 있어서는 민간도교적 성격을 뚜렷이 한다.

21) 조용안 저(1975) 『신문화운동사』 정음사, 참조

22) 宗教法人法 제도를 시행한 日帝는 公認宗教로서 불교·神道·그리스도교를 文部省에서 관할하고, 그 밖의 종교를 類似宗教로 구분하여 法務省 경찰국에서 단속(取締)하는 정책을 폈다. 공인 3종교 외에는 존재 그 자체가 불법이라는 말이 된다. 물론 한국의 종교단체에 대해서는 공인증을 발급해주지 않으므로서 종교법인법으로서의 권리가 보장되지 않았다.

23) 村山智順 著(1936) 『朝鮮の類似宗教』 朝鮮總督府, 이 乏稱을 단군신앙을 비롯하여 한국 신종교 모두를 아우르는 개념으로 사용하고 있다.

는 1980년대 이후이다.[24)]

이와 같은 새로운 개념의 정착은 한국정신문화연구원에서 『한국민족문화대사전』[25)]을 편성하면서 전통문화에 범국가적인 관심을 쏟아부은 것과 무관하지 않을 것으로 본다. 그리고 이는 관련연구를 촉진하는 계기가 된다.

4 한국 신종교 운동과 그 사상

그러면 신종교는 어떤 가르침을 폈는가? 신종교는 사회변화에 대응한 구세이념을 전개한 만큼 성립된 시기에 따라 사상적 경향도 달라지게 마련이다. 구한말에 성립된 교단은 전통윤리가 크게 부각되며, 일제시에 성립된 교단은 과학적·합리적 사고가 강조되고, 해방 후에 성립된 교단에서는 영성(靈性)이 강조된다.

한국의 신종교 운동을 사상적으로 살피면, 류병덕 박사는 이들에 흐르는 공통사상을 민족주체의식·인본사상(人本思想)·평화사상·공화사상(共和思想)으로 파악하면서 동학에서는 개벽관, 정역에서는 역리(易理)에 의한 개벽, 증산교에서는 후천개벽, 대종교에서는 중광사상(重光思想), 원불교에서는 정신개벽으로 전개되었다고 본다.[26)] 김홍철 교수

24) 김홍철·류병덕·양은용 (1997) 『한국신종교실태조사보고서』 원광대학교 종교문제연구소 참조

25) 한국정신문화연구원 편(1991) 『한국민족문화대백과사전』 한국정신문화연구원. 이 국가사업이 시작된 것은 1979년이었으므로, 십 수년간 각 분야의 연구진을 동원하여 전통문화 전반을 조명한 결과가 이 사전이다.

26) 류병덕(1987) 「한말·일제시에 있어서의 민족사상」 한국철학회 편 『한국철학사』 하,

는 후천개벽사상·종교회통사상·민족주체사상·사회개혁사상, 혹은 개벽과 후천선경·조화적 합일사상·주체적 포용사상·인존주의적 합리사상·사회병리 진단과 혁세사상으로 정리하고[27], 노길명 교수는 인존사상과 민중사상, 개벽사상과 지상천국신앙, 구세주신앙과 선민사상, 조화사상과 통일사상, 해원사상과 전통문화계승사상 등으로 정리하고 있다.[28] 필자는 다음과 같은 다섯가지 특징으로 정리하고자 한다.

첫째 후천개벽(後天開闢)사상이다. 개벽이란 천지가 열려 사람과 만물이 처음으로 나온 때를 가리키며, 천지의 시초나 만물의 발생을 의미한다. 그러므로 후천개벽이란 하늘과 땅이 바뀌는 것처럼 세상이 변화되는 것을 말한다. 최제우는 다음과 같이 말한다.

> 「가련하다 가련하다. 아국운수(我國運數) 가련하다/ 전세임진(前世壬辰) 몇해런고 이백사십 아니련가/ 십이제국(十二諸國) 괴질운수(怪疾運數) 다시개벽 아닐런가 ……」[29]

그는 하원갑(下元甲)을 지내고 상원갑(上元甲)의 호시절이 오면 만고없는 무극대도(無極大道)가 이 세상에 날 것이라 내다 보았으니, 이 상원갑이 후천개벽이요, 다시 개벽이다. 선천은 억압과 폭력으로 불평등과 부조리가 가득 차서 어둡고 괴로운 시대이며, 후천은 협력과 조화에 의해 평등과 평화가 가득 차서 밝고 서로 잘 사는 시대이다. 묵은 세상

동명사, p.231 참조

27) 김홍철 저, 전게(1991) 『한국 신종교사상의 연구』, p.102 및 동, 「한국 신종교사상과 소태산사상」, 소태산대종사탄생100주년기념사업회 편(1991) 『인류문명과 원불교사상』하, 원불교출판사, p.674 참조

28) 노길명 저(1996) 『한국신흥종교연구』 경세원, p.40 이하 참조

29) 『龍潭遺詞』 安心歌.

이 가고 새 세상이 오는 것은 민중의 바램이다. 이 시대가 오는 과정에 있어서 최제우는 괴질(怪疾)이 존재한다고 보고, 1900년 증산교를 창립한 강일순(甑山 姜一淳, 1871-1909)은 병겁을 말하고 있으며, 1916년 원불교를 창립한 박중빈(少太山 朴重彬, 1891-1943)은 정신개벽을 강조한다.[30]

둘째 원융회통(圓融會通)사상이다. 전통종교의 사상적인 바탕 위에 성립된 신종교는 한결같이 그 사상의 정수를 받아들이고 있다. 특히 전통사상의 주류인 유·불·도 삼교가 정족적 치세관(鼎足的 治世觀)을 전개해 온 만큼 삼교합일(三教合一)사상이 강조되어 왔으며, 이를 원융회통사상으로 부를 수 있을 것이다. 원효(元曉, 617-686)의 화쟁(和諍)사상이나 원천석(元天錫, 1330-1401-?)의 삼교일리론(三教一理論), 휴정(休靜, 1520-1604)의 삼교회통사상 등이 이를 말해준다.

신종교에서는 이들을 비판적으로 수용 내지 포월(包越)하는 성격을 지닌다. 다만 교단의 흐름을 특징적으로 보면, 같은 원융회통사상을 전개하면서도, 1909년 나철(羅喆, 1863-1916)이 개창한 대종교(大倧教)는 고유신앙, 동학은 유교, 증산교는 도교, 원불교는 불교적 색채가 강하다.[31]

최제우는 유·불 이교의 운이 다했음을 지적하면서도 삼교사상를 두루 수용하고, 그리스도교를 비판하면서도 종교의 근원인 천도를 제시한다. 강일순은 삼교와 그리스도교까지를 두루 수용하며, 박중빈은 종교의 문이 각기 별립되어 있으나 그 근원적인 진리는 하나라고 본다.

---

30) 김홍철(1980)「근세 한국종교사상에 있어서의 病觀연구」(동저(1980)『圓佛教思想論考』 원광대학교 출판국, p.307 이하) 참조

31) 김홍철「수운·증산·소태산의 유불선삼교관」(류병덕 편저, 전게『한국민중종교사상론』 p.100 이하) 참조

이는 선천시대의 좁은 사고에서 후천시대에 이르러 두루 통하는 넓은 세계의 구세이념이며, 상생(相生)의 이념으로 전개된다. 강일순은 다음과 같이 말한다.

「선천(先天)에는 상극지리(相克之理)가 인간 사물을 맡았으므로, 모든 인사가 도의에 어긋나 그 원근(寃根)이 맺히고 쌓여 삼계에 넘쳐, 마침내 살기가 터져나와 지상에 모든 참혹한 재앙을 일으키게 되었다. 그러므로 이에 천지운도를 뜯어고치며 신도(神道)를 바로잡아 만고의 한을 풀고 상생의 도로써 선경(仙境)을 열고 조화정부를 세워 하염없는 다스림과 말없는 가르침으로 백성을 화하며 세상을 고치리라.」[32]

이러한 상생의 선경을 여는 원융회통사상은 다종교·다원가치사회에 있어서 종교공존 이념의 성격을 드러낸다.

셋째 민족주체(民族主體)사상이다. 신종교의 성립이 전근대의 왕조체제 붕괴시대와 때를 같이 하고 있는 만큼 반외세 민족관이 강하게 나타난다. 수운의 시천주사상은 보국안민 위에 전개되고 있으며, 증산은 서양세력과 중국세력에 대하여 우리나라를 보호하기 위하여 일시적으로 일본의 지배하에 둔다고 설한다.

나철은 일본 침략하에 있는 나라를 구하고 민족정기를 되살리기 위한 운동을 종교운동과 동일하게 본다. 박중빈은 일제하의 민중을 향해 「금강산이 세계에 드러나니 조선이 새로운 나라가 된다(金剛現世界 朝鮮更朝鮮)」[33]고 하고, 다음과 같이 말한다.

---

32) 『大巡典經』 5장 4절
33) 『大宗經』 展望品 5장

「대종사 말씀하시기를 '조선은 개명(開明)이 되면서부터 생활 제도가 많이 개량되었고, 완고하던 지견도 많이 열리었으나, 아직도 미비한 점은 앞으로 더욱 발전을 보게 되려니와, 정신적 방면으로는 장차 세계 여러 나라 가운데 제일가는 지도국이 될 것이니, 지금 이 나라는 점진적으로 어변성룡(漁變成龍)이 되어가고 있나니라.'」[34)]

한국을 인류도덕의 부모국, 세계정신의 지도국이 될 것으로 내다보면서, 도덕성 등 그 자격을 갖추도록 촉구하고 있다.

넷째 인간존중(人間尊重)사상이다. 신종교는 본질적으로 억압받는 민중의 종교로 출발함으로써 인간존중의 이념이 강조된다. 이를 인간중심사상, 인본위사상으로 부르기도 한다. 권위적인 신권(神權)이 아니라 자유로운 인권이 중시된다.

최제우는 「사람 섬기기를 하늘과 같이 하라(事人如天)」하고, 강일순은 「과거에는 모사(謀事)는 사람에 있고 성사(成事)는 하늘에 있다 하였으나, 앞으로는 모사는 하늘에 있고 성사는 인간에 있다」고 하여, 사람을 하늘보다 귀하게 본다. 박중빈은 인도상 요법(人道上 要法)을 주장하면서 새로운 시대의 종교는 기행이적(奇行異蹟)을 추구하기보다는 인도정의를 실천해야 한다고 역설한다.

다섯째 사회개혁(社會改革)사상이다. 종교의 구세제인의 이념은 사회개혁의 성격을 띄게 마련이다. 특히 근대의 커다란 변혁 속에서 현실적인 모순과 부조리 속에 고통받는 민중의 구제를 본령으로 하는 신종교에 있어서는 사회개혁이 매우 강조된다.

강일순은 사회상황의 변화에 유의하면서 다음과 같이 말한다.

---

34) 『大宗經』 展望品 23장

「조선은 원래 일본을 지도하는 선생국(先生國)이었나니, 배은망덕은 신도(神道)에서 허락지 아니하므로 저희들에게 일시의 영유는 될지언정 영원히 영유하지는 못하리라. 시속에 중국을 대국이라 이르나 조선이 오랫동안 중국을 섬긴 것이 은혜가 되어 소중화(小中華)가 장차 대중화(大中華)로 뒤집혀 대국의 칭호가 조선으로 옮기게 되리니 그런 언습(言習)을 버릴지니라.」[35]

혁세시기에 맞는 사상의 변혁을 강조하고 있는 것이다. 동학혁명이나 3.1운동은 물론 동학을 이은 천도교의 신문화운동도 사회개혁사상의 전개이다. 강일순은 사회적인 모순에 대하여 무저항적인 종교운동을 전개하였고, 박중빈은 실력양성 등의 문화적인 방법을 택한다. 이른바 「병든 사회의 치료」 등이 그 예인데, 원망의 병, 타력생활 하는 병, 가르칠 줄 모르는 병, 배울 줄 모르는 병, 공익심 없는 병 등을 지적한다.

5 결어-마이너리티 신종교 운동의 명과 암

이와 같은 한국 신종교는 흔히 민중종교 혹은 민족종교로 불린다. 윤이흠 교수는 신종교의 흐름을 「1860년 동학이 제창된 이후, 동학의 개벽사상(開闢思想)의 메시지를 담은 일련의 새로운 종교들이 우후죽순과 같이 일어나 한국사에 새로운 운동을 일으켰다. 이들 한국자생 종교들을 한국민족종교(韓國民族宗敎)라 이름한다. 한국민족종교라는 용어는 특정한 개념을 담은 개념어나 현상의 특성에 대한 기술어가 아니

35) 『大巡典經』 6장 132절

라, 한국 자생종교단체들이 스스로 자신들을 지칭한 선언적 용어였다.」[36]고 의미짓는다. 자생신종교의 교의적 특성을 민족종교로 파악하고 있는 것이다.

민중종교란 버려진 민중 속에서 자각한 종교적 천재에 의한 운동에서 붙여진 이름이다. 그들은 억압과 수탈에 허덕이는 민중에게 삶의 의미와 희망을 불러일으켰기 때문이다. 또한 민족종교란 사직이 무너짐과 동시에 강상(綱常)이 흐려진 혼란상을 보면서 윤리·도덕을 부르짖고 새로운 치세이념을 정립하려는 흐름에서 붙여진 이름이다.[37] 일본의 신종교가 강력한 제국주의 국가체제 아래서 전개됨으로써 민족종교적인 성격이 결여된 것은 물론 민중종교라는 이름을 사용하는 것이 타당한지 의문을 품는 현상[38]과는 대조적이라 할 수 있다.

류병덕 교수는 동학이후의 이러한 신종교사조에 주목하여 그 가르침에 진리성(眞理性)·윤리성(倫理性)·역사성(歷史性)·대중성(大衆性)이 공통적으로 나타남을 확인하고, 이들을 최근세의 대표적인 민중철학으로 파악하고 있다. 즉 최제우의 동학 개벽사상에 바탕한 이돈화(李敦化, 1884-?)의 신인철학(新人哲學), 김항(一夫金恒, 1826-1898)의 정역사상, 강일순의 민족종교를 집성체계화한 이정립(李正立, 1895-1968)의 대순철학(大巡哲學), 나철의 삼일철학(三一哲學), 박중빈의 일원철학(一圓哲學)을 근대 민중철학의 5대맥[39]으로 정의하고 있는 것이다. 마이너리

36) 윤이흠(1998)「한국민족종교의 역사적 실체」『한국종교』23, 원광대학교 종교문제연구소, p.88

37) 동학의 창도이념에 있어서 輔國安民·廣濟蒼生 등을 주창한 것이 이를 대변하는 성격을 지닌다. 민중종교 개념은 柳炳德 교수, 민족종교 개념은 尹以欽 교수 등이 특히 주장하였다. 현재 한국민족종교협의회가 신종교를 아우르는 모임체로 1985년 결성되어 활동하고 있다.

38) 島薗進(1995)「民衆宗教か新宗教か－二つの立場の統合に向けて－」『江戸の思想』ぺりかん社

티가 갖는 명과 암을 극명하게 보여주는 대목이다. 일제가 유사종교로 분류했던 신종교의 가르침에서 한 시대를 대표하는 민중철학을 발굴하고 있기 때문이다.

이렇게 보면, 근대사회는 우리에게 타자인식을 분명히 심어주었다. 이를 자아인식, 곧 주체성확립의 계기로 보아서 무리가 없을 것이다. 동아시아사회는 전통적인 왕조에서 근대를 경험하면서 새로운 시대를 맞이하였다. 지구촌사회를 이룬 가운데 서구를 경험 또는 학습하였고 새로운 구세이념을 마련하지 않으면 안되었다. 특히 동아시아에 있어서는 서구 제국주의 세력이 물밀 듯이 들어온 상황에서 이의 흐름을 타고 탈아입구의 메이저로 등장한 경우와 핍박 속에 마이너리티로 전락한 경우가 분명히 나뉘었다.

일본이 전자였다면 한국은 후자라 할 수 있을 것이다. 사상적인 면으로 보면, 서구종교는 전자로 자리잡고, 자생 신종교 운동은 후자의 입장에 있었다. 종교의 구제대상은 사회의 큰 변동은 전통종교의 근대적 변모를 촉진시켰으니, 서구종교의 전개나 신종교의 성립은 사회적인 혼란을 말해주는 것이었다. 또한 가치관의 혼동 속에서 종교의 가르침이 정리되기 어려웠던만큼 버려진 민중은 고통 속에서 삶을 영위하는 길밖에 없었다. 따라서 정치체제에 있어서 새로운 근대국가를 형성한 것처럼, 교육 등에 있어서 이전과는 다른 가치관을 마련하지 않을 수 없게 되었다.

이러한 마니너리티로서 신종교 운동을 동아시아의 근대적 표상과 관련하면 다음과 같이 정리할 수 있을 것이다.

첫째, 동아시아에 있어서 근대적 표상은 우선 제국주의에서 찾을 수

39) 류병덕, 전게 「한말·일제시에 있어서의 민족사상」, p.231 참조

있다는 점이다. 이는 서구 열강제국의 동점을 의미하며, 우리나라의 경우는 그 대표적인 각축장이 되었다. 그 가운데 일본은 재빨리 제국주의 근대국가를 성립시켜 한국을 식민지로 병탄하는데까지 이르렀다. 따라서 같은 근대를 경험하면서도 일본과는 달리 우리나라는 마이너리티로 존재하는 입장을 면하기 어려웠다.

둘째, 열강제국이 각축하는 가운데 마이너리티가 된 우리나라에 있어서 그 대표적인 형태의 하나가 신종교 운동이라는 점이다. 신종교운동의 전개는 물론 세계적인 흐름이지만, 실체로 특정 민족사회에 있어서는 역사의 천단(淺短)이 전제되기 때문에 구세이념 내지 사상체계에 있어서도 정리된 입장을 견지하지 못하는 경우가 많았다. 그것은 긴 구제의 역사를 가진 기성종교에 대한 마이너리티의 전형으로 취급되었다는 말이다.

셋째, 그럼에도 불구하고 마이너리티로서의 신종교 운동에는 명과 암이 함께 존재한다는 점이다. 조선시대의 성리학을 중심한 정통사고에는 물론, 일제강점기의 공인종교정책에 있어서 신종교 운동은 마이너리티로서 억압이 전제되었고, 유사종교 내지 이단·사교 등으로 취급되었다. 이러한 어두운 면이 드러나는데 대하여, 그 가운데 변혁기를 대변하는 민중철학으로서의 특징이 그 안에 존재한다는 것이다.

넷째, 그 가운데 근대라는 새로운 변혁기에 대두된 민중종교로서 신종교 운동은 민중의 뜻을 드러내고 있다는 점이다. 근대를 경험한 것은 기성종교나 신종교가 다 같을 수밖에 없다. 그러나 시대사회의 요청에 응하여 창립되고 소멸되며, 후천개벽사상과 같이 일관된 시대사상을 전승하는 바를 파악하면 그 시대가 안고 있는 사조가 분명하게 파악되리라는 것이다.

근대사회가 경험한 물질문명·서구사상·교육방법, 그리고 시민성과 같은 새로운 가치관은 마이너리티를 통해서도 충분히 확인되는 바이다. 오히려 그것에는 세계화 속의 우리 것이라는 이미지를 좀 더 뚜렷하게 드러내는 특징이 있다는 것이다.

동아시아연구총서 제6권

동아시아 마이너리티 사회와 타자표상

디아스포라의 다층·다중적 커뮤니케이션을 통한 초국적 연계성/정체성 형성

－영국 터키이민자와 재일코리안의 일상적 경험 비교 분석－

이홍렬(李洪烈)

영국 런던대학교 골드스미스 컬리지에서 미디어커뮤니케이션학 박사 학위(국제영화제와 도시, 그리고 미디어/미디어 소비자와의 유기적인 관계)를 받고, 다양한 국내외 TV 다큐멘터리 방송제작 프로젝트 참여·진행 및 해외에서 활동 중인 한국인 예술가들과의 협업을 통해 미디어·문화산업 관련 크리에이티브적 역량을 넓혀나갔다. 현재 홍보·디자인 전문회사인 '당신의 브랜드'에서 크리에이티브 디렉터로 있으며, 동시에 '어반노스텔지아 : 도시공간/기억연구소(Urban Nostalgia : Center for Urban Space/Memory Studies)'를 설립하여 현대도시와 도시인의 (반복되는 따분함과 동시에 특별한) 일상, 그리고 이를 둘러싼 다양한 미디어가 함께 만들어 내는 유기적인 생태계 또는 '도시적 풍경'에 대한 다양한 인문학적·도시사회학적 실험을 구상·진행 중에 있다.

1 들어가며

'장소를 옮길 때마다 나는 너무나 큰 슬픔을 느낀다. 추억이나 고통, 즐거움이 있던 곳을 떠날 때 그 슬픔이 더 크지는 않다. 충격을 받을 때마다 출렁이는 단지 속 액체처럼 이동 자체가 날 흔든다.'

— 이탈로 스베보(Italo Svevo), 『에세이와 흐트러진 페이지』[1]

우리는 일상을 살아가면서 의식적이든 무의식적이든 다양한 형태 및 성격의 경계를 넘나들게 되며, 이런 과정에서 마주치게 되는 수많은 사람들과 그들 각자의 일상(들)의 집합체인 생활세계(life-world)와 정치·사회·문화/역사적으로 다양한 물질적·비물질적 관계를 형성해 나간다. 경계는 생존을 위해 인간 스스로 인공적으로 조성한 '물리적인 경계'뿐만 아니라, 개개인 혹은 이러한 개인들이 인종/종족적·국가적·문화적으로 각각 속해 있는 사회공동체의 집합적인 의식과 기억들 속에 자리 잡고 있는 '정신적·상상적인 경계'에 이르기까지, 그 인식의 범위가 매우 광범위하며 이질적이다. 이처럼 경계는 '인간이 만든 가장 뛰어난 발명품'[2]인 도시처럼 인공적으로 생성되고, 시간이 지남에 따라 자연스럽게 적응·변화되어가는 유기적인 공간 내에서 다양한 일상의 네러티브를 만들어 내며 하루하루 살아가는 수많은 익명의 사람들의

---

1) 줌파 라히리(2019) 『내가 있는 곳』 이승수 옮김, 마음산책.
2) 프랑스 문화인류학자인 클로드레비스트로스(Claude Levi-Strauss)는 도시를 '자연스럽게 주어지는 것임과 동시에 다듬어야할 대상이고, 개체인 동시에 집합체이며, 경험되는 것임과 동시에 꿈꾸어 지는....한마디로 인간이 만든 가장 뛰어난 발명품' 이라고 까지 평가한다(송미령, 1999, p.90). 송미령(1999) 「영원한 도시 로마: 〈자전거도둑〉에서 〈비누도둑〉까지」『영원속의 도시』 구동회 편저, 한울, pp.90-99.

끊임없는 접촉·스쳐 지나감을 통해 더욱더 복잡하고 다층적으로 진화해 나간다. 그렇기에, 경계는 실체적이지만 보이지 않으며, 만들어지지만 상상처럼 존재하고, 고정된 것이지만 유동적이기도 하다.[3] 이런 의미에서, 국민국가의 탄생과 더불어 나타나기 시작한 국가/지역 간의 '국경(border)'이라는 물리적이며 동시에 관념적인 경계는 국경 안의 국민 정체성과 더불어 끊임없이 변화하는 가운데 넘나들 수 있는 곳이자 장벽으로서의 기능을 내포하면서, 때로는 느슨하면서도 동시에 인종/종족적·국가적·문화적으로 다양한 배경을 가진 사람들이 끊임없이 넘나들고, 교차하고, 중첩되는 팽팽한 긴장감에 휩싸인 혼종적인(hybrid) 영역이라 할 수 있다.[4] 또한, 이러한 물리적·관념적인 경계에 걸쳐 위치해 있는 '국경/경계지역(borderlands)'은 국가/지역 사이에 중첩된 채 정치·사회·문화적으로 불분명함과 동시에 끊임없이 변동하며 '다양성'을 유기적으로 생성시켜 나가는 '살아있는 경계(living edges)'라 할 수 있다.[5]

본 연구는 상상의 공동체로서의 '모국'과 마이너리티로서 일상을 살아가는 현실의 공간으로서의 '거주국', 그리고 이를 통해 파생된 혼종적인 '상상 혹은 현실의 모국(들)'간의 물리적·관념적 '경계'를

---

3) 남아공 가우텡 도시-지역연구소(2017) 「경계와 연결」 2017 서울도시건축 비엔날레, http://seoulbiennale.org/ko/exhibitions/cities-exhibition/world-cities/경계와-연결 (검색: 2018.12.10).

4) 테라 모리스-스즈키(2006) (강주원(2013: 18)에서 재인용). 테라 모리스-스즈키(2006) 『변경에서 바라본 근대』 임성모 옮김. 산처럼; 강주원(2013) 『나는 오늘도 국경을 만들고 허문다』 글항아리.

5) Kearney(1998) (강주원, 2013: 152쪽(재인용)). Kearney, M. (1998) 'Transnationalism in California and Mexico at the end of Empire', in H. Donnan and T. M. Wilson (eds) *Border Identities: Nation and State at International Frontiers*. Cambridge: Cambridge University Press, pp.117-141.

넘나들거나 '경계지역'을 경유하면서 '다중(多中)'의 삶을 동시적으로 살아가는 초국적 디아스포라에 관한 것이다. 특히, 초국적 미디어 소비자(transnational media users/consumers)로써 두 이민자 집단-영국 거주 터키이민자들과 재일코리안-의 일상에서의 경험들(migrant experiences)을 중심으로 모국-거주국 간의 연계성, 거주국 내 마이너리티로서 사회·문화적 포지셔닝, 그리고 '모국'의 의미에 대한 디아스포라 세대 간의 인식이 어떻게 변화해 왔는지를 살펴보고자 한다.

여기서 마이너리티(minority)로서의 디아스포라 혹은 디아스포라로서의 마이너리티를 규정하는 우선적 조건은 지배 집단과 객관적으로 구별할 수 있는 문화적·종족적·인종적 차별성과 그 사회에서의 종속적·비지배적인 위치라고 할 수 있다.[6] 하지만 마이너리티에 대해 학계에서나 국제 규범에서 공통적으로 통용되는 정확한 정의는 없는 실정이다.[7] 다시 말해, 한 사회에서의 마이너리티 집단이란 국민국가의 틀 내에서 안정적이고 명확하게 규정되는 단일의 본질적인 개념이 아닌, 정치·사회·문화/역사적으로 끊임없이 중첩되고 교차되는 액체처럼 매우 유동적이며 비본질적·불안정적인 개념이라 할 수 있다. 이와 관련해

6) 신기영(2013), p.16. 신기영(2013)「마이너리티 이론의 탐색 : 비본질적·포괄적 연구를 위하여」『일본비평』제8호, pp.22-51.

7) 논란의 여지가 있긴 하지만 마이너리티의 정의에 가장 가까운 것으로 1977년 '마이너리티 보호와 차별금지를 위한 유엔소위원회(United Nations Sub-Commission on Prevention of Discrimination and Protection of Minorities)'의 특별보고서에 명시되어 있는 정의를 들 수 있다: "한 국가의 인구적 측면에서 소수이며, 피지배자적인 지위에 있고 그 국가의 국민이면서 다른 주민과 구별되는 종족적, 종교적 또는 언어적 특성을 보유하고 있으며, 비록 암묵적이라 할지라도 자기의 문화, 전통, 종교 또는 언어를 보유하려는 연대감을 표현하는 집단"(신기영, 2013, pp.26-27).

서, 신기영은 다음과 같이 주장한다.

"마이너리티는 그 집단이 속한 사회의 역사와 정치적 조건에 따라서 가변적이고 유동적인 정체성이며, 마이너리티 집단의 경계도 분명하고 고정적인 것이 아니라 다수 집단에 대한 상대적인 개념으로 보아야 할 것이다. 실제로 마이너리티에 대한 정의와 경계는 언제나 이들과 다수 지배 집단 간의 첨예한 정치의 장이 된다. 다수 지배 집단이 소수 집단의 차이와 특성을 고려하지 않고 다수의 문화와 정치이념을 일반적 기준으로 설정할 때, 마이너리티 집단은 소수집단의 법권리 주장이나 정체성 정치(identity politics)를 통해 이에 대한 변화를 요구한다. 이러한 도전은 다시 마이너리티 집단 구성원들의 정체성을 형성, 변화(여기에는 스테레오타입과 같은 외부적인 요인 및 자기정체성 재해석과 같은 내부적인 요인을 모두 포함한다)하게 하는 요인이 된다. 따라서 마이너리티를 독립적이고 불변하는 본질적인 사회집단으로 개념화해서는 안 되며, 다수 지배 집단과의 역사적 관계성 속에서 끊임없이 변화하는 집단으로 이해할 필요가 있다."[8]

좀 더 구체적으로 기술하자면, 과거 이민 1세대들을 중심으로 단일의 상상의 공통체로만 여겨졌던 모국에 대한 흔들리지 않는 절대적인 신념·믿음(allegiance)이 현대를 살아가는 2·3세대 그리고 그 이후의 신세대 이민자들 혹은 일명 '탈디아스포라(postdiasporic) 세대'[9]에 있어서는 현실과 동떨어진 일종의 비현실적이고 '환상적인(phantasmatic)' 혹은 '유령(phantom)'과도 같은 모국으로 인식되고 있다. 이는 '탈디아스포라 세대 이민자들이 다양한 초국적 미디어를 활용해 모국-거주국

8) 신기영(2013), pp.23-24.

9) Chapman, D. (2004) The third way and beyond: Zainichi Korean identity and the politics of belonging', *Japanese Studies* 24(1): 29-44.

이라는 이항 대립적인 관계 사이를 좁혀나가거나 자유로이 넘나들며, 호미 바바(Homi K. Bhabha)가 말하는 '제3의 공간(third space)' 혹은 '사이의 공간(in-between spaces)'[10]처럼 끊임없이 교차되고 중첩되는 혼종적·중간자적인 관점에서 기존의 '저 멀리 떨어진 상상의 모국'과 '지금 바로 여기의 일상으로서의 현실'에 기반을 두고 있는 그들 개개인의 일상적 생활세계간의 관계를 바라보는 것이다. 그리고 이를 통해, 이전 세대와는 다른 초국가적이고 다중적인 정체성 및 사회·문화적 위치성을 가지게 되는 것이다.[11] 그래서 오랫동안 당연시 되어왔던 모국에 대한 일종의 절대적인 믿음을 좀 더 비판적인 관점에서 바라보며 이민 1세대가 견지해 왔던 모국에 대한 신화적인 이미지를 걷어내고 일상화(demystification)[12] 시키는데 그 목적이 있다.

이러한 맥락에서 본고는 사례연구로 두 이민자 집단－영국 거주 터키이민자들과 재일코리안－의 일상에서의 경험들을 중심으로 모국과 거주국에 대한 세대 간의 인식 차이, 그리고 이를 통해 계속 변화해 나가는 모국과의 관계·연계성 및 이민자 문화 전반에 대해 살펴보고자

---

10) Bhabha(1994) (주하영(2016: 202)에서 재인용). Bhabha, H. K. (1994) *Location of Culture*. London and New York: Routledge; 주하영(2016) 「이중의 디아스포라와 다중적 정체성: 자리나 빔지(Zarina Bhimji)와 에밀리 자시르(Emily Jacir)를 중심으로」『미술사논단』제42호, pp.195-219.

11) Bhabha(1990)는 혼종성(hybridity)이란 바로 하나 이상의 다양한 입장·관점들이 무한대(limitless)로 파생될 수 있는 장을 마련해 주는 '제3의 공간'이라 규정하고, 이 공간 내에서 정체성은 정적이고 동질화·균일화된 것이 아니며 유동적이고 끊임없이 변화하면서 새로운 가능성(들)을 계속 찾아나간다고 주장한다. Bhabha, H.(1990) 'The third space: interview with Homi Bhabha', in J. Rutherford(ed.) *Identity, Community, Culture, Difference*. London: Lawrence & Wishart, pp.207-221

12) Aksoy, A. and K. Robins (2010) 'Turkish Satellite Television; Toward the Demystification of Elsewhere', in C. Berry, S. Kim and L. Spigel (eds) *Electronic Elsewheres: Media, Technology and the Experience of Social Space*. Minneapolis and London: University of Minnesota Press, pp.171-193 (참고).

한다. 첫 번째 사례연구에서는, 영국 런던에 거주하는 터키 이민자들을 대상으로 위성 텔레비전을 통해 터키 국내방송을 시청함으로서 경험하게 되는 모국과 거주국에 대한 세대 간의 인식 차이, 그리고 이를 통해 계속 변화해 나가는 모국과의 관계 및 연계성을 통해 형성되는 초국적 이민자 문화에 대해 살펴보고자 한다. 두 번째 사례연구에서는, 1970년 이후 세대교체로 인한 재일동포사회 내 시·공간적 변화로 형성된 이민 1세대(전통적 디아스포라 세대) 재일코리안과 2·3세대 그리고 그 이후 세대(현대적 디아스포라-탈디아스포라 세대)가 각기 달리 생각하는 일본 사회 내 마이너리티인 재일코리안으로서의 정체성 위치(location of identity) 논쟁에 대해 살펴보고자 한다. 그럼 우선 본격적인 논하기에 앞서 디아스포라 관련 연구의 전반에 관하여 간략하게 살펴보도록 하자.

2 디아스포라 연구 동향[13)]

'[모국과 물리적·정신적으로 떨어져 있는 디아스포라적 거주지는] 어딘가에 속하지만 소외된 공간, 친밀감을 느끼지만 폭력적이고, 간절히 원하지만 두려움이 있는 막역한 거리의 공간[이다].'[14)]

---

13) 본 디아스포라 연구 관련 문헌 연구는 윤인진(2012: 11-21) 참조. 윤인진(2012) 「디아스포라와 초국가주의의 고전 및 현대 연구검토」『재외한인연구』제28호, pp.7-46.

14) Alison Blunt(2005), pp.5-6 (주하영(2016: 195)에서 재인용). Alison Blunt (2005) *Domicile and Diaspora:Anglo-Indian Women and the Spatial Politics of Home*. MA, Oxford and Victoria: Black Publishing.

'모든 사람들에게 당신이 어디에서 왔는가를 묻는다면 모두 간단하게 그들이 사는 국가 혹은 도시 명을 대답할 것이다. 하지만 디아스포라인들에게 이 질문은 그리 쉽지 만은 않다. 몇 가지 복잡한 개인사 혹은 정치사, 민족사를 언급하며, 더 이상 존재하지도 않는 도시 명을 대답할 수도 있고, 현재 그들이 머무는 지역을 답할 수도 있다.'15)

디아스포라(diaspora)의 어원은 '흩뿌리기와 퍼뜨리기'를 의미하는 'diaspeirein (dia (across) + peirein (scatter))'이라는 그리스어에서 유래했으며, 본래 유대인이 로마의 박해를 피해 고국을 떠나 전 세계로 뿔뿔이 흩어진, 먼 곳으로의 이주를 의미한다. 디아스포라의 의미에는 강제이주를 통한 고통, 집합적 상흔, 모국에의 갈망 등이 복합적으로 얽혀 있지만, 이 용어는 현대에 들어 전쟁과 식민으로 인해 고국에 살지 못하고 흩어져 지내야 했던 사람들과 그의 후손들, 그리고 국제화, 세계화 현상에 따라 특정한 거주지나 정착의 개념을 지니지 않고 여러 곳을 유랑하며 사는 사람들을 지칭하면서 그 의미가 확장되었다. 이렇듯, 디아스포라는 유대인의 강제 이주와 민족분산이라는 비극적인 역사에서 유래했으며, 초기의 디아스포라 연구는 강제 이주를 당하고 새로운 거주지에서 마이너리티로서 원주민들로부터 차별과 핍박을 받은 이주민 집단들을 대상으로 진행되었다. 하지만 시간이 지남에 따라 다양한 이주 배경과 원인을 가진 이주민 집단들로 연구의 영역이 확대되었고, 디아스포라라는 용어 자체도 기존의 특수한 역사적인 맥락에서 벗어나 '사람의 이동·이주' 라는 좀 더 포괄적이고 일반적인 개념으로 사용하게 되었다. 다시 말해,

---

15) Said, E. W. (2003) 'Where I Am: Yael Bartana, Emily Jacir, Lee Miller', *Grand Street* 72 (Fall): 30-35 (주하영(2016: 197)에서 재인용).

디아스포라의 의미 확장은 공간적인 개념뿐만 아니라, 인간의 전반적인 행동양식에 적용되기도 하면서 그 개념이 넓어지고 다양해졌다고 할 수 있다.[16)]

1) 정치고전모델 : 문화연구모델

디아스포라연구는 일반적으로 고전적 연구와 현대적 연구로 나뉜다. 윤인진은 이 두 연구를 나누는 기준은 강제적 혹은 자발적인 여부와 같은 '이주(migration)의 성격', '모국과의 연계성', 그리고 '종족정체성'이라고 주장한다. 고전적 연구는 강제 이주를 경험하고, 모국에 대한 애착과 귀환 욕구가 강하고, 종족 문화와 정체성을 강하게 유지하는 이주민 집단들, 특히 이민 1세대를 대상으로 하며, Ryang은 이를 '정치고전모형(politico-classical model)'이라 불렀다. 그 이유는 강제 이주와 민족적 박해와 같은 정치적인 요인이 영구적인 분산과 고향을 잃게 만든 원인이기 때문이다.[17)] 이 모형은 디아스포라의 모국에 대한 공통·집단적인(collective)의 기억, 신화, 향수를 갖고 있다고 보았다. 하지만, 고전적 디아스포라연구는 과거와는 달리 현재 이민이 경제, 교육, 문화 등 정치적인 요인 이외의 다른 목적으로 자발적이고도 다차원적으로 발생하고, 2세와 그 이후 세대들이 문화적 및 구조적으로 현지 사회에

---

16) 주하영(2016); Cohen(1997) (윤인진(2012:11)에서 재인용). 주하영(2016) 「이중의 디아스포라와 다중적 정체성: 자리나 빔지(Zarina Bhimji)와 에밀리 자시르(Emily Jacir)를 중심으로」『미술사논단』제42호, pp.195-223; Cohen, R. (1997) *Global Diasporas*. Seattle: University of Washington Press.

17) Ryang, S. (2008) 'Introduction: The Sacred Text in the Making' in *Writing Selves in Diaspora:Ethnography of Autobiographies of Korean Women in Japan and the United States*. Lexington Books, pp. xiii-liv (윤인진(2012: 11)에서 재인용).

귀화를 통해서 뿐만 아니라 민족·종족중심의 사회에 속하지 않으면서 동시에 자신들만의 독특한 정체성을 유지하는 유동적인 방식으로 동화되어 있으며, 과거에 비해 공통의 민족구성원들 간에 피해자의식이 거의 혹은 전혀 없는 오늘날의 상황에 적용하기에는 어려운 한계점을 갖고 있다. 이에 대해, Ryang은 민족 분산과 집단기억, 자신의 고유문화를 보존하려는 노력 등과 같은 객관적이고 집합적인 기준보다는, 디아스포라적인 의식 또는 개개인(personal)의 정신상태에 기초하여 디아스포라를 정의하고자 했다.[18]

이처럼 현대적 디아스포라 연구는 모국에 대한 집합적인 기억과 애착이 강한 이민 1세들에 초점을 두었던 고전적 연구와는 달리 거주국에서 출생해서 모국에 대한 기억과 애착이 강하지 않은 이민 2세와 그 이후 세대－그리고 그들 개개인의 존재론적 불안정성 및 정체성의 위기 등－에 관심을 갖는다. 왜냐하면, 2세대 이후의 디아스포라는 모국에서 형성된 기억과 정체성이 약하기 때문에 모국으로 귀국하거나 연계하고자 하는 욕구가 낮기 때문이다. 따라서 이들은 거주지에서 새로운 정체성을 설계하는 과정을 거치게 되며, 나아가 자체적인 네트워크를 형성하며 살아간다. Ryang(2008; 2009)은 기존의 고전적 디아스포라 모형과 대비시킨 이러한 현대적인 디아스포라연구를 '사적현대모형(personal modern model)' 혹은 '문화연구모형(cultural studies model)'이라고 불렀다. 문화연구모형은 개인의 '존재론적 불안전성'과 '정체성의 위기'에 배경을 두고 있으며, Ryang은 이러한 현대적 디아스포라의 특성

18) Ryang, S. (2009) 'Introduction: Between the Nations: Diaspora and Koreans in Japan', in S. Ryang and J. Lie (eds) *Diaspora without Homeland*. University of California Press, pp.1-20 (윤인진(2012: 15)에서 재인용).

을 고향 및 모국의 상실로 설명한다. 그리고 현대적 디아스포라의 자기 의식을 '홈리스(homeless)', '유랑(displaced)', '탈구(dislocated)' 상태로 특징 지었다. 홈리스 상태에 있는 현대적 디아스포라는 자신들의 정체성을 거주국과 통합시키기도 하며, 한편으로는 모국도 거주국도 아닌 초국적 디아스포라정체성으로 발전시키기도 하는 등 고전적 디아스포라 연구에서 논의했던 정주과정을 변천 및 탈바꿈시킨다.[19] 이런 의미에서, 윤인진은 디아스포라의 핵심적 특징을 '홈리스 상태'와 '연결되지 않은 상태'(being disconnected)이며, 이에 반해 초국가주의는 '연결된 상태'(being connected)라고 정의한다. 다시 말해, 고전적 디아스포라 개념에서는 강제 이주와 민족적 박해와 같은 정치적인 요인으로 인해 강제로 모국으로부터 떨어진 상태인 반면, 현대적 디아스포라 개념에서는 모국에 대한 기억과 애착이 강하지 않으면서 스스로 모국과 거주국 어느 쪽에도 속하지 않은 상태"를 의미한다. 정리하자면, 디아스포라와 초국가주의를 구분하는데 있어 중심이 되는 기준은 '이동성(mobility)'과 모국-거주국과의 '연계성(linkage)'의 정도/여부라 할 수 있다.[20]

2) 디아스포라적·초국적 미디어 : (비)물질적 커뮤니케이션

특히, 오늘날 디아스포라의 문화를 이야기하는데 있어 인터넷과 미디어, 커뮤니케이션의 발달 등 끊임없이 진화해 가는 매체들이 차지하는 비율은 점차 늘어나가고 있다. 특히 전 세계적으로 국민 국가의 경계를 넘어 사회·문화·정치·경제 등 제반 영역에서 나타나고 있는 초국가

19) Ryang(2008); Ryang(2009) (윤인진(2012: 15-16)에서 재인용).
20) 윤인진(2012), p.36.

주의적 현상(transnationalism)은 비행기나 기차 등과 같이 국가적·지역적 경계를 가로지르는 교통수단(transportations)뿐만 아니라 위에서 언급한 커뮤니케이션 기술의 발달을 통해 다양한 분야에서의 교류 및 연계성(linkage)을 증가·확대시켜 나가는데 상당한 영향을 미치고 있다. 이런 의미에서, 초국가주의적 접근은 현대의 국제 이주가 과거에 비교해서 모국과 거주국간의 쌍방향적인 인구이동이며, 이주민이 거주국에서 정착하면서도 모국과 긴밀한 관계를 유지하는 것에 주목한다.[21] 특히, 초국가적인 매체들(transnational media)의 도움으로 디아스포라의 젊은 세대들에게는 모국과 거주국 사이에서 발생되는 감정들은 이미 지나가 버린 과거에 대한 향수나 이산의 아픔을 통해 파생되는 복잡한 감정 및 다중·다층적 정체성 등과 같은 감정들이 이젠 아닐 것이며, 그렇기에 디아스포라인의 모국-거주국 및 디아스포라 자체에 대한 인식 또한 세대와 지형에 따라 점차 변해가고 있다고 말할 수 있다. 하지만, 이런 새로운 초국가적 매체들의 등장이 모국-거주국간의 심리적(소프트웨어적) 거리감을 좁혀주는데 많은 기여를 했다고 해서, 오래 전부터 존재해 왔던 디아스포라적인 물리적(하드웨어적) 거리감이 다시 가까워지기 시작했다고 볼 수는 없을 것이다.

본고에서는 '미디어'의 개념을 텔레비전, 라디오, 영화, 스마트폰, 대형 LED 스크린 등 기존의 기술결정적인(technologically deterministic) 관점에서 시청각 매체에만 한정시키지 않는다. 다시 말해, 미디어의 개념을 도시 공간의 복잡한 생태와 연계시켜, 직접 보고 만져볼 수 있는 물질적인 영역에서, 직접 보고 만질 수는 없지만 도시의 주변 공기·분위기·환경, 그리고 일상을 살아가는 사람들이 다양한 관계를 통해 만들

21) 윤인진(2012), p.22.

어 내는 다양한 감정들과 같은 비물질적인 영역으로까지 확장시켜 생각할 수 있다는 것이다. 이에 대해, Somaini는 발터 벤야민의 '인지의 수단(The Medium of Perception)'으로써의 미디어라는 기존의 매체 중심(media-centric)의 미디어 영역에서 좀 더 확장된 '다공질적인' 미디어 개념을 사용한다. 이를 통해, 미디어를 단순히 시청각만을 위한 매체로 한정지어 이해한 것이 아닌, 우리의 일상을 구성하는 다양한 물질적·비물질적 요소들이 한데 어우러져 만들어내는 복합적인 공간 또는 환경(milieu)으로써 뿐만 아니라－광범위한 의미에서－이 모든 (비)물질적 요소들이 스며들어 있는 일종의 문화로써 까지 바라보았다. 여기에는 먼저 언급했던 보고 만질 순 없지만 느낄 수 있는 아주 얇은 막과도 같은 도시 전체를 감싸는 공기·분위기, 이런 공기·분위기의 질(감)까지도 포함될 수 있다.[22] 이런 의미에서, 도시라는 오랜 시간

---

22) Somaini(2016). Somaini, A. (2016) 'Walter Benjamin's Media Theory: The Medium and the Apparat', *Grey Room* 62 (Winter): 6-41. 여기서 말하는 미디어의 다공(질)성(porosity)은 벤야민의 건축과 도시간의 관계에 대한 해석을 통해서 유추해 볼 수 있다. 벤야민은 그의 1925년도 에세이 〈나폴리 여행기(Naples)〉에서나폴리의 구멍 숭숭 뚫린 돌을 예로 들며, 건축과 도시 사이의 기본적인 관계가 건물의 경계를 흐리면서 신성한 것과 세속적인 것, 이러한 과거와 현재, 공적인 것과 사적인 것이 섞이고 교섭할 수 있게 만드는 '다공성'에 기반하고 있다고 주장하였으며, 절벽과 바다가 만나는 곳에서 형성된 나폴리라는 지중해 도시의 바닷가에서 흔히 발견되는 이 구멍 뚫린 돌들이야 말로 내부와 외부영역의 엄격한 구분 없이 사람들과 주변 생활환경 간의 지속적인 접촉과 교감을 가능케 하는 건축 그 자체라고 평가하였다(김민경(2010), p.49; 베른트 비테(2001), p.102(김민경(2010:49)에서 재인용)). 김민경(2010) 「비정형 건축의 열린계(Open System)로서의 도시 지원 특성－Richard Sennett의 열린 도시 사유를 중심으로」『대한건축학회문집』제26권 1호(통권255호), pp.45-54; 베른트 비테(2001) 『발터 벤야민』. 윤미애 옮김. 한길사; Benjamin, W. and A. Lacis (2007) [1925 'Naples', in P. Demetz (ed.) *Reflections: Essays, Aphorisms, Autobiographical Writings* (translated by E. Jephcott). New York: Schocken Books, pp.163-173; Benjamin, A.(2009) 'Porosity at the edge: working through Walter Benjamin's 'Naples'', in G. Hartoonian (ed.) *Walter Benjamin and Architecture*. London and New York: Routledge, pp.39-50 (벤야민의 다공성 개념 관련 참고).

에 걸쳐 자연스럽게 형성된 지형적 환경뿐만 아니라, 이렇게 주어진 자연환경 위에 인공적으로 덧댄 우리 개개인의 다채로운 일상 그 자체도 광범위한 의미에서 미디어의 한 형태로 볼 수 있을 것이다.

이런 맥락에서, 초국가적 미디어를 위에서 언급한 벤야민의 '인식의 수단'으로서의 미디어로 생각하게 된다면, 초국가적으로 매개할 수 있는 모든 수단으로 정의를 확장시킬 수 있으며, 여기에는 기존의 매스미디어 뿐만 아니라 지역 및 국가 간의 시공간적 거리를 좁혀주는 교통수단들 까지도 포함시킬 수도 있을 것이다. 이에 대해, Morley는 '커뮤니케이션'을 기존의 매스미디어를 통한 사람들 간 정보전달 및 의사소통·상호교감이라는 상징적이고 추상적인 '비물질적' 영역에서 커뮤니케이션에 대한 마르크스적 정의－영토라는 물리적·구체적인 영역(science of territory)내에서 상품, 사람, 자본 정보의 자유로운 이동을 가능케 하는 수단, 즉 가상적인 사람들 간 정보전달·교환에 기반을 둔 탈영토적인(post-geographical) 커뮤니케이션과 더불어 교통수단에 의한 사람·상품·자본·정보 간 실질적인 이동 및 교류가 발생하는 영역까지도 포함－에 기반을 둔 교통학(transport studies)과 같은 '물질적인' 영역으로 까지 확대시킬 것을 제안한다.[23]

이런 관점에서 유럽에 거주하는 터키이민자들의 모국-거주국간의 물리적·정신적 거리감을 조절해 나가는 방식은 흥미롭다.

23) Morley(2017), pp.21-35. Morley, D. (2017) *Communications and Mobility: The Migrant, the Mobile Phone, and the Container Box*. Wiley Blackwell.

(1) 사례연구 1. : 영국 터키 디아스포라의 다중적 정체성·위치성
─ 터키 위성 텔레비전 시청을 통한 터키의 일상적 리듬과 현실의 침투[24)]

본 첫 번째 사례연구는 유럽에 거주하는 터키 이민자들을 대상으로 위성 텔레비전을 통해 터키 국내방송을 시청함으로서 경험하게 되는 모국과 거주국에 대한 세대간의인식 차이, 그리고 이를 통해 계속 변화해 나가는 모국과의 관계 및 연계성을 통해 형성되는 초국적 이민자 문화에 초점을 맞추고 있다. 위에서 잠시 언급했듯이, 신세대 이민자들의 경우, 모국의 의미와 관련해서 디아스포라적 관점이 디아스포라인들이 정신적·상상적·감정적으로 만들어낸 상상의 공동체라는 일종의 가상의 테두리 내에서 모국에 대한 일종의 '신화'(myth)처럼 비현실적인 이미지 또는 '환상(fantasy)'을 계속 유지해 나간다고 비판하였다. 그렇기에 모국으로부터의 '이산(dispersion)'과 이를 통해 파생되는 '상실감(loss)', '유랑(displacement)', '탈구(dislocation)'등 물리적·정신적인 '분리(splitting)' 상태로 대변되는 고전적인 디아스포라 프레임에서 벗어나 모국-거주국의 단순한 이항 대립적인 관계가 아닌 좀 더 대안적이고 창조적·생산적인 방법으로 좀 더 복잡하고 혼종적인 모국-거주국간의 거리를 유지해 나가는 모습을 신세대 디아스포라인들의 사이에서 발견할 수 있다.

이는, 신세대 이민자들이 다양한 초국적 미디어를 활용해 모국-거주

---

24) 본 사례연구는 Aksoy & Robins(2010)의 연구에 기반을 두고 있음을 밝힌다. Aksoy, A. and K. Robins (2010) 'Turkish Satellite Television; Toward the Demystification of Elsewhere', in C. Berry, S. Kim and L. Spigel (eds) *Electronic Elsewheres: Media, Technology and the Experience of Social Space*. Minneapolis and London: University of Minnesota Press, pp.171-193 (참고).

국 이라는 이항 대립적인 관계 사이를 자유로이 넘나들며 보다 중간자적인 관점에서 기존의 상상의 모국과 일상이라는 현실에 기반을 둔 그들 개개인의 일상적 생활공간간의 관계를 바라보며, 이민 1세대와는 다른 초국적이고 다중적인 정체성 및 사회문화적 위치성을 가지게 된다는 것이다. 그리고 오랫동안 당연시 되어왔던 모국에 대한 일종의 절대적인 믿음을 좀 더 비판적인 관점에서 바라보며 이민 1세대가 견지해왔던 모국에 대한 신화적인 이미지를 걷어내고 일상화 시키는데 있다. 이런 의미에서, 초국가적 미디어 소비자로서 유럽에 거주하는 신세대 터키이민자들에 대한 사례 연구는 초국적주의 연구자들이 말하는 '새로운 유형의 초국적 이민'의 관점에서 매우 흥미롭다.[25]

터키와 (서)유럽 간의 지리적인 근접성, 두 지역 간을 빈번히 오가는 저가 비행기들, 그리고 최근 급속도로 증가하는 뉴미디어와 관련 커뮤니케이션 기술의 발달로 인해 유럽 내에 거주하는 터키이민자들은 모국과 거주국, 또는 경유국(들)간을 자유로이 넘나들 수 있는 새로운 유형의 이동성(mobility)을 가질 수 있게 되었다. 그리고 그들의 이러한 초국가적 유동성은 거주국에서 터키 국내로부터 송출되는 방송을 시청하고 이를 통해 터키의 일상적인 삶과 관련된 다양한 이벤트들을 매일 동시적으로 접할 수 있기에(synchronized contact)가능했다. 즉, 재외국민들을 위한 터키어 방송의 등장이 유럽에 거주하는 터키이민자들의 삶에 큰 변화를 불러일으켰다고 말할 수 있다. 하지만 이러한 터키어 방송의 등

25) Portes(1999); Portes et al.(1999) (Aksoy and Robins(2010: 173)에서 재인용). Portes, A. (1999) 'Conclusion: Towards a New World - the Origins and Effectiveness of Transnational Activities', *Ethnic and Racial Studies* 22(2): 463-477; Portes, A., L. E. Guarnizo and P. Landholt (1999) 'The Study of Transnationalism: Pitfalls and Promise of an Emergent Research Field', *Ethnic and Racial Studies* 22(2): 217-237.

장이 불러일으킨 변화란 정확히 무엇인가? 이에 대해 Aksoy & Robins는 기술 결정론적인 관점(technological determinism)에서 벗어나, 터키 이민자들의 초국가적 미디어 소비(transnational media consumption)와 모국-거주국간의 물리적·정신적 분리(separation)와 거리(distance)를 유지·관리하는데 있어서 그들만의 새로운 방법·전략과 관련이 있으며, 초국적인 이민문화와 경험들이 나타남으로 인해 '의미 있는 변화들(something significant)'이 일어나고 있다고 주장한다. 그리고 이러한 구체화되고 체감할 수 있는 의미 있는 변화들이 일어나고 있는 중요한 공간을 제공해 주는 것이 바로 터키어 위성방송(satellite television)이라고 말한다. 이를 위해, Aksoy & Robins는 영국 런던에 거주하는 터키 이민자들과의 심층 인터뷰를 통해 터키 위성방송시청을 통해 이민세대들 간에 달리 나타나는 모국과의 거리·연계성 그리고 모국의 궁극적인 의미에 대해서 분석하였다.

Aksoy & Robins에 따르면 런던거주 터키이민자들의 터키어 위성방송 시청을 통해 두 가지의 양상이 나타나게 되다. 첫째, 이민 1세대의 경우 터키의 공영 방송인 TRT(Turkish Radio and Television Corporation)에서 송출되는 터키의 전형적인 전통적 종교적 이미지들과 내용을 부곽시킨 방송 콘텐츠들을 매일 접하게 됨으로서 기존의 고전적인 디아스포라적인 신화/이상화를 더욱 더 공고히 해 나가는 경향이 있다. TRT를 포함한 터키의 재외국민 대상 위성방송 매체는 기본적으로 '상상의 터키공동체(the imagined community of Turks)'와 같은 가상의 집합적인 국민·민족적 소속감(national belonging)을 강조하고, 이를 기반으로 해외거주 터키인들과 새로운 초국적 문화와의 접촉/교류를 가능케 한다고 주장한다. 기본적으로 해외 - 특히 유럽에 거주하는 - 터키이민자들을 '재외국민(offshore nationals)'으로 규정하고 있으며, 이런 재외국민들에 대한 TRT 위성방송프로젝트는 바로 그들을 '가상의 터키 민족공동체(Turkish national imaginary)'라는 인식의 프레임으로 다시 편입시키려는데 궁극적인 목적이 있다:

> "해외거주 터키이민자의 수의 증가와 더불어 [주요 시청사로서 뿐 만 아니라, 해외거주 커뮤니티의 일원으로서] 그들을 잃을지도 모른다는 두려움 또한 증가함에 따라, 젊은 신세대 이민자들의 터키와의 [물리적·정신적·감정적] 유대관계를 더욱더 강화시켜 나가기 위해, 1990년도 초반부터 해외거주 터키안들을 대상으로 한 방송 프로그램들이 많이 제작되기 시작했다. [···] 수많은 유럽거주 터키시청자들이 매일 저녁 황금시간대에 [터키 본토에서 송출되는] 방송을 시청하고 있으며, 시청자들 대부분은 '[모국으로서의] 터키를 잊지 않기 위해', '터키 대중음악을 좋아해서', '[그들이 귀속된 국가의 타 방송 및 해외방송들과 비교해서]' 터키(어) 방송이 의미 그들에게 더욱더 의미가 있다'는 등의 다양한 이유로 터키방송을 선택한다. 정치에서 코미디에 이르기 까지 유럽거주 터키이민자들은 위성방송을 통해 그들의 뿌리·모국(roots)과 계속 소통하고 있으며, 그들에게 있어서 모국과 소통할 수 있는 유일한 수단으로 인식하고 있다. 시청자들은 터키어 방송을 아주 높게 평가하기에 위성방송기기(satellite dishes)를 구매하는데 망설임이 없으며, 실제로 설문조사에 따르면, 유럽거주 터키이민자들의 터키위성방송에 대한 신뢰는 언제나 공고하다(unshakable)".[26]

이렇듯, 런던에 거주하는 현실이 힘들고, 이러한 현실을 벗어나 예전 어릴 적 기억에 남아있는 이상적인 이미지의 모국을 항상 꿈꾸며, 방송을 접하는 시간 동안 만큼은 꿈을 꾸듯이 그때 그 시절을 상상하며 이미

---

26) Aksoy and Robins(2010), pp.174-175.

사라져 버렸지만 머릿속에는 남아 있는 이상적인 모국에 대한 추억에 빠져들게 된다('lost in dreams, imaginings').[27] 이러한 전반적인 이민 1세대의 이주(migration)의 경험에 대해, Ahmed는 "출생지로서의 집(home as place of origin)"과 "모국 혹은 고향의 일상에 관한 소중한 경험·기억들이 묻어나 있는 감각의 세계로서의 집(home as the sensory world of everyday experience)", 이 둘 다로부터 분리·분절된 상태(splitting)"라고 표현한다.[28] 뿐만 아니라, Şengün은 이러한 경험을 심리분석학적인 관점에서 "예전엔 객관적으로 인식되었던 것들(things thought to be objectively perceived)"이 이젠 더 이상 그렇지 못하는 상황"으로 바라본다:

> "[이주로 인해] 전혀 다른 현실이 펼쳐지게 되며, 이런 상황에서 지금까지 써왔던/익숙했던 언어가 더 이상 익숙하게 들리지 않게 되는 상황, 그리고 예전엔 당연시 여겼던 일상을 모든 것들이 이젠 더 이상 존재하지 않거나, 자신의 존재가치에 대해 계속적으로 의문을 품어야 하는, 일종의 트라우마(traumatic)와 같은 경험."

이로 인해, 모국의 문화와 옮겨온 나라의 새로운 문화 간에 아주 깊은 괴리가 생기게 되고, 이러한 두 상이한 문화 간에 괴리감이 너무 강하고 견딜 수 없는 나머지, 일종의 방어기재이자 심리적인 치유의 방법으로서 아주 강력한 분리·분절(splitting)의 상태가 일어나게 된다. 이러한 두 문화 간의 심리적 분리·분절의 상태가 바로 두 개 혹은 그 이상의

---

27) Aksoy and Robins(2010), p.180.

28) Ahmed(1999), p. 343 (Aksoy and Robins(2010: 176)에서 재인용). Ahmed, S. (1999) 'Home and Away:Narratives of Migration and Estrangement', *International Journal of Cultural Studies* 2(3), pp.329-347.

문화들 사이에 끼여 있는 이민 1세대들의 상황을 잘 설명해 주고 있다고 말한다. 이런 맥락에서, Şengün은 모국의 문화(the own culture)가 "엄마의 부재 시 [나의 곁을 항상 지켜주는] 테디 베어 인형(a teddy bear during the mother's absence)"과 같은 기능을 한다고 주장한다. 다시 말해, 익숙한 맛, 냄새, 리듬, 제스쳐 등의 모국/고향에 대한 기억들을 통해 느끼게 되는 노스텔지아와 같은 아늑함이 모국과의 분리로 인한 불안감을 줄여주며, 자신의 모국/고향의 맛이 나는 음식을 경험하게 될 때, 자신의 모국어 노래를 듣게 될 때, 자신의 과거 또는 모국의 문화와 심리적으로 연결되는 느낌을 받게 되는 것이다.[29)]

반면, 이민 1세대에 비해 물리적인 이동성에 있어서 좀 더 자유로운 신세대 터키이민자들의 경우에는 영국과 터키 간의 지리적 근접성으로 인해 친구, 친지방문, 여행, 다양한 경제 사회적 활동 등 다양한 이유로 영국과 터키를 오고 감에 따라 위성 방송을 통해 소개되는 터키의 이미지와 터키의 현실 간에는 괴리가 있다는 것을 인지할뿐만 아니라, 터키어 위성방송 이외에도 BBC, CNN 등 해외뉴스 방송콘텐츠 또한 교차적으로 시청함으로써—이민 1세대가 터키어 이외의 타외국어 능력에 취약한 반면, 이후 세대의 이민자들 대부분은 터키어를 포함해서 다국어에 능통함—위성 방송을 통해서 매개된 모국의 이미지에 대해 비판적이고 좀 더 다각적인 시선 및 포지셔닝을 견지하게 된다.[30)] 즉, 위에서 언급했던 모국, 거주국 어느 한 쪽에 치우치지 않은 '중간자적인 위치' 또는 '제3의 방식'을 택함으로서 나름의 초국적

29) Şengün(2001), pp.65-78 (Aksoy and Robins(2010: 177)에서 재인용). Şengün, S. (2001) 'Migration as a Transnational Space and Group Analysis', *Group Analysis* 34(1): 65-78.

30) Aksoy and Robins(2010), pp.180-181.

미디어 소비자로서 혼종적·공생적인 모국-거주국간의 거리·연계성을 유지해나간다.

예를 들면, 런던에 오랫동안 거주하는 한 터키령 키프로스인의 경우 한 사건을 이해하는데 있어서 가능하면 다양한 정보들을 바탕으로 비교-비판-분석-이해하려 노력한다고 말한다("맨 처음에는 영국 방송을 시청하고, 그 다음에는 터키 위성방송을 통해 터키의 소식을 듣고, 조금 지루하다 싶으면 프랑스, 독일 등 다른 채널들로 돌려가며 관련 정보들을 얻고 이 정보들을 바탕으로 이 사건에 대한 나름의 판단을 내린다"). 또 다른 터키이민자의 경우 2001년 9/11 테러와 관련해서 당시 터키 위성방송뿐만 아니라 영국 및 해외 방송들의 경우에도 편파적인 보도를 할 수밖에 없기 때문에 되도록 많은 채널들을 돌려가며 뉴스를 시청함으로서 한 사건에 대한 나름대로의 연구조사를 통해 이 사건에 대한 좀 더 다각적인 그림을 그려 나간다고 말한다.[31]

결론적으로, 한 사건/사안에 대해 1세대 이민자들보다 신세대 터키 이민자들에게서 다각적인 관점(complexity of perspective)이 더욱 빈번히 나타나는 이유는 초국적 미디어 소비를 통한 두 개 혹은 그 이상의 문화들과 자유로이 접할 수 있는 물리적·지적 능력일 수도 있겠지만, 더욱 중요한 것은 바로 터키와 영국 문화 양자로부터 정신적·상상적으로 거리감을 둘 수 있는 특수한 위치성에 있다고 할 수 있다. 이는 두 번째 사례연구에서 다루게 될 기존의 이민 1세대-디아스포라(diasporic) 세대 재일코리안의 '모국으로서의 분단된 한반도와 (일시적인) 거주국으로서의 일본' 식의 이항 대립적으로 형성된 정체성과 차별되는 신세대-탈디아스포라(postdiasporic) 세대 재일코리안의 다중적·혼종적인

31) Aksoy and Robins(2010), pp.186-187.

정체성을 '제3의 방식(the third way)'을 통해 바라봐야 한다는 주장과 도 많은 면에서 관련이 있다.

(2) 사례연구 2. : 재일코리안의 다중적·혼종적 정체성 －제3의 방식(The Third Way)[32]

일반적으로 정체성이란 곧 '소속감', 즉 민족·종족·인종적 그리고 정치·사회·문화·역사적인 면에서 어떤 이들과 공유할 수 있는 동시에 타자들과 차별화 될 수 있는 것으로 정의되지만, 동시에 정체성은 타자들

---

32) 본 사례연구는 David Chapman(2004)의 연구에 기반을 두고 있음을 밝힌다. Chapman, D. (2004) 'The third way and beyond: Zainichi Korean identity and the politics of belonging', *Japanese Studies* 24(1): 29-44(참고). 재일코리안의 정체성은 분단된 모국과 거주국 일본 간에 역사적으로 복잡하게 얽혀있는 관계로－정체성과 관련된 모든 사안들과 마찬가지로－단순하게 정의내리는 데는 많은 한계가 따른다. 그럼에도, 예를 들면, 송기찬은 '재일코리안'을 일본의 외국인등록상의 국적이 한국/조선으로 되어있는 사람들 중에서, 등록상의 재류자격이 제2차 세계대전 이전에 일본으로 건너와 일본의 패전 후에도 일본에 남기로 작정한 한국/조선인들과 그들의 후손을 의미하는 '특별 영주자'인 사람들과 특별영주자와 일본 정주에 이른 기원이 같지만 귀화나 결혼으로 일본 국적을 취득한 사람과 그 자손 중에서 스스로를 '자이니치(在日) 코리안'이라 여기고 있는 사람들로 정의한다(송기찬, 2012, p.5) (유혁수(2014: 310)에서 재인용). 宋基燦(2012)『「語られないもの」としての 朝鮮学校－在日民族教育 とアイデンティティ·ポリティクス』, 岩波書店; 유혁수(2014)「재일한국/조선인 사회의 갈등과 과제 : 올드커머와 뉴커머 관계를 중심으로」『일본비평』 제10호, pp.308-329. 하지만 여기에서는 편의상 '재일코리안'을 재일한국/조선인, 재일한인, 재일동포 등 거주국인 일본 사회 내에 존재하는 한국/조선의 국적 및 일본 국적을 취득한 귀화자 모두를 포함하여 통칭하는 용어로 사용한다. 임영언·허성태(2015)「재일코리안의 정체성 기반의 상징문화: 2·8 독립선언과 6·25전쟁 참전 기념비를 중심으로」『Journal of International Culture』 vol.8-1, pp.126-154; 임영언(2009)「재일한인의 민족정체성 유형에 관한 사례연구」『일본문화학보』 제40호, pp.427-444; 김명섭·오가타 요시히로(2007)「'재일조선인'과 '재일한국인':통합적 명명을 위한 기초연구」『21세기정치학회보』 제17집 3호, pp.257-280; 이성(2011)「재일코리안의 현황과 미래」『통일인문학논총』 제52집, pp.281-291; 김현선(2009)「국적과 재일코리안의 정체성」『경제와 사회』 제83호, pp.313-341(재일코리안 정체성 관련해서 참고).

과 복잡하게 얽혀있는 사회적인 관계를 통해 형성되는 것이기도 하다. 이러한 사회적 관계들은 현대 시대에 들어 더욱더 복잡해졌고, 그 경계 또한 모호해지기 시작했다.[33] Hall에 따르면 정체성은 단순히 '외부(outside)'의 영향에 의해서 라기 보다는 '다름 혹은 차이(difference)'를 통해서 형성된다. 즉, 나 자신과는 정반대의 입장·위치에 있는 '타자(the Other)'와의 이질적인 관계를 통해서만 진정한 정체성이 형성되며, 이렇게 형성된 정체성은 교차·대립·충돌하는 이질적인 담론 및 실천들을 통해 한 사회 내 개인의 존재론적 위치(positions)를 더욱더 구체화시켜 나가는 동시에 끊임없이 변화·진화해 나간다.[34] 이와 더불어, Erikson은 '자아(ego)'와 '(생활)환경(circumstance)' 간의 복합적인 '상호교환(negotiations)'에 기반을 둔 사회심리학적 관점에서 정체성의 형성과정을 바라본다: "한 인간의 정체성은 태어나자마자 자동적으로 부여/낙인 되는 단일의 획일적인 표식(ascription)이 아닌, '자아'와 그 주변을 둘러싸고 있는 '환경' 간의 지속적인 상호교환을 통해 형성된 복합적 산물이다. [그렇기에, '환경'은 인간의 성장과 발달에 결정적인 역할을 하며, 자기 인식과 자아 정체성의 원천이 된다]. 이런 의미에서, 대부분의 사람들은 자신이 처해 있는 생활환경/상황에 따라 하나 이상의 복합·다중적인 정체성(multiple identities)을 가지게 된다."[35] 정리하자면, 정체성이란 주어지는 것이 아니라 만들어 지는 것이며, 정태적인

---

33) Weeks(1990), p.88 (Chapman(2004: 38)에서 재인용). Weeks, J. (1990) 'Mothers write Ikaino', in S. Ryang (ed.) *Koreans in Japan: Critical Voices from the Margin*. London: Routledge, pp.74-102.

34) Hall(1996), p.4 (Chapman(2004: 34 & 41)에서 재인용). Hall, S. (1996) 'Introduction: who needs identity?', in S. Hall and P. du Gay (eds) *Questions of Cultural identity*. London: Sage, pp.1-17.

35) Sennett(2011), pp.330-331. Sennett, R. (2011) 'Boundaries and Borders', in R. Burdett and D. Sudjic(eds) *Living in the Endless City*. London: Phaidon Press, pp.324-331.

본질성이 아닌 동태적인 관계성을 통해 (주어진 시공간적 상황·환경에 맞춰) 지금 이 순간에도 끊임없이 변화·진화해 나가는 일종의 살아있는 유기체라 할 수 있다. 이런 관점에서, '혼종성(hybridity)'이란 바로 하나 이상의 다양한 입장·관점들이 끊임없는 교차·중첩·충돌을 통해 거의 무한대로 파생될 수 있는 장을 마련해 주는 앞서 언급했던 '제3의 공간'이며, 이 역동적인 공간 내에서 정체성은 정적이고 동질화·균일화되는 것이 아니라 유동적이고 끊임없이 변화·진화에 나간다.

이런 맥락에서, 재일코리안의 정체성은 분단된 모국과 거주국 일본 등 귀속국가의 다양성으로 인해 복잡하게 얽혀있기 때문에, 이를 이해함에 있어 그들의 모국 및 거주국에서의 정치·사회·문화적 위치(성)에 대한 시·공간적 복잡성/혼종성을 고려하는 것은 중요하다.[36] 다시 말해, 재일코리안의 정체성 또한 사회·문화·역사적으로 복잡하게 얽힌 다양한 요인들에 의해 구분되며, 특히 그들의 모국 귀속에 대한 여부 또한 단순히 인종·종족·민족적 기준에 따른 법적지위를 넘어서서, 심리적 혹은 (거주지의) 문화적 요인 등 다양한 요소들을 고려한 포괄적이며 복합적인 관점에서 바라봐야 한다.[37] 이는 기존의 방법론적 민족주의(methodological nationalism)에 기반을 둔 전통적인 디아스포라 관점에서 벗어나 '제3의 방식(the third way)'을 통해 일본의 신세대 혹은 '탈디아스포라(postdiasporic)' 세대 재일코리안의 정체성을 바라봐야 한다는 Chapman의 주장과도 여러모로 관련이 있다. 특히 1세대 재일코리안과 2·3세대 그리고 그 이후 세대의 재일코리안들이 각기 달리 생각하는 일본 사회에서 재일코리안으로서의 정체성에 대한 Chapman

36) 김현선(2009), p.335 (임영언·허성태(2015: 128)에 재인용).
37) 임영언·허성태(2015), p.128.

의 주장을 요약하면 다음과 같다.

> 한국(혹은 해방 전/후에 한반도)에서 태어나 일본으로 건너간 1세대 재일코리안의 정체성이 언젠가는 다시 돌아가야 할 모국의 문화적/종족·인종적 요소와 매우 밀접하게 관련이 있으며, 그렇기에 그들 스스로를 일본 사회에서 '영구적인 거주인(permanent resident)'이 아닌 '임시로 머무는 거주자(temporary resident)'로 인식하는 경향이 강한 반면, 일본에서 태어난 2·3세대 재일코리안의 경우 부모님 세대에 비해 일본 사회에 대부분 동화된 경우이고 언어적으로도 한국어가 아닌 일본어를 모국어로 인식하고 있기에, 1세대 재일코리안에 비해 그들 스스로 '임시로 머무는 거주자(temporary resident)'가 아닌 '영구적인 거주인(permanent resident)'으로 인식하는 경우가 많다. 이러한 다소 이항 대립적인 사고에 대한 대안으로서 재일코리안의 정체성을 '제3의 방식(the third way)'으로 생각해 봐야 한다고 주장한다. 다시 말해, 대한민국 혹은 일본이라는 일종의 호스트 사회에 밀접하게 속한 '동질적인(homogenized)' 문화 및 인종과 밀접하게 관련 된, 즉 이전의 동일한 인종·문화의 테두리 안에서 보는 관점에서 벗어나 일본을 '모국(Japan as home)'으로 두면서도 재일코리안의 정체성을 일본 내에서 독자적인 민족·종족·문화적 커뮤니티로 규정하는 동시에 완전한 '영구적 거주인'으로는 규정하지 않는 다소 유연하고 혼종적인(hybrid) 정체성으로 인식한다는 것이다. 이를 통해, 일본 사회와 좀 더 다각적이고 적극적으로 소통할 수 있는 역량을 갖출 수 있는 반면, 일본인으로 귀화한 재일코리안(naturalized Japanese)의 경우 이러한 하이브리드한 정체성에서 배제되는 한계점 또한 있다고 주장한다.[38]

다시 말해, 이전의 동일한 인종·문화의 테두리 안에서 보는 관점에서 벗어나 일본을 '모국(Japan as home)'으로 두면서도 재일코리안의 정체

38) Chapman(2004).

성을 일본 내에서 독자적인 인종·문화적 커뮤니티로 규정하는 동시에 완전한 '영구적 거주인' 으로는 규정하지 않는 다소 유연하고 혼종적인 (hybrid) 정체성으로 인식함으로써 일본 사회와 좀 더 다각적이고 적극적으로 소통할 수 있는 역량을 갖출 수 있는 가능성이다.

3 맺음말

'땅과 이어져 있음을 느끼고, 사랑하는 사람이 몇 있고, 마음이 편안한 장소가 늘 거기 있다는 것을 안다면 한 번 사는 인생은 이미 확실해진다. 아니, 어쩌면 그걸로 충분한 것이다.' —알베르 카뮈[39]

(탈)디아스포라 세대는 다양한 초국적 미디어의 일상적 활용을 통해 '상상의 모국'과 '현실의 거주국' 간의 (비)물질적 거리감을 유연하게 유지해 나가며, 그들의 개개인 혹은 집합적인 사회·문화적 위치(성)·정체성과 기억을 형성해 나간다. 이러한 상호의존적인 정체성·기억의 형성 과정을 일종의 하이브리드 경계/공간으로서 '망각의 강 혹은 망각의 강 선착장 주변'을 하염없이 배회하는 망자들의 모습으로 비유해서 상상해 보자면 다음과 같다:

대개 망자(亡者)는 '레테(Lethe)'라는 '망각(忘却)의 강'을 건너면서 이승에 있던 모든 기억들을 지워버리고, 저승에서의 새로운 '삶' 혹은 '출발'을

39) 정수복(2009) 『파리를 생각한다』 문학과 지성사.

위해 마음을 준비를 한다고 한다. 하지만, 실상은 이승에서의 소중한 기억들을 잊기 원치 않는 수많은 망자들이 망각의 강 선착장 입구 주변을 하염없이 배회하며 강 건너기를 망설여 하고 있지는 않을까 가끔씩 상상해 본다. 왜냐하면, 사랑하는 이들에 대한 추억만큼은 좀처럼 쉽게 잊혀 지기 힘든 것이기 때문은 아닐까 싶어서 말이다. 과거에 대한 소중한 기억들을 떠올릴 때마다 느끼게 되는 '행복'과 동시에, 이러한 과거로 돌아가고 싶지만 이젠 더 이상을 돌아갈 수 없다는 현실을 직시함으로써 느끼게 되는 '슬픔', 이 두 상반된 감정이 공존하는 '노스텔지아'[40]처럼. 저승과 이승 사이에서 (아무런 기약 없이) 잠시 동안 머물면서 이승에서의 잊지 못할 기억들을 바탕으로 그들이 이승에 남겨두고 온 수많은 사랑하는 이들을 계속 기억하고 잘 보살피기 위해서 말이다. 잃어버린 날개가 어디에 숨겨져 있는지 아주 잘 알고 있으면서도, 그냥 모른 척 하고 지구에 남아 당신이 자발적으로 '입양'한 가족들을 돌보다 생을 마감하는 자발적 '날개 잃은 천사'이자 신의 대리인인 우리의 어머니들처럼.

깊은 밤 우리들 꿈속에서, 아니면 정확하게 기억해 낼 순 없으나 일상에서 우리의 눈과 머릿속을 불규칙적으로 스쳐 지나가는 무수히 많은 데자뷰 이미지·기억들을 통해, 망각의 강을 건너기를 끝까지 거부하는 수많은 망자들이 이승에 사는 우리들의 무의식에 그들의 존재를 끝없이 알린다. 그리고 이승에 사는 '우리들'은 '그들'이 보낸 이러한 무의식적 신호들을 다양한 의미로 재해석하여 자신들만의 기억으로 재탄생시킨다. 결국, 이러한 다소 '의도된 오역' 혹은 '의도된 오해' 덕분에 저승과 이승에서 각

40) '노스텔지아(nostalgia, Heimweh)'는 17세기 스위스 의사 요하네스 호퍼(Johannes Hofer)가 자신의 1688년 박사학위 논문 〈Dissertatio Medica de Nostalgia oder Heimweh (Medical dissertation on nostalgia)〉에서 처음 사용했으며, 그리스어의 귀향을 뜻하는 '노스토스(nostos)'와 고통/아픔을 뜻하는 '알고스(algos)'를 합쳐 만든 합성어이다. 오랜 타지 생활에 지친 스위스 용병들이 고향을 그리워한 나머지 소화불량, 감기, 우울, 졸도, 심지어는 죽음에 이르기까지 이르는 증상들을 보이자, 이러한 병리학적 증상들을 통칭해서 '노스텔지아'라고 불렀다. 그 후 '노스텔지아'는 현실에 적응하지 못하고 과거나 고향을 그리워하는 현상을 뜻하는 정신병리학적 용어로 자리 잡았다. Fuentenebro de Diego, F. and C. Valiente Ots (2014) 'Nostalgia: a conceptual history', *History of Psychiatry* 25(4): 404-411; Boym, S. (2007) 'Nosalgia and Its Discontents', *The Hedgehog Review* 9(2): 7-18. (참고).

각 머물고 있는 '그들'과 '우리들'은 시공을 초월한 교감·소통을 지금까지 이어나가고 있지 않나 싶다. 직접 경험한 적은 한 번도 없지만, 오랫동안 아주 자연스럽게 유전되어왔던 수많은 기억들처럼, '살아있는 침묵'의 형태로 존재하며 삶과 죽음이 자연스럽게 만나 공존하게끔 해주는 곳, 바로 우리의 삶이 시작되고 동시에 마무리 되는 '도시'에서 말이다.

보통 우린 사랑하는 이들의 죽음을 생을 마감한 날을 기준으로 무거운 마음으로 추모한다지만, 사랑하는 이들의 죽음을 '끝'이 아닌 또 다른 '시작' 혹은 '새로운 출발'로 믿고 아주 기쁜 마음으로 축하해 준다면, 지금 이 순간에도 망자의 강 선착장 주변을 계속 맴돌며 이승에서의 좋은 추억들을 영원히 잊지 않으려고 애쓰고 있을 망자들의 불안한 마음을 어느 정도 진정시킬 수 있지는 않을까. 이승의 '우리들' 또한 저승의 '그들'을 잊지 않고 있다는 희망·확신을 전달해 줌으로써 말이다. 지금 이 순간에도 '그들'은 이승에 남겨둔 사랑하는 '우리들'을 잊지 않기 위해 망각의 강 선착장 주변을 계속 배회하며 강 건너기를 거부하고 있다. 살아있는 '우리들'이 '그들'을 계속 추모하고 있는 것처럼.

본 연구는 주어진 (생활)환경·상황들과의 지속적인 상호소통/협의를 통해 '경계 넘나들기'와 '경계 만들기'를 실천해 가며 '액체화(liquefaction)'[41] 된 유동적인 일상을 살아가는 영국 거주 터키이민자들과 재일코리안, 이 두 이민자 집단의 거주국에서의 일상적 경험들을 비교·분석하여, 모국과 거주국에 대한 이민 세대 간의 인식 차이와 이로 인해 계속 변화해 나가는 모국과의 관계·연계성 및 이민자 문화 전반에 대해 살펴보았다. 첫째로, 영국 런던에 거주하는 터키 이민자들을 대상으로 위성 텔레비전을 통해 터키 국내방송을 시청함으로서 경험하게 되는 모국과 거주국에 대한 세대 간의 인식 차이, 그리고 이를 통해 계속 변화해 나가

41) Beck et al.(1994) (Morley(2017: 62)에서 재인용). Beck, U., A. Giddens and S. Lash (1994) *Reflexive Modernisation*, Cambridge: Polity Press.

는 모국과의 관계 및 연계성을 통해 형성되는 초국적 이민자 문화에 대해 살펴보았다. 두 번째로, 1970년 이후 세대교체로 인한 재일동포사회 내 시·공간적 변화로 형성된 '전통적 디아스포라 세대'인 이민 1세대 재일코리안과 탈디아스포라 세대인 2·3세대 그리고 그 이후 세대가 각기 달리 생각하는 일본 사회 내 마이너리티인 재일코리안으로서의 정체성 위치논쟁에 대해 살펴보았다.

민족·종족적으로 이질적이면서도 '이민자' 혹은 '이방인(estrangers)'이라는 공동의 연대의식·문화를 공유하는 이 두 이민자 집단에게 있어 '자기 정체성'이란 한마디로 정의할 수 없는, 자신이 거주 중인 귀속 사회와의 비교·거리두기를 통해 자신의 '존재의 의미(raison d'etre)'를 주어진 상황·환경에 맞게 계속 튜닝해 나가야 하는－지금 이 순간에도 수족관 여기저기를 바쁘게 돌아다니는 살아있는 활어와도 같은－계속 진행 중인 '과정'인 것이다. 이런 의미에서, Hall은 정체성을 우리에게 확고히 정립된 것도 아니고, 완전히 자유롭게 유동하는 것도 아닌, 다양한 입장·관점들이 끊임없는 교차·중첩·충돌을 통해 끊임없이 파생되는 혼종적인 '제3의 공간·영역'으로 인식한다.[42] 즉, 정체성이란 민족·종족적으로 미리 주어진 단일하고 균일한 정태적인 것이 아닌 동태적인 관계성을 통해 만들어지는, 시·공간적 상황·환경에 맞춰 끊임없이 변화·진화해 나가는 매우 역동적인 유기체라 할 수 있다.[43]

---

42) Hall(1988) (주하영(2016: 201)에서 재인용). Hall, S. (1988) 'New Ethnicities', in D. Morley and K. Chen(eds) *Stuart Hall: Critical Dialogues in Cultural Studies*. London: Routledge, pp.441-449.

43) 이런 의미에서, 디아스포라는 오로지 어떤 신성한 고국, 곧 다른 민족을 바다로 내모는 등의 어떤 대가를 치르더라도 돌아가야 하는 고국과의 관계를 전재해야만 정체성이 보장되는 뿔뿔이 흩어진 종족을 가리키는 개념이 아니다(제임스 프록터, 2006, p.244, (주하영(2016: 201)에서 재인용)). 제임스 프록터(2006) 『지금 스튜어트 홀』. 손유경 옮김. 앨피.

이런 의미에서, 터키 이민자들의 초국적 미디어 활용을 통한 초국적 미디어 소비자로서의 다층·다중적인 위치(성)과 탈디아스포라 세대 재일코리안의 제3의 방식을 통한 정체성 형성 방식을 현대건축과 도시생태의 경향에서 나타나는 혼종적인 경계의 의미와도 비교해 생각해 볼 수 있을 것 같다.

'경계'는 한 사회·문화 내에서 합의된－그렇기에 끊임없이 변화·진화하는－특정한 기준에 따라 사물 또는 지역이 구분되는 (비)물리적 한계를 말하며, 일반적으로 '보더(border)'와 '바운더리(boundary)' 이 두 개의 영역으로 나누어 생각할 수 있다. '보더'는 각자의 커뮤니티·계층·직업/기능 군에 소속되어 한 사회를 구성해 나가는 다양한 요소들(사람, 사물/물질 둘 다 포함)이 경계를 지속해서 교차·중첩해나가는 유동적인 영역을 말한다. 이는 마치 투과성이 높은 얇은 '막'과도 같아서 구성요소 간의 끊임없는 상호작용이 발생하게 되는 '살아있는 경계/가장자리(edge)'이다. 이에 반해, '바운더리'는 내부와 외부를 명확히 구분시키는 물리적인 '벽'과 같은 '죽어있는 경계/가장자리'이다. 다시 말해, 경계는 모든 (비)물질적 속성들이 갈등, 충돌, 교류 등의 과정을 통해 복잡하게 교차·중첩되는 모호하고 혼종적인 일종의 '틈새(interstitial)' 영역이라 할 수 있다. 이처럼, 모더니즘의 기능주의적 도시와 건축이 만들어낸 이항 대립적인 단절적 경계면은 매개공간의 상실로 이어지고 소통할 수 없는 소외되고 파편화된 개인을 만든다. 반면에, 현대건축의 경계는 더 이상 물리적 영역의 고정된 범주가 아닌 내부와 외부 사이의 교통과 소통을 생성하기 위한 매개체가 된다. 경계면이 도시적 기능을 갖기 위해서는 단편적 소통의 역할을 넘어 다공적인 경계면을 가진 열린 공간 즉, 공공영역을 필요로 한다. 즉, 현대건축에서 경계의 영역은 탈주한 경계의 확장과 끊임없이 경계를 넘는 개체들의 유동적 흐름에 의해 모호해져 축소되거나 소멸되는 경향이 있다, 이로 인해 나타나는 경계의 모호성은 영역의 정체성을 불확정 상태로 만드는 동시에, (경계의 끊임없는 변화·진화를 통해 경계를 넘나드는 개체들 간의 접촉과 공감을 확대시킴으로써) 관찰자나 사용자에게 그 영역을 재해석 또는 재정의 할 수 있는 가능성 또한 열어 주게 된다.[44][45] 이는, 경계의 영역을 공간·관계의 경계를 '물리적/존재론적'으로 명확히 구분 짓는 '바운더리'가 아닌 사회·정치적 합의의 정도에 따라 사람·공간 간 상호이동·소통이 유동적일 수 있는 "접촉과 공감의 확대에 기여하는 다공질적인 경계부"[46]인 '보더'처럼 불명확한 목적성, 혹은 목적의 유동성 덕분에

---

44) 김민경(2010), p.49. 김민경(2010)「비정형건축의 열린계(Open System)로서의 도시 지원 특성- Richard Sennett의 열린 도시 사유를 중심으로」『대한건축학회문집』제26권 1호(통권255호), pp.45-54.

45) 현대건축의 포스트모더니즘·해체주의적인 경향은 들뢰즈와 가타리(Deleuze & Guattari)의 '리좀적 사유(rhizomatic thinking)' 개념에 많은 영향을 받았다. 여기서 '리좀(rhizome)'은 서구의 전통적인 수목적(하향식)' 사유의 대안으로서 상향식의 '근경', 즉 뿌리가 없는 식물과 같은 것을 뜻하는 말로, 여러 개체들 간의 복잡한 (동시적) 접속을 통해 경계를 탈주하고 끊임없이 넘나드는 유동적이며, 무한한 생성이 가능한 다양체적·네트워크적인 공간을 지칭한다, 그리고 리좀적 사유(rhizomatic thinking)는 중심 없이 여러 방향으로 열린 체계, 그 자체로 유의미한 다양한 집결지를 가질 수 있는 체계, 접속되는 항들이 늘거나 줄어남에 따라 성질이 달라지는 가변적 체계, 각각의 부분들이 중심으로 귀속되는 상위의 이웃을 통하지 않고 직접 이웃과 만나고 접속하는 체계 등을 가진다(최윤경·김민중(2006), pp.113-114). 최윤경·김민중(2006)「리좀과 하이퍼텍스트 관점에서 본 도서관 공간구조의 이해」『한국실내디자인학회 논문집』제15권 6호(통권59호), pp.111-119; Deleuze, G. and F. Guattari (2004) *A Thousand Plateaus: Capitalism and Schizophrenia*. London: Continuum (참고).

46) 김민경(2010), p.54. 개인의 정체성에 관한 심리학적 문제를 도시사회학적 현상으로 일관되게 분석해온 리처드 세넷(Richard Sennett)은 다공성(porosity)에 기반 한 도시 내 여러 (비)물질질적 개체들 간의 다공질적/민주주의적(democratic) 경계성질−"질서(order) 대신 혼돈(disorder)", "순종(purity) 대신 혼종(hybridity)"−및 요소−밀도, 이방인, 사람들과 섞임, 복합성, 다름, 비인격성, 불일치, 전위, 전치−를 그의 '열린 도시론' 의 핵심에 두고 있다(김민경, 2010, p.53).

'비물질적/인식론적'으로 끊임없이 변화·진화해 갈 수 있는 가능성이 무한한 '열린' 혹은 '사이(in-between)'의 관계로 확장시켜 생각할 수 있을 것이다.

홋카이도와 아이누 민족

구로타키 히데히사(黒瀧秀久)

도쿄농업대학 대학원에서 경제학박사 학위를 받았으며 도쿄농업대학 생물산업학부 교수로 재직 중이다. 미국 미시간주립대학 농업·자연자원학부 객원교수, 중국 난징농업대학 중화문명개발연구원 객원교수를 역임하였으며, 도쿄농업대학 생물자원개발연구소 오호츠크 실학센터장, 도쿄농업대학 아바시리 한랭지 농장장, 생물산업학부 학부장을 역임하였다. 홋카이도 종합개발위원회 위원, 홋카이도 삼림심의회 위원, 일본농업경제학회 상무이사 등으로 활동하고 있다. 『일본의 임업과 삼림환경 문제』, 『히로사키번(弘前藩)의 산림제도와 목재유통구조』, 『에노모토 다케아키(榎本武揚)와 메이지유신』을 비롯한 다수의 저서가 있다.

번역 : 임상민 (동의대학교 일어일문학과 조교수)

1 문제 제기

일본의 민족문제는 근대 이후 단일민족설이 주류였다. 그러므로 홋카이도를 중심으로 거주했던 아이누족은 「구토인(舊土人)」이면서도 「제국신민」이었다. 그 언어와 원주민으로서의 권리 등 일체의 권리가 인정되지 않은 채 150년이 흘렀다.

제2차 세계대전 이후 일본 정부는 아이누 민족도 「야마토 민족」(일본인)이라고 일관된 견해를 견지해 오고 있지만, 실제로 아이누 민족의 입장에서 보면 전혀 그들의 권리를 인정받지 못한 채, 일본 사회의 주류가 아닌 「사회적 마이너리티」로 살아와야만 했다.

본 연구는 이들 아이누 민족이 일본 근대화의 역사 속에서 얼마나 그들의 권리를 유린당했고 동화를 요구받아 왔는지를 살피고자 한다. 그리고 최근의 국제적인 움직임과 더불어 충분치는 못하지만 선주권을 비롯한 그에 부수되는 권리를 인정받게 된 것에 대한 의의와 한계를 살펴보는 것을 본 연구의 목적으로 한다.

2 아이누의 기원

홋카이도의 아이누 민족 문제는 선주민족으로서의 「선주권」이라는 자격을 부여 받지 못한 채, 소수민족 문제가 오늘날까지 남아 있다. 본래, 일본에서는 처음 인류가 정착한 것은 3만 년 이상 이전으로 알려져 있는데, 이후에 구석기시대, 신석기시대, 조몬시대, 야요이시대, 고분시대로 이어지고, 긴키지방(近畿地方)을 중심으로 전개되었다는 사실은 이미 주지하고 있는 사실이다.

하지만, 중앙에서 보면, 「변경」에 존재하는 홋카이도와 오키나와에서는 독자적인 전개 양상을 보이고 있다. 홋카이도에서는 조몬시대 이후에 속조몬(続縄文), 사츠몬(擦文), 아이누문화시대를 거쳤고, 이후 돌연 근대 메이지유신 이후에 편입되는 특이한 역사적 변천 과정을 거쳐 왔다. 〈표 1〉은 일본의 역사적 시기 구분을 나타낸 것인데, 그 차이를 확인할 수 있다.

〈표1〉 일본열도의 조몬시대 이후 역사연표[1)]

西暦	琉球列島	本州・四国・九州	北海道
1500			
1400			
1300			
1200		縄文時代	
1100	前期貝塚時代 (縄文時代)		縄文時代
1000			
900			
800			
700			
600			
500			
400			
300			
200		弥生時代	
B. C. 100			
0			
A. C. 100			続縄文時代
200			
300	後期貝塚時代		
400			
500		古墳時代	
600			オホーツク時代
700		奈良時代	
800			
900			
1000		平安時代	擦文時代
1100	(生産経済時代)		
1200			
1300		鎌倉時代	
1400	グスク時代	室町時代	
1500			
1600		安土・桃山時代	アイヌ時代
1700	尚氏時代		
1800		江戸時代	

1) 勅使河原彰(2016)『縄文時代史』新泉社

홋카이도의 구석기시대에서 조몬시대는 약 2만년 전부터 기원전 500년 정도까지를 일컫는 원일본인인 구석기인과 그 후 조몬인들은 처음 시라타키(白滝) 유적군(유베츠강과 그 지류)의 거주 흔적이 발굴되고 있다. 생활 형태는 수렵과 어로가 중심이었고, 당시는 한랭기였기 때문에 시베리아 대륙이나 사할린 등과 홋카이도, 혼슈, 규슈는 유라시아 대륙과 이어져 있었다. 그리고 고산대는 빙하에 덮여 있고 매머드 등 포유류가 남하하여 이를 사냥하고 정주했던 것으로 보인다. 이후 조몬 중기(5,000년 전)에는 온난화 현상으로 「조몬해진기」(縄文海進期)였기 때문에 어로가 차지하는 비중이 늘게 되었다. 또한 석기시대 중반부터 조몬토기를 사용하면서 식재료의 조리가 다양해졌다.

더욱이, 오호츠크해에 인접한 지역에서는 단기간에 걸쳐 번성한 오호츠크문화(3~13세기, 이후 아이누 민족에게 흡수)도 존재한다. 아이누 민족은 인류학적 측면에서 보면, 본래 대륙 기원의 코카소이드계(유백색 인종군)의 인종이라고 메이지 이후에는 인식되었다. 하지만, 현재 아이누 민족은 본래 일본인에서 조몬시대를 거친 직접적인 민족적·문화적 자손으로 인식되고 있지만, 대륙으로부터 몇 차례에 걸쳐 건너온 사람들로 형성된 야마토 조정 이후, 계속해서 정복해야 할 이민족으로 여겨져, 동북 이북을 이른바 「화외(化外, 교화가 미치지 못하는 곳)의 땅」「반항적인 백성」이라는 의미의 「에미시(蝦夷, 에조의 옛이름)」의 거주지로서, 야마토 조정으로의 동화 정책이 전개되어 마지막 남은 이민족의 땅으로서 홋카이도=에조지역으로 인식되어 왔다.

여기에서 「에미시」라든가 「에조」의 표기 자체[2])도 중국의 황제를 중

2) 고대 동북 지역의 주민을 가리키는 말이 「에미시」, 중세 말기 이후의 홋카이도 및 그 주민들을 가리키는 경우에는 「에조」를 사용한다.

심으로 한 「화이질서」의 일본판으로 인식된 차별적 표현이었다. 어쩌면, 규슈 지방의 「구마소(熊襲)」 역시 같은 표현이라고 생각된다. 그리고 에미시를 〈평정〉하기 위한 장군직이 「정이대장군」이며, 가마쿠라시대 이후에 무가정권의 동량(우두머리)이 그 명칭을 계승했다고 하는 의미는 시사하는 바가 크다. 나라시대 이후, 일본 본토에 거주하는 에조는 야마토로 동화되어, 에조지역에는 에미시의 뒤를 잇는 안도(安藤=安東) 가문이 성을 쌓아올리고, 그 이후에 가키자키(蠣崎) 가문, 마츠마에(松前) 가문 등 야마토의 지배 체계가 성립했으며, 근세기의 마츠마에 가문에 이르러서는 모든 아이누 민족이 통제 하에 놓이게 된다.

혼슈에서는, 그 후, 야요이시대로 바뀌어 가는데, 홋카이도는 그 영향을 받지 않았다. 조몬시대의 종식 후에도 조몬문화가 계속되면서 이를 속조몬문화라고 한다. 조몬시대가 전기·중기·후기·만년의 4기로 분류되는 것에 대해, 속조몬문화는 전반기와 후반기로 구분된다. 전반기는 지방색이 풍부하고 후반기는 통일성이 강한 것이 특징이다. 조몬 중기 이후는 대륙과 일본 열도가 분단되어 현재의 형태로 변화했는데, 속조몬 전반기에 무네타니해협(宗谷海峡)을 끼고 동일한 문화가 사할린과 나카지시마(中千島, 쿠릴열도 중부지역)까지 속조몬토기 문화가 확대되었다. 이 시기의 「영곡식토기(鈴谷式土器)」의 교류는 사할린까지 확대되었다.

〈사진 1〉 영곡식토기[3)]

후반기는 「후북식토기(後北式土器)」로 분류되는 토기가 널리 사용되어 동북지방과 니가타현에 이르기까지 동일본 전체로 확산되었다.

〈사진 2〉 후북식토기[4)]

---

3) 文化遺産オンライン
4) 文化遺産オンライン

그 후 전체적으로는 사츠몬 문화로 바뀌어 가는데, 환오호츠크해권(사할린 남부, 홋카이도 북부 및 동부, 쿠릴열도)에 자리 잡은 해양민들이 독자적인 오호츠크 문화를 만들어가게 된다.

〈사진 3〉 오호츠크 문화의 분포

오호츠크문화를 담당한 오호츠크인은 바다와 깊이 연결된 해양민이며 토기도 오호츠크식 토기라고 불리는 무문토기였다.

〈사진 4〉 오호츠크식 토기[5)]

특히, 움집 안의 토양층에서 어패류(80%)의 출토물이 발견됐고 해양 포유류나 산나물, 잡곡 등을 먹고 가축, 개와 돼지도 존재했다고 생각된다.

〈사진 5〉 오호츠크인의 수혈식 주거[6)]

5) 北海道博物館
6) NPO法人北海道遺産協議会

주거 면적은 사츠몬 문화의 약 3배로 장례는 시신의 안면에 토기를 씌우는 풍습이 있고, 손발을 굽혀서 매장하는 굴장이었다. 그 전형으로 아바시리시(網走市)의 모요로 패총이 알려져 있다.

〈사진 6〉 모요로 패총의 오호츠크 무덤[7)]

그 밖의 권역은 사츠몬 문화이며 마지막 토기문화라고 한다. 속조몬 문화의 토기를 거의 볼 수 없게 되었고, 혼슈의 토사기(土師器)와 비슷한 토기나 철기가 사용되기 시작했다. 또 같은 시기에 혼슈에서 볼 수 있는 부뚜막이 네모난 움막에서 살고 있었다. 8세기가 되자 사람들은 하구 가까이에 취락을 지어 연어와 야생식물을 채취하고 조와 기장, 보리를 재배하고 있었다. 또 동북지방과의 교류가 활발해 교역을 통해 얻은 철제품이 급속히 확산되면서 석기가 사용되지 않았다는 특징을 갖고 있다.

---

7) 藤本強(1965)「オホーツク文化の葬制について」『物質文化』第6号

이 사츠몬 문화를 받아들여, 12세기 이후에 성립한 것이 아이누 문화이다. 병존하고 있던 오호츠크 문화는 사츠몬 문화에 흡수되어 13세기에 성립한 것으로 볼 수 있다.

아이누 문화는 일본인과의 교역을 증대시켰고, 그 중에서도 홋카이도 중부와 남부에서는 오슈 후지와라(奥州藤原)씨와의 교역을 통해서, 화살깃으로 사용하는 독수리의 날개가 대량으로 중앙에 놓여 있는 것도 특징이다.

〈사진 7〉 마츠마에번(松前藩) 영내의 아이누를 그린 아이누에(アイヌ絵)[8]

8) 北海道博物館, 小玉貞良作

3 중세에서 근세까지의 지배체제

하지만, 직접적인 지배 영역은 마츠마에, 에사시(江差), 하코다테 남부의 일부 지역이며, 에도시대인 아이누문화시대에는 아이누 민족의 독립성이 보장되는 모습을 보였다. 이 시기에는 아이누 민족이 수렵으로 얻은 포획물과 일본 본토로부터의 교역으로 얻은 것을 교환한 이익으로 마츠마에번이 존립했고, 이러한 상업적 교환 조건을 둘러싸고 세금을 가혹하게 징수하거나 불평등 교환이 성행했기 때문에, 수차례에 걸쳐 민족적 폭동이 일어나기도 했다. 그 대표적인 예가 고샤마인의 난(1457년)과 샤쿠샤인의 난(1669년)이다. 하지만, 두 난이 진압된 이후, 아이누 민족의 봉기는 사전에 저지당하게 되고, 마츠마에번에 의한 야마토의 지배 체제가 형성되어 갔다.

〈사진 8〉 이추열상(夷酋列像)[9]

9) ブザンソン美術考古博物館, 이추열상에 그려진 12명은 아이누가 야마토 상인의 혹사에 못 견디어 일으킨 크나시리·메나시 전투(샤쿠샤인의 난)을 마츠마에번이 진압할 때 번에 협력한 아이누들이다.

또한, 히다야(飛驒屋, 목공수)를 비롯한 야마토 상인이 홋카이도의 해산물이나 삼림 자원을 바탕으로 지역 간 교역을 시작하려 하자, 마츠마에번은 세금을 목적으로 한 장소청부제도(場所請負制度)를 만들어서, 청어, 연어, 송어, 다시마, 해삼(이것이 나가사키를 대표하는 해산물로서 청국으로 수출되었다) 등을 에도·오사카·교토로 운반하는 북마츠마에 상선 교역이 확대되었으며, 이를 위한 현지 노동력으로 아이누 민족이 사역에 동원되었고, 이러한 오우미(近江) 상인들에 의한 사역은 가혹한 세금 징수를 부추기는 것이었다. 또한, 본토 일본인에 의해 들어온 역병의 유행, 특히 천연두·결핵과 매독의 유행에 따라 많은 사망자가 속출하기도 했다.

아이누 민족의 특징은 조몬시대 이후, 자연과 공생하는 생활관을 가지고 있고, 필요에 따른 최소한의 수렵 채취와 일부 농경이 시행되었다. 농업은 성별에 따라 분업으로 이루어졌고, 남성은 주로 수렵과 어로를 담당했고, 이와 달리 농업은 대부분 여성이 맡았으며, 피, 조, 수수가 재배되었다. 주거는 「지세즈쿠리」라고 불리는 간결한 공법으로 만들어졌고, 군사적 거점에는 요새 「쟈시」를 구축했다.

〈사진 9〉 아이누의 전통민가 「지세」[10)]

그러나 문화적으로는 문자가 없는 문화이었기 때문에, 아이누의 전승은 구전으로서의 유카라(서사시)로 계승되었다. 특히, 일찍이 요절한 아이누 여성 지리 유키에(知里幸恵)의 『아이누신요집』[11]이 유명한데, 그 책에는 아름다운 신화 세계가 전개되고 있다.

〈사진10〉 지리 유키에(知里幸恵)[12]

또한, 대장간 기술은 존재했지만 제철 기술이 없었기 때문에, 따라서 철을 수입하기 위해서는 본토 일본인과의 교역에 의존할 수밖에 없었다.

신의 나라에 보내기 위한 곰 축제(イヨマンテ) 때에 곰 새끼를 신에게 바치는 의식이라든지 올빼미를 바치는 의식이 치러지면서 애니머티즘적인 종교관을 가지고 있었다.

---

10) 宇佐美智和子 (SOLAR CAT 1999 Winter no.37)
11) 知里幸恵(1978)『アイヌ神謡集』岩波書店
12) 朝日新聞デジタル

〈사진 11〉 곰 축제(イヨマンテ)[13]

한편, 아이누 민족은 사할린 쪽에서 대륙(연해주 등)의 우이루타(길랴크) 민족과의 교역을 정기적으로 전개하고 있었으며, 특히 장식품인 터키석과 청조의 관복 등을 수입하기 위한 흑룡강의 산단무역을 시작했고, 이에 따른 중국과의 마찰을 방지하기 위해 막부의 상업 거래소도 설치되었다. 중국으로부터의 견직물, 비단옷은 에조비단이라 불리며, 에도 등의 중앙에서도 높은 평가를 받았다.

삼림벌채는 아이누 민족의 벌채 기술이 부족했기 때문에, 본토에서 소마후(杣夫)라고 불리는 많은 일본인 채벌 인부가 동북지방에서 에조지역으로 건너와, 돈을 벌기 위한 노동력으로 채벌업에 종사했다.

러시아의 남하정책으로 인해 북방 경호가 문제가 되자, 에도 막부는 한 때 마츠마에번의 영지를 몰수하여, 직할지로서 하코다테 봉행소를 설치하고, 그 관할 하에 두었다. 마츠마에번은 아이누 민족이 본토 일본인의 복장을 하는 것을 엄격히 금지시켰다. 다른 한편, 막부는 일본인과

13) https://tanken.com/iyomante.html

동등한 복장을 착용하게 하는 동화정책을 장려했지만, 일반화되지 못한 채 메이지유신을 맞이하게 된다.

4 근현대의 아이누 민족 문제

근대기에 접어들어 메이지유신이 일어나자, 에조지역은 홋카이도로 명칭이 변경되었고, 홋카이도 개척사가 설치되었다. 홋카이도의 명칭 변경은 마츠우라 다케시로(松浦武四郎)의 건의로 이루어졌다. 마츠우라 다케시로는 명칭 변경에 앞서, 아이누가 자신들의 땅을 「가이」라고 불렀기 때문에, 「北加伊道」에 「北海道」의 글자를 차용해서 채용되었다.

〈사진 12〉 마츠우라 다케시로(松浦武四郎)[14]

14) 松浦武四郎記念館

개척사는 아이누 민족이 「아이누모시리」(아이누의 평온한 대지)로 부른 신성한 땅을 토지대장이 존재하지 않는다는 이유로, 「무주지국유의 원칙」에 따라 모두 국유지로 몰수했다. 더욱이, 동 「토지펀드」를 기초로 본토인에게 많은 토지를 불하하여, 아이누 민족의 토지는 전혀 인정받지 못하고, 수렵을 하는 산야나 하천, 바다에 대한 이용권마저 박탈되어 갔다. 예를 들면, 어업법의 규정에 따라 아이누인이 그 전까지는 자유롭게 포획했던 연어·송어 잡이가 한순간에 절도 행위로 변했고, 많은 체포자가 속출하기 시작했다. 즉, 홋카이도라는 명칭 부여나 아이누모시리의 「무주지」 취급 역시, 아이누에 대해 개척사가 일방적으로 정한 후에 세 개의 현청(하코다테현·삿포로현·네무로현) 및 도청이 보다 큰 규모로 추인한 시책이다. 특히, 도청은 「홋카이도국유미개지처분법」(1897년)에 따라 「별도로 기존의 채취 생활을 계속할 수 있도록 광대한 미처분 미개지」[15]로서 아이누에게 최종적으로 토지의 권리를 탈취했다.

이후, 「홋카이도구토인보호법」(1899년)이 제정되었고, 아이누 민족의 보호라는 명목 하에 아이누 민족에게 호적을 부여함과 동시에, 본토 일본인에게 불하한 토지 외의 잔여분을 분여지로서 한 집 당 1헥타르가 주어졌지만, 이 땅들은 악조건의 열등지가 많았다. 또한, 이러한 토지의 대부분은 본토 일본인에게 속아서 상실되는 경우 역시 많았다. 이와 관련된 법률에서는 선주권 그 자체가 인정되지 않았고, 정부의 「구휼정책」으로 「보호」한다고 되어 있다. 동 법률은 아이누 문화의 진흥 및 아이누의 전통 등에 대한 지식의 보급, 그리고 계발과 관련된 법률(약칭, 아이누문화진흥법)이 성립된 1997년까지 존속되었는데, 「구토인」이라는 표현 그 자체가 차별적이라는 사실은 재차 강조할 필요도 없다.

---

15) 高倉新一郎(1942) 『アイヌ政策史』 日本評論社

또한, 학제가 공포된 후에는 의무교육이 전 국민을 대상으로 이루어졌지만, 아이누 민족의 대부분이 일본인과 공학인 경우는 없었고, 1899년의 「홋카이도구토인보호법」을 토대로 국비를 통해 「구토인학교」(통칭, 「아이누학교」)가 설치되어, 일본인의 교육 내용보다도 뒤떨어지는 교육 제도가 실시되었다. 한편, 여기에서는 일본인으로의 동화정책이 철저하게 이루어졌는데, 예를 들면, 학교에서는 아이누어가 금지되었고, 이를 사용하면 벌을 받게 되는 교육이 실시되었다. 이러한 구토인보호법은 미국 선주민의 거류지 제도를 모델로 만들어졌다고 전해지고 있는데, 그 배경에는 청일전쟁 후의 대만 영유=식민지화 정책의 선진열강으로부터의 통치 능력을 의문시하는 목소리에 대한 대책으로 서둘러 실시된 것이었다. 즉, 홋카이도는 제국 일본의 「내국식민지」화되어, 동 아이누인 대책은 그 이후의 「외국식민지」로서 대만 영유 및 조선 병합의 민족적 지배의 모델이 되어 간 것이다.

〈사진 13〉 아이누학교[16)]

16) 佐々木長左衛門(1931)『アイヌの話』旭川市図書館蔵

거주지 제한 및 이동의 제한, 그리고 일본인 이주의 확대에 따라 아이누 민족의 유행병 만연 등에 의해 인구 감소 등이 현저하게 나타나기 시작했고, 에도시대의 아이누 민족 인구수에 비해 크게 감소했다고 전해진다. 본래, 아이누 민족의 거주 분포지역은 홋카이도뿐만 아니라 중부·사할린 이남 및 남지시마(南千島), 또는 본토의 츠가루반도(津軽半島), 시모키타반도(下北半島)의 일부에까지 널리 분포되어 있었다. 일본정부에 따르면, 아이누 민족은 「구토인」이지만, 「제국신민」에 소속된다는 인식으로 말미암아 이들 지역의 홋카이도 이외의 토지까지도 일본국 정부의 영토로 관리했다. 그러나 국경 구획을 위한 러시아 정부와의 사이에서 에노모토 다케아키(榎本武揚) 공사에 의한 사할린·지시마 교환조약이 체결되자, 남사할린의 아이누 민족은 홋카이도로 이주를 강요당하게 되었고, 즈이시카리(対雁)로 이주한 많은 아이누 민족은 풍토에 적응을 못하고, 병 등으로 많은 사망자가 속출한 비참한 상황에 이르게 되었다. 뜻밖에도 시라세 노부(白瀬矗) 중위의 남극 탐험에 아이누인이 응모해서 참가가 실현되기도 했다.

한편, 아이누 민족의 문화적·학술적 연구가 진행되고 있는데, 사할린 아이누 연구에서는 아이누어 채집에 폴란드에서 유배 온 피우수트스키의 조사와 영국의 존 배첼러 신부에 의한 아이누어의 사전 편찬, 또한 국어학자 긴다이치 교스케(金田一京助)의 일본어와 아이누어의 비교연구와 민족·문화적 연구가 이루어졌다. 아이누 민족 중에서도 지리 유키에의 남동생인 지리 마시호(知里真志保)가 긴다이치의 영향을 받은 연구자로 활약해 나간다.

〈사진 14〉 피우수트스키[17)]

〈사진 15〉 존배첼러 신부[18)]

〈사진 16〉 지리 마시호(知里真志保)[19)]

---

17) 北海道ポーランド文化協会
18) https://ja.wikipedia.org/wiki/
19) 北海道大学 付属図書館

이후, 더욱 강력해진 동화정책이 추진되어 가는데, 다른 한편으로 아이누 민족의 조직으로 전후 얼마 지나지 않은 1946년에 시즈나이마을(静内町)에서 사단법인 홋카이도아이누협회가 처음으로 결성된다. 다음 해에는 삿포로에서 대회가 개최되는데, 이후 일시 중단되었다가 1960년에 협회의 재건 총회가 삿포로에서 개최되었고, 1961년에 「홋카이도우타리협회」로 명칭이 변경된다.

명칭 변경의 이유에 대해서는 아이누에 대한 차별 의식에 기인한다. 본토 일본인의 아이누 민족에 대한 차별적인 취급에 대해서 홋카이도아이누협회 전 이사장인 노무라 기이치(野村義一)는 초등학교 시절에 일본인 친구들이 아이누인을 손가락질하며, 「아아, 개가 왔다」라고 바보 취급을 당한 기억이 많은 아이누인의 마음에 상처 입힌 사실을 소개하면서 이러한 배경 때문에 전후 「홋카이도우타리협회」로 명칭을 변경했다고 전하고 있다. 「아이누」란 「인간」을 의미하고, 「우타리」는 「동포·동료」라는 의미이다.

〈사진 17〉 노무라 기이치(野村義一)[20]

20) 毎日新聞、2008年12月29日

그 후, 「홋카이도구토인보호법」이 폐지되고 새로운 법률(아이누신법)을 요구하는 활동이 활발히 전개되자, 1984년에 홋카이도우타리협회가 「아이누민족에 관한 법률(안)」을 홋카이도 도청과 국회에 제출한다. 더욱이, 1997년에 이르러 그러한 노력이 「아이누문화진흥법」의 성립이라는 결과를 이끌어내게 된다.

또한, 이후의 협회 명칭은 2009년에 재차 「홋카이도아이누협회」로 개칭되는데, 그 이유는 소수민족과 선주민족을 둘러싼 국제 정세의 변화에 따라, 세계의 많은 민족 중에서 민족명에 「아이누=인간」이라는 이름이 담긴 것은 오히려 드물다고 해서 다시 「홋카이도아이누협회」로 변경하게 된다.

그리고 아이누 민족에 대한 문제로서 아이누인의 인골이 인류학적으로 가치가 있다는 점에서, 아이누를 포함한 북방 선주민족의 무덤을 도굴해서 유골을 수집하는 일이 빈번히 발생하고 있고, 국내·외로 반출한 사례도 발생하고 있다. 홋카이도대학에서는 1995년에 「홋카이도대학인골사건」이 발각되어, 홋카이도대학은 학교 내에서 보관하고 있던 아이누 유골(16구)을 일본 정부의 가이드라인에 따라 자손들의 제사 계승자에게 양도하는 「아이누유골등반환실」을 2015년에 설치했다. 더욱이, 독일의 학술단체 「베를린인류학·민족학·선사학협회」(BGAEU)는 2017년에 독일인 여행자 게오르그 쉴레징어가 1879년에 삿포로 시내의 아이누 무덤에서 반출한 아이누 유골 1구를 베를린 소재 일본대사관에서 홋카이도아이누협회에 반환했는데, 유골 관련 문제는 아직까지 충분히 해결되지 못한 상태이다.

〈사진 18〉「홋카이도대학인골사건」의 화해협의를 위해 삿포로지방재판소로 향하는 원고들[21]

물론, 이상과 같이 여전히 미해결 문제들이 많이 남아 있지만, 아이누의 전반적인 권리 회복은 조금씩 진행되고 있다. 이것은 일본 정부가 공익재단법인 아이누민족문화재단을 설립한 것에서도 엿볼 수 있다. 동 재단에서는 아이누 민족의 문화를 널리 알리기 위한 시설(민족 공생의 상징이 되는 공간) 구축이 검토되고 있고, 재단에서는 오늘날에는 사어가 되어 있는 아이누어 보급을 위한 텍스트 제작 및 라디오 강좌를 개설하고 있다. 그리고 아이누 민족에서 가야노 시게루(萱野茂)가 처음으로 국회의원으로 선출되기도 했다.

또한, 2007년 9월 13일에 UN 총회에서 채택된 선주민족의 권리에 관한 UN선언을 토대로 해서, 2008년 6월 6일에 아이누를 선주민족으로 인정하도록 정부에 요구하는 국회결의가 중참 양원에서 전원 일치로 가결되었

21) 每日新聞 2016年3月25日

다. 이와 같은 선주민의 권리 회복에 대한 세계적인 조류를 타고, 홋카이도 이외에 거주하고 있는 아이누 민족의 활동도 활발해졌고, 또한 아이누와 전세계의 여러 선주민족들과의 교류도 적극적으로 추진되고 있다.

위에서 기술한 바와 같이, 국제 정세의 조류에 따라 아이누의 「문화」로서의 권리는 회복되고 있지만, 여전히 선주권이 인정되지 못하고 있다는 점에서 큰 문제점으로 남아 있다. 아이누 민족의 단체인 「고탄모임」(고탄은 마을이라는 아이누어) 등의 주장에 따르면, 아이누 신법안에 「선주민족인 아이누 사람들」로 명기하고 차별 금지 등이 담겨 있지만, (민족의) 자치권이나 토지에 대한 권리 등 선주권에 대한 조항이 없다는 점을 문제시하고 있다.[22]

〈그림 19〉 아이누 신법안에 이의를 제기하는 아이누의
NGO「고탄모임」 대표 시미즈 유지 씨[23]

22) 北海道新聞 2019年3月2日
23) 朝日新聞「論座」 2019年3月1日

그리고 2019년 4월 11일 중의원은 정부 제출「아이누신법안」을 의결하고 참의원에 보냈다. 이 점에 대해서, 오비히로 축산대학(帯広畜産大学)의 스기타 사토시(杉田聡) 명예교수는 다음과 같이 지적한다.

> 정부가 제출한「아이누신법안」에 대해서는 아이누 관계자와 지원자들한테 반대 의견이 나왔는데[24], 비록 충분한 논의가 이루어졌는지는 의문이다. 신법안이「기본이념」을 고려하여 아이누—본고에서는「인간」특히「자랑스러운 인간」이라는 어의를 담아 신법안과 같이「아이누의 사람들」이 아니라 단지「아이누」라고 기술한다—에 대한 차별을 금지한 것은 중요하다(제4조). 그러나 아이누를「원주민」으로 인정하면서(제1조), 그 선주권을 보장하는 조항이 전혀 없는 점은 문제이다. 이전의「아이누문화진흥법」(1997년 제정 시행, 이하「진흥법」)과 비교하면 선주민족이라는 용어를 사용했다는 점에서 진일보한 법안이라고 평가할 수 있다. 그러나 신법안에서는 원주민이라는 인식이 그저 말에 그치고 있다. 본래 선주민족이라고 명기되면 그것이 자연스레 법적 권리의 근거가 되어 원주민으로서 고유의 법적 권리, 즉 선주권에 대한 인정 및 보장이 이루어져야 한다. 하지만 신법안에서는 그 과정이 완전히 빠져 있다. 진흥법 시행 이후 유엔에서「선주민족의 권리선언」이 채택되고(2007년), 선주권에 관한 인정 및 보장이 이루어져야 하는데, 그러한 사항이 고려되었다고 볼 수 없다. 2008에는 중의원 및 참의원에서「아이누족을 선주민족이라는 것을 요구하는 결의」가 있었고 내각 관방장관이 이 취지를 살린 종합적인 시책을 마련하겠다는 담화를 발표했는데(2008년), 신법안은 그것을 반영하지 못했다. 신법안에는「최근 선주민족을 둘러싼 국제정세의 고려」라는 문구가 보이는데(제1조), 일본 정부가 충분히「국제정세」를 살핀 흔적은 없다.[25]

라고 비판하고 있다. 또한, 이 아이누 민족의 권리 회복의 중요성은 오

---

24) 朝日新聞「北海道版」2019年4月10日
25) 朝日新聞「論座」2019年4月17日

늘날 아이누 민족의 일상 생활과 교육 환경에서도 엿볼 수 있다. 홋카이도가 2013년에 실시한 「아이누생활실태조사」에 따르면, 조사 대상으로 한 홋카이도에 거주하는 아이누 민족의 수는 66시정촌에 1만 6786명의 사람들이 살고 있고, 14개 진흥국(구지청) 중에 히다카진흥국(日高振興局)과 이부리진흥국(胆振振興局) 관내에서 70.1%를 차지하고 있다.

다만, 조사범위가 홋카이도 거주의 아이누에 한정되어 있고, 또한 질문 항목도 한정되어 있다는 점에서, 아이누의 생활 실태를 충분히 파악하고 있다고 볼 수 없다. 앞서 기술한 「고탄모임」의 주장에 의하면, 잠재적으로는 동 인구의 10배 이상의 아이누계 사람들이 살고 있다고 말하고 있고, 일본인에 의한 「차별」이 두려워 본명을 말하지 못하는 사람들도 많이 있다고 한다. 또한, 관동지방에 거주하는 아이누계 사람들도 많다는 지적 역시 있다.

더욱이, 조사 결과에 의하면, 인구 1000명 중에 생활보호를 받고 있는 사람의 비율은 시정촌 평균과 비교해서 1.4배 많다. 2014년 전국의 생활보호 수급 세대는 158만 3211세대이며, 100세대 당 2.83세대가 생활보호를 받고 있다. 홋카이도의 경우에는 100세대 당 4.45세대이며, 전국 평균보다 높다는 점에 주의할 필요가 있다. 또한, 고등학교 진학률은 시정촌 평균 98.6% 대비 92.6%, 대학 진학률 역시 43.0% 대비 25.8%로 낮으며, 사회적 지위를 향상시키기 위해서는 대단히 중요한 교육적 측면에서 격차 해소가 무엇보다도 중요하다.

이와 같은 조사 결과를 통해서도 현재 아이누 민족의 생활과 교육 등의 사회 환경은 여전히 힘든 상황이라는 사실이 밝혀졌고, 앞으로도 아이누 민족의 인권적·문화적 권리 회복이 무엇보다도 시급히 이루어져야 할 것이다.

동아시아연구총서 제6권
동아시아 마이너리티 사회와 타자표상

오키나와 지역 마이너리티의 복잡성과 과제

-동아시아 마이너리티 연구의 새로운 사유 방식-

마키노 에이지(牧野英二)

호세이대학 대학원에서 문학박사 학위를 받았으며 호세이대학 철학과 교수를 역임하였다. 현재 호세이대학 명예교수로 재직 중이다. 일본칸트협회 회장, 일본딜타이협회 회장 등을 역임했고 호세이대학 서스테이너빌리티연구교육기구 연구원으로도 활동하였다. 안중근의 동양평화론에 지대한 관심을 가지고 있으며 동일본대지진 및 후쿠시마 원전 사고의 수습에 대한 인문사회학적 해결 방안을 제안하고 있다. 『칸트의 순수이성비판 연구』, 『칸트읽기 -포스트모더니즘 이후의 비판철학-』, 『칸트의 생애와 학설』을 비롯한 다수의 저역서가 있다.

번역 : 임상민 (동의대학교 일어일문학과 조교수)

1 들어가며

본 연구의 목적은 오키나와 및 아마미(奄美) 제도를 포함하는 「오키나와 지역」의 복잡한 마이너리티의 존재를 밝힘으로써, 동아시아 마이너리티 연구의 새로운 과제를 제시하는 것에 있다.[1)]

오키나와 또는 류큐(琉球)의 역사는 한 마디로 표현하자면, 근대 이후부터 오늘날에 이르기까지 억압·차별·편견에 노출된 역사라고 말할 수 있다. 근대 이후, 오키나와의 고난은 처음에는 에도시대 사츠마번(薩摩藩)에 의한 류큐 왕국의 실효 지배이고, 둘째는 메이지정부에 의한 류큐 왕국의 폐지와 오키나와현의 설치이며, 셋째는 태평양전쟁 당시의 본토 결전의 희생양과 그 이후의 미국 점령 지배와 본토 반환에 있었다. 그리고 오늘날에도 오키나와의 고난은 오키나와 현민의 헤노코 기지의 이전 설치 반대운동에 대한 아베 정권의 탄압이라고 하는 상황에 집약되어 있다. 이와 같은 역사적 경위에 따라 종래의 오키나와 연구의

1) 아마미 제도는 남북을 양분하게 되면 북부 류큐 열도로 자리 매김된 이유에서, 또 근래에는 오키나와 열도와 함께 「류큐호」(야포네시아)로 묶여 있는 상황도 있고, 본 연구에서는 오키나와 제도 및 아마미 제도를 포함한 총칭으로, 「오키나와 지역」이라고 부르기로 한다. 덧붙여서, 「류큐호」라고 하는 개념은 지리학적인 개념이다. 세 구분을 채용하는 小田静雄에 따르면, 「류큐호는 북류큐 그룹(규슈 섬 남쪽에서 오스미 제도)이 들어가고, 중류큐 그룹에는 아마미 제도, 오키나와 열도가 들어가며, 남류큐 그룹에는 미야코 제도나 야에야마 제도가 들어간다」(小田静雄「류큐호의 고고학－난세이 제도의 사람·재화의 교류사－」 青柳洋治 선생 퇴직 기념 논문집 편집위원회편(2007.3) 『지역의 다양성과 고고학－동남아시아와 그 주변－』雄山閣, pp.37-61). 다만, 오키나와 문화 연구자에 따르면 문학적 맥락에서 「류큐호」(야포네시아라는 개념은 아마미의 정체성에 관심이 깊은 문학자 島尾敏雄의 발상에서 유래한다고 생각되지만, 이러한 발상에 대해서는 찬반양론이 있다. 이에 대해서는 다음 문헌을 참조하기 바란다. 大橋愛由 외(2003)「아마미 －〈시마오 도시오의 가시를 뽑다〉－」(島尾敏雄『여러 개의 오키나와, 디아스포라에서 희망으로 』人文書院, pp.348-369)

과제는 야마토 및 미국 점령 시대에 의한 약자·마이너리티로서의 우치난츄(오키나와현민)의 차별·편견·억압의 실태를 밝히는 것에 집중되어 왔다.

하지만 본 연구에서는 이러한 차별과 편견·억압의 역사와 함께, 이와 같은 구조 속에서 배제되어 온 또 다른 의미에서의 중층적인 「피차별자·마이너리티」의 실태를 밝히고자 한다. 달리 말하자면, 본 발표는 「오키나와 지역의 피차별자·마이너리티에 의한 새로운 차별·편견·억압의 구조와 마이너리티 속의 마이너리티 존재」를 언어화하는 것에 목적이 있다. 본 연구에 앞서 간단하게 요점을 정리하자면, 첫째는 오키나와인이 자신의 아이덴티티를 확보하기 위해 제국 일본의 신민, 일본 본토인으로 동화됨으로써 마이너리티의 입장을 극복하려고 했던 사고 회로를 탐색한다. 둘째, 또 다른 한편으로 마이너리티의 입장을 「인간으로서의 아이덴티티」로 회수하려 했던 주장에 주목한다. 셋째, 오키나와인은 「류큐독립론」에 의해 자신의 내셔널 아이덴티티를 확립함으로써, 피차별자·마이너리티의 입장을 극복하려고 했던 사실을 살펴본다. 본 연구의 목적은 이와 같은 역사적·사회적 경위를 추적하고 관련 견해를 고찰함으로써, 동아시아의 마이너리티 연구에 대한 새로운 문제제기를 하는 것에 있다.

2 「오키나와인의 마이너리티와 아이덴티티」의 함정

지금까지 「오키나와인」으로 불린 사람들은 본토의 일본 국민 대다수와는 달리, 그들의 마이너리티성과 아이덴티티의 상극 관계라고 하는 고유의 과제에 직면해 왔다. 오키나와 본도를 포함한 광의적 의미로서의 「오키나와 지역」에 거주하는 사람들은 가혹한 역사적 상황 아래에서, 본토에 의한 차별·편견·억압 속에서 마이너리티라고 하는 약자의 입장으로부터의 탈출과 자신의 의지할 곳으로서의 아이덴티티 확립을 모색해 왔다. 그것은 한 마디로 말하자면, 메이저리티와 마이너리티와의 관계를 「야마토와 우치난츄」의 대비 구도 속에서 파악해 왔다.

본토에서는 오키나와 출신이라는 이유로 오키나와 출신자는 거주·취업·결혼 등의 차별과 근거 없는 편견에 노출되어 왔다. 이러한 점에서는 그들은 아이누민족이나 재일코리안과 상당히 유사한 일본 사회 속의 마이너리티로서의 특징을 가지고 있다. 그들은 지금도 여전히 다양한 측면에서의 차별·편견·억압에 노출되어 있다는 점에서 사정은 동일하다. 다만, 후술하는 바와 같이, 이와 같이 일반화된 도식은 「오키나와 지역의 마이너리티 연구」를 촉진하기보다는 오히려 그에 대한 정확한 이해와 연구를 방해하는 요인으로 작용해 온 측면이 있다.

따라서, 본 연구에서 필자는 다음과 같은 시점에서 「오키나와 지역의 마이너리티 연구」를 시작할 필요가 있다고 생각한다. 필자의 생각에 의하면, 최근의 빅 히스토리나 글로벌 히스토리 영역에서는 국민국가의 틀에 구속되지 않는 일국가적 역사관을 초월한 역사 기술이 시도되고 있고[2], 이와 같은 학지의 영위는 본 연구의 주제와 관련해서 말하자면,

---

2) 坂野徹·塚原東吾 편저(2018.9)『제국일본의 과학사상사』勁草書房, p.2. 이 책에 따르면 「미군에게는 점령군 장병의 성병 이환을 막을 것이 일본인의 결핵 사망을 줄이기보다 우선하는 과제인」(상게서, p.299). 또 아래에서 글로벌·히스토리의 관점에서 전형적인 탐구의 시도는 아래 문헌이 참고가 된다. 린 헌트, 長谷川貴彦譯(2016)『글로벌 시대의 역사학』岩波書店

국경을 초월한 마이너리티와 메이저리티와의 관계성에 대한 재검토가 필요하다. 동 문제는 류큐인이 자신의 아이덴티티 확립을 모색하는 과정에서 망각하기 쉬운「피차별자에 의한 또 다른 차별의 재생산」이라고 하는 패러독스와 깊이 관계되어 있다. 류큐인은 제국 일본의 신민으로의 동화를 통해 자신의 아이덴티티를 확립하려고 했지만, 이것은 제국 일본의 아마미사람이나 아이누민족, 대만인, 조선인들에 대한 멸시를 통해서 실현시키려고 했던 것이다. 실제로, 오키나와의 지식인 히가 슌초(比嘉春潮)는 한국 병합 후, 본토인에게 멸시당해 온 현실에 직면해서는「사람들은 말한다, 류큐는 장남, 대만은 차남, 조선은 셋째」라는 프레임을 사용하며 개탄한다.[3] 이에 대한 구체적인 분석은 후술하도록 한다.

한편, 제국 일본 속 오키나와의 한 여성이 당시로서는 예외적으로 오키나와인의 신민화에 의한 이민족 멸시 사상과는 전혀 다른 탈차별의 견해를 표명한 사실을 잊어서는 안 된다. 구시 후미코(久志芙紗子)는『부인공론』6월호(1932년)에「멸망해가는 류큐 여성의 수기」를 연재했다. 그런데 동 연재 도중, 오키나와인들로부터 비판을 받게 되고「『멸망해가는 류큐 여성의 수기』에 대한 해명문」을 집필하기에 이른다. 그것은『수기』에서 밝혀진 도쿄에서 입신출세한 숙부가 오키나와 출신자라는 사실을 숨겨온 사실과 오키나와의「소철지옥」속에서 궁핍했던 숙부의 오키나와에서의 모습을 적나라하게 기술한 점에 대해서, 오키나와 현인회 등의 항의에 대한「해명문」이었다. 이 성명문에는 그들에 대한 다음과 같은 반론이 기술되어 있다. 오키나와현인의 비판의 요점

---

3) 比嘉春潮의 발언에 대해서는 鹿野政直(1933)『오키나와의 심연, 伊波普猷와 그 시대』岩波書店, pp.101-102 참조

은 동 『수기』에 의해 오키나와가 아이누민족이나 조선인과 동일시되어 당혹스럽다고 하는 내용이었다. 이에 대해 구시 후미코는 다음과 같이 반론한다. 「아이누나 조선인과 동일시되어 당혹스럽다고 하는 내용이었는데, 지금 이 시대에 아이누 인종이라는 둥 조선인이라는 둥 야마토 민족이라는 둥, 일부러 계층을 나누어 상위 몇 번째라고 순위를 정해서 우월감을 느끼려고 하는 의견에는 도저히 나는 동감할 수 없습니다. (중략) 오키나와인이 아이누 인종인들 어떻고 야마토 민족이라도 좋으며, (중략) 인간으로서의 가치와 본질적으로 아무런 차별 없이 서로 다 같은 동양인이라고 믿고 있습니다」[4].

필자의 분석에 의하면, 구시 후미코는 당시 지배적인 인종적 우월성과 열등성이라는 편견에 기초한 「마이너리티와 메이저리티의 차별화 도식」을 극복하고, 「인간으로서의 가치」 평등의 입장에서 아시아의 여러 민족을 동일한 아시아인으로 생각했으며, 이를 바탕으로 오키나와인의 아이덴티티 확립을 주장하려고 했다. 또한, 당시 남성중심주의의 영향이 강한 오키나와의 마이너리티의 입장에 있는 여성이라는 이중적 의미에서의 마이너리티 입장에 처해 있었다는 점을 생각하면, 이는 오늘날에도 통용되는 대단히 중요한 문제제기라고 할 수 있다. 하지만, 구시 후미코에 의한 주장의 중요성은 안타깝게도 긴 세월 주목받지 못했고, 사회적으로도 영향력을 발휘하지 못했다.

최근에 마이너리티와 메이저리티와의 관계는 극복하기 어려울 정도로 복잡한 관계에 처해 있고, 마이너리티에 기숙하는 것에 대한 위선성을 지적하는 견해도 눈에 띤다[5]. 이들 주장의 배경에는 마이너리티와

4) 『현대사상』(2019년 1월호, pp.222-224)
5) 屋嘉比収(2003.9) 「근대 오키나와의 마이너리티 인식의 변천」(『별책⑥ - 류큐 문

메이저리티의 비대칭적 관계와 상호 이해의 불가능성을 지적하는 견해도 내재되어 있다. 또한, 이러한 견해는 최근의 빅 히스토리나 글로벌 히스토리의 견해와는 달리, 국민국가 내부의 경계를 초월하는 것이 곤란하다는 입장에 기초해 있다. 물론, 필자는 이와 같은 견해에 전적으로 찬동하는 것은 아니다.

다만, 이와 같은 견해는 본고의 주제 고찰에 대한 중요한 실마리를 제공하고 있다. 그것은 오키나와 지역의 중층적인 마이너리티와 메이저리티의 숨겨진 차별 구조를 밝혀내는 계기가 될 수 있기 때문이다[6]. 따라서, 다음에서는 구체적인 사례를 소개하면서 제2차 세계대전 후 일본의 패전 처리의 문제와도 불가분한 「아마미인에 대한 류큐인의 차별」의 실태에 대해 살펴보고자 한다.

3 「아마미인에 대한 류큐인의 차별」 —류큐 지역의 숨겨진 마이너리티 문제

미국 국무성은 1950년 11월 24일에 대일강화조약 초안의 기본이 되는 「대일강화7원칙」을 공표했다. 그 속에서 영토 문제와 관련해서는 「미국을 시정권자로 하는 류큐 제도와 오가사와라 제도의 UN신탁통치에 대한 합의」를 알리고, 1951년 9월 8일 대일강화조약이 체결되었다.

화권이란 무엇인가?—』藤原書店, pp.240-254)에서 인용. 또 大野隆之(2001.3) 「사라져가는 류큐 여자의 수기」론(오키나와 국제대학 문학부 『일본어 일본문학 연구』도 참조

6) 경계의 복잡성은 다음 문헌을 참조한다. 牧野英二 외 편(2019.2) 『철학의 변환과 지식의 월경』 法政大学출판국

1952년 4월 28일, 샌프란시스코강화조약이 발효되고, 이에 따라 오키나와는 일본 본토에서 분리되어 미국에게 지배당하게 되었으며, 아마미 제도는 본토에 편입되어 1953년 12월에 일본에 반환되었다. 오키나와인은 이후 26년 간, 미국의 실효 지배하에 놓이게 되었고, 군정 하에서 미국 병사나 군속에 의한 학대와 차별, 편견, 그리고 경제적 격차에 노출되어 왔다. 오키나와는 또 다시 일본 정부에게 배신을 당해 본토로부터 버림받은 것이다[7].

하지만, 본고의 주제는 이와 같은 이미 잘 알려진 사실을 재차 논의하는 것에 있지 않다. 오키나와 사람들은 전시기에 본토 결전의 희생양으로서 일본군에게 차별받고 편견에 시달렸으며, 그리고 스파이 용의자로 지목되어 일본 군인에게 많은 사람들이 살해당하거나 자결을 강요당했다는「전전·전중의 야마토와 일본군에 의한 마이너리티의 비극적인 운명」을 여기에서 재차 확인하고 싶은 것은 아니다. 필자가 주목하고 싶은 것은 오키나와가 본토로부터 버림받은 같은 시기에, 오키나와 사람들이 본토로 복귀한 아마미 사람들에 대해서 다양한 차별과 억압을 일상화했다는 사실이다.

2018년 12월 25일의『류큐신보』는 사설에서「류큐호(琉球弧)로서 다 함께 발전을」이라는 기사 제목을 내걸고,「앞선 대전 후, 미국 통치하에 놓인 아마미 군도는 1953년에 일본으로 복귀한 이래 25일이면 65주년을 맞이했다」라는 사실을 전하고 있다. 동시에, 동 사설에서는 일본 본토로부터 분리된 샌프란시스코강화조약 발효의 날을 오키나와에서는「굴욕의 날」로 부르도록 아마미에서는「통한의 날」로 기억시키고 있다. 동 사설이 지적하듯이, 분명「일본 본토, 아마미, 오키나와가 걸어

---

7) 塩田潮(2019.1)『내각총리대신의 오키나와 문제』平凡社, pp.36-38

온 행보는 분단의 역사이다」. 실제로, 아마미 제도는 1609년, 류큐 왕국에 대한 사츠마군의 침공에 의해 류큐로부터 분단되어 사츠마번의 지배하에 놓이게 된다. 1879년의 류큐합병(「류큐처분」) 후에는 가고시마현의 일부가 되었고, 전후에는 본토로부터 분리되었다.

하지만, 아마미에서는 샌프란시스코강화조약 발효 후, 도민 스스로 본토로의 복귀를 위한 단식과 99%의 도민이 서명을 통해 복귀를 실현시킨 날을, 왜 동 사설은 「통한의 날」로 기억시키고 있는 것일까. 또한, 이와 같은 역사 기술은 어디까지 타당할까. 다음으로, 이러한 두 가지 의문점에 조금 더 구체적으로 분석해 보도록 하자.

먼저, 첫 번째 의문점에 대해서 살펴보면, 앞서 소개한 사설에서는 「일본 복귀 후에 오키나와 거주의 아마미 출신자는 〈비류큐인〉으로 외국인 등록을 의무화하고 있었다. 공직을 추방당하고, 참정권과 재산 취득권을 빼앗기는 등의 고난을 강요당했다」고 설명하고 있다. 아마 이것이 동 사설이 아마미 제도의 도민이 「통한의 날」로 기술한 이유일 것이다. 또한, 고난을 강요한 것은 다름 아닌 미군과 류큐 정부이다. 하지만, 필자의 이해에 따르면, 이와 같은 설명은 역사적 사실을 정확히 기술하고 있다고는 볼 수 없다. 왜냐하면, 일본 복귀 후에 오키나와에 거주하고 있던 아마미 출신자는 〈비류큐인〉으로, 후술하듯이 〈류큐인〉으로 불리는 사람들에게 많은 차별·편견·사회적 격차 등을 강요당해 왔기 때문이다.

다음으로, 두 번째 의문점에 대해서 살펴보면, 당시의 오키나와 미디어는 아마미 제도 사람들의 복귀 결정 직후의 기뻐하는 모습을 전하는 한편, 「오키나와 거주 [아마미] 오시마(大島) 군도 출신자도 오키나와에서 오시마로 귀환하면 어떻겠는가」라든가, 「오시마 복귀 이후, 팡스케 [주로 점령군 병사를 대상으로 한 매춘부]의 보충을 생각하지 않으면

안 된다—기지 경제」 등의 아마미 제도의 본토 복귀를 축복하는 것이 아니라, 반대로 그것을 야유하며 비난하는 차별적인 투고문 등도 게재되었다. 더욱이, 「아마미 출신자는 아마미로 돌아가라」 등과 같은 목소리가 빠르게 퍼져나갔고, 오키나와 시정촌회에서도 이를 요청한 결과, 아마미에 대한 다양한 보조금과 교부금 지급이 정지되어, 채권 채무의 정리 징수가 엄격하게 시행되었다.

또한, 오키나와 거주 아마미 출신자에 대해서는 미군·류큐 정부가 서로 각각 공무원·군노무자의 연속 근무는 불가능하다고 발표하는 등, 아마미 출신자에게 있어서 재산과 기득권익을 모두 버리고 나가라고 하는 가혹한 차별적 취급이 시작되었다. 실제로, 미군정 하에서의 임금 격차에 대해서도 확연히 나타나듯이, 가장 높은 사람은 미국인, 다음으로 필리핀인, 일본 본토인, 오키나와인, 그리고 아마미 사람들은 그들 아래에 위치하고 있다[8].

지금까지의 오키나와 사회에서는 앞서 기술한 2018년 12월 25일의 『류큐신보』의 사설을 포함해서, 이러한 아마미인에 대한 류큐인의 차별적 실태는 숨겨져 왔다. 그리고 위의 사설은 이러한 「아마미인」=마이너리티와 「류큐인」=메이저리티의 관계가 존재하지 않았던 것처럼 「류큐호로서 다 함께 발전을」이라는 기사 제목을 통해 계속해서 은폐해 온 것이다. 이상이 두 가지 의문점에 대한 필자의 분석이다.

이와 같은 전후 오키나와의 차별은 야마토에 대한 우치난츄라는 도식과 일본 본토의 이른바 진보적 지식인에 의한 피차별자=오키나와,

---

8) 森宣雄 「월경의 전위, 林義巳와 「복귀 운동의 역사」－역사 기술과 과거의 날개짓·반짝임·회생」(西成彦·原毅彦 편 『여러 개의 오키나와, 디아스포라에서 희망으로』 人文書院, 2003년 p.341) 참조

메이저리티·강자로서의 미군·일본 정부와 마이너리티·약자로서, 일본의 군국주의 지배의 희생양=오키나와인이라는 전통적인 도석에 의해 은폐되어 왔다고 볼 수 있다[9]. 필자는 일본 본토의 사람들과 미군에 의한 오키나와인 차별, 마이너리티로서의 오키나와인의 고뇌의 역사적 현실을 비판하는 목소리에 대해서도 물론 이견을 제시할 생각은 없다. 오늘날에는 헤노코 이전 문제가 상징적이듯이, 오키나와에 대한 아베 정권의 오키나와 현민에 대한 강권적인 지배는 여전히 상기 도식의 유효성을 반증하고 있다고 해도 좋다. 다만, 다른 관점에서 보면, 오키나와 지역의 마이너리티를 둘러싼 실태는 대단히 복잡하다. 오키나와 현민은 아마미인에 대해서는 메이저리티로서 마이너리티로서의 아마미인을 억압하고 계속해서 지배해 온 역사적 사실이 존재한다. 더욱이, 필자의 생각으로는 최근의 연구와는 달리, 이와 같은 차별과 억압의 구조는 전후에 시작된 것이 아니라, 긴 역사적 경위 속에서 만들어져 온 것이다.

4 오키나와인에 의한 아마미인 지배의 역사적 배경

오키나와의 역사, 정확하게 말하자면 류큐 왕국의 역사는 주변 제도의 주민들에 대해서는 메이저리티로서 작용했고, 한편 중국과 일본과의 관계에서는 마이너리티로서 존속해 왔다고 볼 수 있다. 구체적으로 말하자면, 1429년에 오키나와 본도에서는 류큐 왕국의 통일적 지배가

9) 新崎盛暉(2005)『전후 오키나와 역사 신판』岩波書店, p.366

시작되었지만, 류큐 왕국은 그 이전부터 주변국인 중국·명나라에게 조공 사절을 파견했고, 명나라와 책봉(조공) 관계에 있었다. 그리고 또 다른 한편, 일본과의 교역도 활발히 진행되었고, 문화적으로도 정치적·경제적으로도 류큐 왕국은 독립국으로서 주변의 여러 나라와 밸런스 외교를 전개하고 있었다. 당시의 류큐 왕국은 조선, 일본, 중국과 동남아시아를 연결하는 중계 무역의 결절점 역할을 하고 있었다[10].

하지만, 1609년에 도쿠가와 막부의 뜻을 받은 사츠마번이 군대를 파견해서 무력 침공함으로써, 류큐 왕국은 실질적으로 사츠마번의 지배하에 놓이게 된다. 본고의 주제에 한정시켜 말하자면, 류큐 왕국과 아마미 제도와의 관계에 주목해보면, 사츠마번은 류큐 왕국에게 아마미 제도의 할양을 요구한 결과, 오시마와 주변 제도에 대해서 그전까지와는 다른 지배의 역사에 새로운 페이지를 기록하게 되었다. 실제로, 아마미 제도를 포함한 「류큐호」는 류큐 왕국의 정치나 문화의 영향 하에 있었고, 오랜 기간 인적 교류와 물적 유통 역시 활발했기 때문이다.

그런데, 필자의 생각에 의하면, 메이지 이후에 류큐인에 의한 아마미인에 대한 우월감에 기초한 차별과 편견이 존재한 배경에는 제국 일본에 대한 류큐인의 강한 동화 의식이 존재했기 때문이라고 생각한다. 그 단적인 예로, 1903년(메이지 36년)에 오사카에서 개최된 제5회 내국권업박람회에서 일어난 「인류관사건」에 대한 『류큐신보』의 투고 기사와 오타 조후(大田朝敷)의 발언에는 류큐인의 주변 아시아 민족에 대한 차별 의식이 확인된다. 오타는 「우리들을 야만인 아이누민족과 같이 취급하지 말라」라는 이유에서, 학술인류관에 「전시」된 오키나와 출신자의 두 여성에 대한 전시를 취소시켰다.

---

10) 新崎盛暉(2012.12)『현대사상』, p.152

여기에서 주의할 점은 오키나와 현민과 오타 조후 등에 의한 항의의 취지가 오키나와나 청나라 사람들이 반차별의 주장을 전개한 것이 아니라, 오키나와 사람이 아이누와 다른 민족과 같이 취급당한 것에 대한 항의였다는 점에 있다. 오키나와 사람들은 자신들이 제국 일본의 일원이며, 자신들보다 열등한 민족인 청나라와 아이누민족, 대만인, 조선인, 인도사람들과 다르다고 하는 차별 의식에 뿌리내린 항의 표명이었다. 예컨대, 오키나와 사람들 역시, 차별하는 쪽의 논리에 서 있었던 것이다.[11] 그리고 이러한 차별 의식이 앞서 설명한 전후의 아마미인에 대한 차별로서 현저하게 표출된 것이다.

특히, 오타 조후에서 확인되는 오키나와인의 동아시아 주변 민족에 대한 차별 의식의 뿌리에는 제국 일본의 신민으로서 오키나와인이 일본 국민으로 동화됨으로써 그들의 아이덴티티를 확립하고, 그에 따라 피식민지의 대만인, 조선인 등과의 차별화를 의도한 점은 간과해서는 안 될 문제이다.

또한, 앞서 기술한 바와 같이, 아마미 오시마의 일본 반환과 관련해서, 오키나와인들이「오시마 복귀 이후, 팡스케의 보충을 생각하지 않으면 안 된다—기지 경제」등과 같은 아마미 제도의 본토 복귀를 축복하는 것이 아니라, 반대로 그것을 야유하고 비난하는 차별적인 투고 등을 했다는 사실을 소개했다. 이와 같은 아마미인에 대한 인격 공격이라고 해도 좋을 차별적 발언의 배경에는 지금까지의 오키나와 연구에

---

11)『풍속화보』269호·제5회 내국권업박람회 도해 상편(1903년 6월 10일 발행) 이 기사에 따르면,「내지의 다른 인종을 모아 그 풍속, 도구, 생활의 모습들을 현지에 알리고자 하는 의도에서 홋카이도의 아이누 다섯 명, 대만 네 명, 류큐 두 명, 조선 두 명, 중국 세 명, 인도 세 명(이하 생략)」등의 기술이 보인다. 연극 인류관 상영을 하고자 하는 모임 편저(2005)『인류관·봉인된 문』 앳워크 참조

서도 거의 분석되지 않았던 「얀추(가인)제도」라는 이름의 인신매매 제도가 오래 전부터 아마미에 있었고, 오키나와 군정 하에서 아마미 제도의 사람들이 본토 복귀를 이룬 시기에도 점령군인 미군 병사를 상대로 한 위안부의 일정 인원은 아마미 제도 출신자였다는 사실을 말해 주고 있다.

여기에도 또한, 피차별 사회로서의 아마미의 또 다른 차별적 구조가 작동하고 있었던 것이다. 이에 따라, 패전 후의 피차별적인 오키나와 사회로부터 차별 받은 마이너리티인 아마미인 사회 속에서, 또 다른 피차별적인 인신매매 대상이 된 마이너리티가 존재했던 사실을 이번 기회에 필자는 강조하고 싶다[12]. 또한, 이와 관련된 연구에 의하면, 사츠마·시마즈번에 의한 남도 정략 직후, 1611년에는 새로운 지배자인 사츠마번의 의해 발포된 통달에는 「류큐 사회에 빈곤 때문에 몸을 팔지 않으면 안 되는 사회층이 발생하고 있고, 가고시마 상인이 지금까지 이들을 사들여 일본 본토로 팔아넘기는 인신매매 상인으로 활약해 왔다」[13]라는 사실이 기록되어 있다. 또한, 나고시 마모루(名越護)는 아마미 사람들이 말하려고 하지 않는 「가인제도」가 「사츠마번의 흑설탕 수탈이 초래한 특이한 채무 노예이다」[14]라는 사실을 상세하게 밝히고 있다. 이러한 역사적 사실은 본토의 사츠마번에 의한 착취의 피해자·마이너리티인 아마미인 여성이 노예적 차별과 편견·억압에 노출되어, 문자 그대로 「노예」로서 비인간적인 취급을 당하며 상품으로 매매되고 있었

12) 大山麟五郎(1980.6) 「아마미의 인신매매 얀추의 연구」 「오키나와 문화연구」 제7호, pp.159-178 참조
13) 大山, 상게 논문, p.171
14) 名越護(2006) 『나오미의 채무노예 얀추』 南方新社, 「후기」에서 인용. 이 책은 아마미인이 자신의 수치, 자신의 치욕으로서 감추고, 말하려 하지 않은 사실을 추적한 귀중한 문헌이다.

다는 점을 잊어서는 안 된다.

더욱이, 앞서 살펴본 오키나와인에 의한 아마미인에 대한 우월감에 기초한 차별 의식과 편견은 미국의 시정권 하의 오키나와 호적의「류큐 주민」과「비류큐인」이라는 차별적인 편성에 따른 영향도 있다[15]. 시정권 반환 후에는「류큐주민」과 같은「일본국민」으로 포섭된 아마미 호적이나「본토」호적의 주민들도 미국 시정권 하에 있어서는 대만에 적을 둔 사람들과 동일한「비류큐인」이었다[16]. 여기에도 역시, 정치 권력에 의한 분단 정책의 결과, 류큐호의「류큐주민」과「비류큐인」이라고 하는 차별 구조가 재생산된 것이다.

하지만, 식민지 시기의 대만에 거주한 오키나와인은 본토 일본인에 의해「아일본인(亜日本人)」으로 분류되었고, 그들 대부분은「피차별 경험은 오키나와인의 〈일본인 의식〉을 보다 견고한 것으로 만들었고, 동시에 대만인에 대한 억압 이양으로 그들/그녀들을 선도한 것이다」[17]. 실제로, 식민지 지배지에서의 대만인이나 조선인의 빈곤에 의해 유지된 제국 일본에 귀속된 오키나와인은 그들의 빈곤한 생활의 모습을 보고, 스스로의 일본인 의식을 인식하려 했던 것이다.

15) 土井智義(2012.3)「미군 점령기의「국민」「외국인」이란 주체 편성과 식민지 통치 －대동아 제도의 계보에서－」『오키나와 문화연구』제38호, pp.424-425 참조
16) 井上 상계 논문, p.424
17) 星名宏修「식민지는 천국이었는가?－오키나와인의 대만 경험」西成彦·原毅彦 편『여러 개의 오키나와, 디아스포라에서 희망으로』(人文書院, 2003년 pp.175-176)

5 결론

본 연구에서는 「오키나와 지역」, 달리 말하자면 「류큐호」의 마이너리티의 실태를 밝히고자 했다. 본 연구를 통해 오키나와인에 의한 아마미인의 차별은 일본 본토의 마이너리티 연구와는 이질적인 차별과 편견, 그리고 지배 구조에 기초하고 있다는 사실이 밝혀졌다. 또한, 본 과제는 지정학적으로도 경제학적으로도, 더욱이 젠더론적인 측면에서 봐도 많은 복잡한 요인에 의해 형성되었다는 사실 또한 알 수 있었다. 기존의 마이너리티 연구와 오키나와 연구에서는 주목 받지 못했던 이유에는 주로 다음과 같은 요인으로 정리할 수 있다.

먼저, 에도시대의 사츠마번에 의한 실질적 지배, 이후 메이지 정부에 의한 「류큐 왕국」의 폐지와 「오키나와현」 설치, 또한 미국 시정권 하의 「류큐인」과 「비류큐인」의 차별적인 인종적 편성, 그리고 오키나와의 「본토 반환 후」에도 계속된 본토 주민에 의한 끝없는 차별이 「본토 수준」의 경제 발전과 여전히 미군 기지가 집중적으로 존재하고 있는 오키나와의 부담을 「본토 분산화」라고 하는 이른바 「탈식민지화」의 요구에 의해 은폐되어 왔다는 점을 지적할 수 있다.

마지막으로, 동아시아의 마이너리티 연구 과제에 대해서 일부 문제제기를 하고 본 연구의 결론을 맺고자 한다.

첫째, 대만이나 조선반도의 주민, 특히 오키나와에 거주하고 있는 여성에 대한 미군 병사의 레이프 피해 문제이다. 일찍이 일본군 병사는 대만·중국 대륙, 조선반도 등의 점령지에서는 다수의 부녀자를 레이프하고, 저항하는 여성과 가족을 살해해 왔다. 그것과 동일한 사태가 오키나와 전쟁의 끝 무렵과 전후 미군 점령 지배 하에서 미군 병사에 의해 발생했다. 「오키나와 여성은 전리품이기 때문에」라는 이유로, 레이프는 시간과 장소, 그리고 피해자의 연령과 상관없이 일어났고, 그 피해는 일상적이었다. 이러한 여성 멸시의 차별적 구조는 제국 일본의 식민지 지배 속에서 횡행한 이른바 「종군위안부」(정확하게는 〈성노예=sex slaves〉)와 동일한 성격을 띠고 있다. 여기에는 오키나와와 본토, 그리고 식민지를 지배한 동아시아에까지 지배적이었던 남성중심주의적인 사상 구조의 문제점이 내재되어 있다. 동 문제는 오늘날에도 계속되고 있는 여성 멸시의 성차별 문제이며, 필자는 「#Me Too」운동의 글로벌한 확대를 계기로, 마이너리티의 입장으로 내몰린 여성의 사회적 지위 향상의 법적 확보와 메이저리티로 군림한 남성의 윤리적 의식의 개선이 급선무라고 생각한다.

둘째, 최근에는 오키나와 헤노코 기지 건설을 무리하게 추진하는 아베 정권에 대해서 「이대로 거대한 미군의 신기지가 만들어지면, 미래에는 군대에 의한 범죄를 증가시키는 것밖에는 되지 않는다」고 『도쿄신문』의 여성 기자는 경종을 울리고 있다[18]. 여성은 전시기는 물론 전후에도 존엄한 한 인간으로서가 아니라, 「전리품」으로 취급 받아 왔다. 여성은 마이너리티 중에서도 가장 마이너리티로 취급 받아온 사실을 잊어서는 안 된다. 또한, 많은 미군 병사와 군속과의 사이에서 태어난 「바라지 않았던 아이」, 「일찍이 사생아로도 불린 비적출자」에게도 편견과 차별에 노출된 고난의 인생과 자신의 아이덴티티를 둘러싼 커다란 사회 문제가 되고 있다[19]. 그들은 오키나와인의 아이덴티티 상실과

18) 『도쿄신문』 2019년 2월 7일자 조간
19) 山城紀子(2017) 「오키나와의 사회적 마이너리티에게 오키나와 전쟁과 그 후 미군

는 다른 의미에서, 개인으로서의 아이덴티티 상실의 위기에 노출되면서 살아가지 않으면 안 되는 것이다.

셋째, 오키나와인의 마이너리티 속에서 문자 그대로 약자인 환자, 특히 결핵 치료와 한센병 환자에 대한 오키나와 사람들에 의한 차별과 편견 역시 간과해서는 안 되는 논점이다[20]. 이들 마이너리티 속의 마이너리티의 존재와 함께, 미군의 오키나와 점령 하의 결핵 대책으로서의 BCG접종에 의한 미군의 목적과 한국의 결핵 예방 정책과의 관련에 내재된 문제점에도 유의할 필요가 있다. 이러한 문제는 오키나와 속 마이너리티의 차별과 편견에 노출되어, 인격 존엄에 위배되는 취급을 받아 온「말 못하는 약자의 이야기」로서 검토해야 할 문제이다[21]. 하지만 이것은 본 연구의 주제에서 벗어나기 때문에, 다음 기회에 검토하도록

점령은 무엇을 가져왔는가?」『매스커뮤니케이션 연구』No.91. pp.41-50, 山城은「일본 사회에 무국적의 아이가 있는 것으로 밝혀졌을 때, 그 아이들의 대부분이 오키나와에 있는 것으로 나타났다」(상게 논문, p.46)며 취학이나 취업, 여행 등에서 어린이와 어머니들이 받아 온 차별의 실태를 밝히고 있다.

20) 坂野徹·塚原東吾編 편(2018)『제국일본의 과학사상사』勁草書房. 상게(2)에서 시사한 것처럼 본서에 따르면「결핵과 같은 만성 감염증인 성병 대책과 비교하면, 결핵 퇴치의 지연에는 미군의 이기주의를 볼 수 있다.」(p.298). 요컨대「류큐의 결핵 퇴치의 목적은 미군 장병의 감염 방지였다」(p.344). 그러므로 오키나와 주민들은 이 점에서 차별 받고 있으며「건강격차」가 나타나게 되는 것이다. 한편, 1951년 단계에서는 미국의 한국 결핵 퇴치에 대해서「한국의 상황에서는 조기발견, 조기진단, 조기격리의 실시는 불가능하다. 실시 가능한 것은 조기예방 즉 BCG집단 접종 뿐이었다」(p.336).

21) 中村文哉「오키나와 사회의 지연적·혈연적 공동성과 한센병 문제－愛楽園 개설을 사례로－」(西成彦·原毅彦 편『여러 개의 오키나와, 디아스포라에서 희망으로』(人文書院, 2003년 pp.54-76.) 中村에 따르면,「한센병 다발 지대였던 오키나와에서는 메이지 후반부터 다이쇼 시대까지 길거리에 환자가 넘쳐나서, 이 일이 사회 문제로 대두되었다. (중략) 당시 오키나와에서는 한센병 환자에 대한 의료·복지 행정이 아직 착수되지 않은 상태였다」(pp.59-60). 이 문헌에서는, 오키나와에 있어서의 나병 환자에 대한 차별의 실태가 밝혀지고 있다. 한센병 환자에 대한 차별은 제국일본에서도 그 이후의 본토에서도 본질적으로 바뀌지 않았음을 지적하고자 한다. 여기에도 다시금 마이널리티의 과제가 남아 왔다.

한다.

즉, 「오키나와 지역」의 마이너리티 문제에 대한 고찰은 정치·경제·의료 등의 여러 측면에서 사츠마번에 의한 류큐 왕국의 실효 지배 이후, 제국 일본에 의한 류큐 왕국의 병합과 오키나와현의 설치, 또한 세계대전과 이후의 미군 점령 지배 등의 다양한 가해성과 피해성을 생산해 왔다는 사실을 밝혔다. 또한, 본 연구에서는 이러한 문제가 동아시아 마이너리티의 복잡한 마이너리티와 메이저리티와의 구조적 관계를 만들어냈다는 사실 또한 분석했다. 앞으로의 동아시아 마이너리티 연구는 이러한 문제점을 계승하면서, 「류큐민족독립종합연구학회」의 주요 멤버에 의한 내셔널 아이덴티티의 구축을 목표로 하는 「류큐독립론」의 이론적·실천적 활동 등에도 주목하면서 검토해 나가지 않으면 안 될 것이다[22].

22) 2013년 5월 15일 설립된 「琉球民族獨立総合研究學會」(ACSILs)의 HP를 참조. 또 다음의 문헌도 참고가 된다. 松島泰勝 『류큐독립론 류큐민족의 매니페스트』(류큐기획, 2014년 7월), 松島泰勝 『실현가능한 다섯 가지 방법, 류큐 독립 선언』(講談社文庫, 2015년 9월)

동아시아연구총서 제6권

동아시아 마이너리티 사회와 타자표상

조선족 청년의 초국적 이동과 정체성 변화

예동근(芮東根)

고려대학교 사회학과에서 박사학위를 받고 부경대학교 국제지역학부, 중국학부에서 교수를 역임하였다. 현재 부경대학교 중국학과 교수로 재직 중이다. 한국지역사회학회 회장을 맡고 있으며, 한국, 중국, 일본의 도시, 농촌, 소수민족의 연구에 관심을 갖고 비교연구를 진행하고 있다. 그리고 한국의 저명한 사회학 저작을 중국어로 번역하거나, 중국의 저명한 사회학 저작을 한국어로 번역하는 활동을 하고 있다. 대표적인 역저로 『중국 사회의 이해』, 『한국 디지털 사회의 이해』(중국어 번역본) 등이 있다.

1 서론

이동과 정체성은 밀접한 관계를 갖고 있다. 20세기 동아시아는 전쟁, 디아스포라 등 급변과정에서 민족이동이 일어났으며, 소련 극동지역의 조선인들은 강제이주로 오늘의 CIS지역으로 이동하였고, 조선반도의 청년들은 강제로 징병되거나, 강제노동에 동원되었다. 또한 조선독립을 위하여 100년 전의 조선청년들은 중국의 상하이로, 만주지역으로 이주하였고 허허만주벌판에 독립투쟁을 하였다.

100년 전에 조선(한국)의 청년들은 국권회복의 희망과 주력이었으며, 새로운 지식과 사회변혁을 위해 과감하게 이동하였고, 그들의 정체성에 있어서 매우 복잡한 과정을 겪게 되는 것은 많은 연구에서 발견된다.

설사 오늘날 평화시대에도 이동은 여전히 일어나고 있으며 다양한 형태로 국경을 넘어서 변화가 일어나고 있다. 오늘날 중국의 조선족 청년들은 어떤 형태로 이동이 일어나며, 또한 그들의 모국인 한국으로 어떤 방식으로 이동하고 있는가를 연구하는 것은 한반도의 통일연구, 사회통합연구에 여전히 중요한 주제이다.

중국의 유명한 학자 양계초는 100년 전에 「소년」중국설이란 유명한 글을 썼다. 글 말미에 「오늘의 책임은 타인에 있는 것이 아니라, 전부 다 나 같은 소년에 있다. 소년이 총명해야 나라가 총명하고, 소년이 부유해야 나라가 부유하다. 소년이 강하면 나라가 강하고, 소년이 독립적이어야 나라가 독립적이며, 소년이 자유로워야 나라가 자유롭다. 그리고 소년이 진보해야 나라가 진보한다.」[1)]

1) 19세기 말, 중국에 제국열강에 의하여 사분오열되는 시기에, 양계초는 중국에 희망

동서고금을 불문하고 성장하는 젊은 세대는 국가, 사회, 공동체에 있어서 맑고 새로운 피같고, 희망이기에 중요한 역할을 부여 받았다. 그런 의미에서 소년/청년은 사회연구에서 매우 중요한 관찰대상이다. 오늘날 중국의 조선족사회, 나아가서 서울에서 형성되고 있는 조선족커뮤니티를 연구함에 있어서 조선족청년(재중동포청년)의 연구는 매우 중요한 의미를 갖고 있다.

그러나 중국 동북지역의 황량한 농촌과 황폐화된 조선족 마을을 다니다 보면 자연스럽게 구한말의 역사가 생각나고, 암울한 근대 중국역사가 나타난다. 노인들만 남은 중국 농촌 마을, 젊은이들은 어디로 갔을까? 또한 그들의 청년이미지는 어떠한가? 과연 그들은 열정이 넘치고, 자유롭고, 총명하며, 강하고 독립적인 청년들인가? 그들은 민족의 희망이며, 조선족 사회를 일으킬 수 있는가?

그들이 초국적 이동을 통해 서울로 왔다면 과연 청년들의 꿈은 실현되었는가? 이주한 청년들은 모험성이 상대적으로 강한 집단이라고 볼 수 있다. 그들은 서울에서 어떻게 생활하며, 모국에 대하여 어떤 생각을 갖고 있으며, 그들의 미래에 어떻게 도전하는가를 집중적으로 조명하여 보고자 한다.

본 글은 이런 질문을 갖고 중국 동포청년들 변화를 살펴보고, 그들의 생활상, 가족관, 고향관, 국가와 민족에 대한 인식변화 등을 고찰하고자 한다. 그리고 1990년대, 2000년대, 2010년대 3개 세대의 청년변화상들을 당시 청년과 관련한 중요한 사건과 연계시켜서 큰 흐름을 살펴보고자 한다.

을 잃지 말고, 젊고 씩씩한 청년중국이 있다고 강조한다. 이글은 1900년에 일본에서 출판하는 『청의보』에 실렸다. 원문은 아래와 같다.「故今日之责任，不在他人，而全在我少年。少年智则国智，少年富则国富；少年强则国强，少年独立则国独立；少年自由则国自由；少年进步则国进步」

2 90년대「청년 디아스포라」

1989년 천안문 사태이후 잠잠하던 중국은 개혁의 바람이 불었다. 1992년 등소평이 남순강화[2])를 진행함으로써 침체되는 경기는 활력이 나타났다. 해외화교들이 연해도시에 집중 투자함으로써 중국 연해도시의 변화는 일취월장하였다. 90년대에 들어 중국의 전반 분위기는 이주의 도시는 중국남부, 새로 부상한 직업은 상업으로 거대한 사회적 변혁이 일어났다.

중국의 연해도시의 변화는 청년들의 욕구를 자극하였다. 따분하고 침체된 동북지역의 경기는 추운 겨울철처럼 얼어붙었지만 타오르는 태양처럼 뜨거운 남방의 열기는 청년들을 흡인하고 있었다. 90년대 동북지역의 청년들은「헬, 만주」이라고 할 수 있다. 대학을 졸업한 청년들은 외국으로, 대도시로, 저학력 청년들은 한국기업 따라 삼천리, 한국기업이 진출한 지역에 중국 동포청년들이 집중되었다.

그리고 특수한 한 부류로서 청년들이 있었다. 그들은「잘 살아보자」는 꿈을 실현하기 위해 한국으로 시집간「연변아가씨」들이다. 90년대에 한국으로 갈 수 있는 경로는 그렇게 많지 않았다. 대부분 친지방문이여서 나이가 많은 분들이 방문하였다. 유일하게 젊은이들이 한국에 갈 수 있는 방법은 유학과 결혼이 중요한 부분을 차지하였다. 그 가운데서 결혼은 절대적으로 우위를 점하였다. 1995년도에 중국동포 여성청년들이 5,000명 넘게 한국으로 시집가면서「조선족위기론」을 불러

2) 1992년 등소평은 중국은 개혁개방을 더 폭 넓게 진행해야 한다며, 중국의 광동성 등 지역을 방문하면서 개혁개방의 바람을 일구었다.

온 사회적 이슈가 되었다.[3)] 1992년 한중수교 때 한중간 국제결혼 수는 429명이었지만, 1993년에 1,851명으로 가파르게 증가하였고, 1995년에는 8,450명, 1996년에 9,271명으로 최고치에 달하였다.[4)] (이삼식 외, 2007)

외국에 대한 환상이든, 대도시에 대한 열망이든, 고임금에 대한 추구이든, 좋은 직장을 찾으려는 열기든 연변의 청년들은 만주벌판을 떠나면서 「청년 디아스포라」흐름을 만들었고 그 후 연변지역은 더욱 공동화되어 가고 있었다.

우리가 눈길을 한국으로 돌리면, 한국으로 시집간 연변 청년여성들은 대부분 한국의 생활형편이 넉넉하지 않은 30중반의 노총각들한테 시집갔으며, 출산과 양육 등 가정에서 다양한 갈등을 겪게 되었다. 2000년대 넘어 한중격차가 감소되고 2002년에 일본 GDP를 넘어서 G2국가로 부상하였다. 한국의 송금경제, 중국경제의 활성화, 인구학적으로 볼 때, 적령기 결혼여성들이 1997년에 국제결혼의 정점을 찍었기에 새로운 변화가 일어날 것을 예감할 수 있었다.

---

3) 조선족 인구의 감소가 심각해지고, 저출산이 심각해지는 과정에 일부 학자들은 출산/결혼적령기에 있는 조선족 여성청년들이 한국으로 시집가는 것에 우려를 표하였다. 구체적으로 황유복 교수의 「조선족위기론」을 참고하기 바람.

4) 1997년 한국은 IMF영향으로 7,362명, 1998년에 2,883명으로 급속히 감소되었다. 이런 변화는 2003년도를 넘어 변화되었고, 한국의 국제결혼이 다국화, 보편화되면서 만 명이 넘어 섰다. (이삼식 외, 2007). 1990년대에 한국의 국제결혼남성들은 30대 초반의 초혼남성이 위주였고, 조선족여성들도 20대 젊은 여성들이 주류였다. 2000년대 넘어서 중국인 비율이 높아진 것은 한족여성들이 급속히 증가한 것도 관련이 있다.

3 2000년대 「북경아가씨」

이런 2000년대의 변화는 한 곡의 신선한 노래에서 감지할 수 있었다.

쟈이젠바 베이징 쇼~제
쟈이젠바 베이징 쇼~제
오늘의 이별이
우리의 사랑에
시작일 수 있잖아
언제 다시 돌아온단
기약은 없지만
울지는~ 마~라
워 아이니 워 아이니
영~원한 내 사랑 사랑
쟈이젠바 쟈이젠
쟈이젠바 쟈이젠
쟈이젠바
베이징 쇼~제
…

— 〈북경아가씨〉에서 발췌, 작사 정원수[5)]

가수 김월녀(진웨뉘)의 〈북경아가씨〉이다. 결혼, 유학, 이주노동, 친

5) 「쟈이젠바」는 중국어 발음인데 그 뜻은 「또 만나뵙시다. 안녕히 계십시오」라는 뜻이다. 「쇼제」는 "아가씨"란 뜻이며, 「워 아이니」는 「나는 너를 사랑한다」는 뜻이다. 중국의 조선족들은 오랫동안 중국에서 살면서 중국어와 한국어를 혼용하는 경우가 많다.

척방문 등 다양한 방식으로 한국에 가기 쉬워지고, 한국에 대한 이해가 넓어졌지만, 왜 「서울아가씨」도 아니고 「연변아가씨」도 아닌 「북경아가씨」일까?[6)]

이 노래는 「대접 받을 수 있는 중국 수도청년」에 대한 강렬한 열망 같았다. 2000년대 중국의 많은 동포청년들이 중국의 연길, 베이징과 작별을 하고 서울에서 새로운 꿈을 실현하려고 온 그 마음을 잘 담아 낸 것 같다.

서울의 시각에서 「연변」은 시골이고, 주변부다. 90년대 국제결혼을 한 연변 여성청년들은 그런 부분을 꿰뚫었으며 「북경아가씨」로 당당하고 평등하게 교류하고 싶은 욕망을 담은 노래 같았다. 2000년대에 한국으로 유학생들이 급속히 증가하였고, 청년창업자들의 증가율도 높았다. 1990년대에 단순히 돈 벌고 시집가는 형태를 넘어서 꿈을 실현할 수 있는 폭이 넓어졌다. 한국은 여전히 기회의 땅이고, 꿈을 이룰 수 있다는 희망을 갖고 서울을 바라보는 청년들이 적지 않았다.

사실 〈연변아가씨〉[7)] 란 노래도 있었다. 그러나 〈북경아가씨〉처럼 인기를 얻지 못한 것은 90년대 서울에 중국동포들이 너무 적게 살았고, 이 노래를 잘 모르는 것과 관련이 있다. 더욱이 90년대 중국 청년

---

6) 이 노래는 2000년, 한국 KBS 주말 음악프로그램인 「열린음악회」에서 혜성처럼 조선족 여가수가 등장하였고 시청자들의 인기를 사로잡았다. 김월녀는 〈북경아가씨〉란 노래로 단번에 유명가수로 변신하였으며, 한국 정착하고 활동함으로써 서울아가씨로 탈바꿈하였다. 김월녀의 출생지는 중국 만주지역 하얼빈이며, 연변에서 공부하고 학교에 남아서 교사로 잠시 활약하다가 2000년대에 활동무대를 서울로 옮겼다.

7) 〈연변아가씨〉는 1991년 한국가수 김용임(김미란)의 노래이다. 전통 트로트로 불렀으며, 고향땅을 밟고 싶어 하는 연변아가씨의 애절한 심정을 반영하였다. (이제는 알 것 같아 당신의 딸이니까요/꿈에도 보지 못한 고향땅을 간다고 말해놓고/ 이렇게 떠날 줄은 이렇게 가실 줄은/ 정말 몰랐어요/눈물 짓는 연변아가씨)

동포들의 이미지는 찾기 힘들었고 현실적으로 중국 동포청년들을 보기도 힘들었다. 가끔 국제결혼은 동포여성을 통해서 부분적으로 이루어졌고, 동포의 상도 이산가족을 만나는 동포상을 벗어나지 못하였다.

하지만 2000년대 서울사람들은 봇물처럼 밀려오는 중국동포들을 접촉할 수 있었고 일상에서 부딪치고 얘기할 수 있었다. 음식점, 건설공사장, 학교 등 다양한 곳에서 만날 수 있었다. 역으로 연변의 여성청년들은 세련된 모습으로 서울을 활기차게 걷고 싶을 지도 모른다. 그 가운데 많은 여성청년들은 발랄하며 현실적이고 로맨틱한 서울생활을 꿈꾸는 「북경아가씨」 일수도 있다.

2000년대 들어서면서 한국은 현실적인 중국어투, 연변사투리가 섞인 조선족 청년들을 접할 수 있었고, 연변의 청년들도 한국 주류사회에 깊이 박힌 「시골-연변」, 「변두리-연변」을 탈출하고 싶었고, 젊고 씩씩하고 세련된 「수도-베이징」의 아가씨, 서울사람과 로멘틱한 연애를 할 수 있는 「베이징아가씨」로 대접받고 싶은 욕구의 산물일지도 모른다.

운명일지도 모르다, 2000년대 〈북경아가씨〉를 부른 조선족 가수 김월녀는 2007년에 한국 신랑 정우혁과 결혼하였다.[8] 북경아가씨의 노래처럼 많은 조선족 아가씨들이 한국에 시집을 오면서 국제결혼이 최고조를 이루었고, 한국으로 유학 바람이 확산되면서 중국 동포청년들이 대거 서울로 집거할 수 있었다.

8) 「조선족 가수 김월녀 서울서 한국신랑과 결혼식」(2007년 11월21일, 연변일보)

4 서울 조선족 집거지 형성과 연변청년

2000년대에 들어서면서 서울에서만 28만 명이 넘는 중국동포들이 집결하여 작은「동포타운」을 형성하였다. 조선족 내부경제가 충분히 형성될 수 있는 환경이 마련되자 에스닉 비즈니스가 활발해지기 시작하였고, 고학력이 아니어도 꿈을 실현할 수 있는 청년들이 하나, 둘씩 나타났다. 그 대표적인 사례가 서용규 사장의 창업 사례이다.(연합뉴스, 2017)

[사례1: S남성청년]

1999년 말 서울에 도착했을 때 23세의 서용규 씨는 몸에 지닌 것은 달랑 여권뿐이었다. 익숙한 일에서부터 시작해보자며 중식당에 취직해 요리를 배웠다. 요리 자격증을 취득해 2001년 고덕동에 배달전문 중화요리 전문점을 차렸고, 3년 뒤에는 대치동에 홀을 갖춘 전문 요리점을 냈다.

그러나 장사가 잘 되던 2006년에 또다시 사업을 접어야 했다. 불법체류자였는데 합법체류로 신분을 바꿀 기회가 왔기 때문이다. 당시 정부는 방문 취업비자(H2) 제도를 시행하면서「불법체류자 양성을 위한 자진귀국」제도를 내놓았다.

「한국에서 사업을 제대로 해보고 싶은 욕심에 비자 만기에도 남아 있었죠. 그러다 보니 가게 명의도 차명으로 해야 했고 늘 단속에 가슴 졸여야 했습니다. 자진 귀국하면 나중에 H2 비자로 재입국할 수 있다는 말에 주저 없이 보따리를 쌌습니다.」

2008년 한국으로 돌아온 그는 다시 사업계획을 세워 2009년 노량진에 매운 짜장·짬뽕을 주요리로 내세운 중화요리점을 냈다. 4번째 창업이라서 자신이 있었고 이번에는 제대로 성공해보자는 의욕도 넘쳤다.

마침 매운맛이 인기를 끌기 시작할 때여서 1년 만에 월 매출 4천만 원을 넘어섰다. 가게를 더 키우려면 차별화가 필요하다는 생각에 새로운 메뉴 개발에 몰두했다. 그때 만난 것이 양꼬치였다.

그 후 서용규 사장은 양꼬치 체인점을 내면서 큰 성공을 거두었다. 서용규 사장이 사업을 시작한 시점인 1999년도 그의 나이는 23세이고 사업이 성공하기 시작한 2009년에 그의 나이는 아직 33세이다. 다시 말하면 2000-2010년 이 사이 한국의 재외동포 정책, 이주민 정책이 많이 변화하였고 유연해졌으며 제도적으로 정착할 수 있는 가능성을 열어 놓았기에 그들은 열악한 환경에서 꿈을 꿀 수 있었고 비전을 찾을 수 있었다.

양꼬치는 가장 탈민족적이면서 가장 연변적일 수도 있다. 중국에서 기원을 찾으면 신장 위구르족들이 즐겨먹는 음식인데 연변에서 꽃을 피우고, 한국에서 중국을 상징하는 음식이 되었다. 요즘도 「양꼬치에는 칭다오 맥주」란 말이 날 정도로 한국인들이 즐겨 먹기에 국제화되었다고 볼 수 있다. 그 숨은 주력이 바로 서용규 씨 같은 청년창업자들이다.

그들은 연변에서 독특한 소스를 개발하고, 편리한 서비스와 깨끗한 위생관리로 체인점으로 확산할 수 있는 기반을 마련하였다. 문화적으로 중국 내의 훌륭한 음식들을 「연변화」시키고, 그것을 역수출하여 이익을 창출하고 자신의 문화브랜드를 만드는 문화요인들을 찾아 볼 때 한국과 비슷한 점들이 많다.

2000년대의 청년들에 있어서 이동이 쉬워지고, 한국과 중국의 문화를 이해하고 비즈니스 기회를 민감하게 포착하고 동포경제를 기반으로 비즈니스를 시작한다는 점은 역으로 조선족 사회를 규합하는 새로운 구심점을 만드는 경제행위로 볼 수 있다.

그러면 2000년대 청년들은 어떻게 중국과 한국을 이해하고 있었을까? 90년대 부모세대들이 한국으로 진출하고 이산가족 상봉처럼 한국에 따라 오는 청년들은 어떻게 가족을 생각하고 있었을까?

[사례2: H남성청년]

어머니는 내가 고등학교 2학년 때 한국으로 와서 온갖 일을 다 하시면서 내게 경제적으로 든든한 후원자가 되어 주어 내가 큰 걱정 없이 대학공부를 마치게 했다. 그 동안 외삼촌댁에서 공부를 했고, 어머니는 고등학교 때 한국으로 떠나다 보니 난 어머니에 대한 추억이나 감정이 많이 없었던 것이 항상 아쉬웠다. 그래서 난 한국으로 유학 가는 것이 나에게는 이러한 것을 다시 되찾을 수 있는 좋은 기회라 생각하고 한국 유학길에 올랐다. 어머니를 만날 수 있고 많은 시간을 함께 할 수 있게 된다는 부푼 꿈으로 서울로 향하는 비행기에 몸을 실었다.

이렇게 나는 2000년 8월 31일 10년 만에 서울 김포공항에서 다시 어머니와 만나게 된다. 이번에는 어머니와 함께 할 수 없었던 잃어버린 나의 소년 시절과 어머니의 사랑을 다시 되찾고 싶은 마음이 간절했다. (p.58, 조선족3세)

어느 새 집에 도착했고, 나의 서울 생활은 이렇게 시작됐다. 내가 가지고 왔던 모든 계획은 시작도 해 보지 못하고 묻혀 버리고 말았다. 그 와중에도 다시 어머니와의 추억을 찾기 위해 함께 생활하기로 결정했지만, 결코 쉬운 일이 아니었다. 너무 오래 떨어져 있어서 인지 어머니는 어떻게 나를 사랑해야 할지 잘 모르고 있었고, 나 또한 어머니의 사랑을 어떻게 받아들여야 할지 잘 몰랐다. 때로는 둘이 함께 엉엉 울기도 했다. 마치 내가 아버지와 함께 여러 번 울었던 것처럼, (p.59, 조선족3세)

정말 재미있는 것은 이 기간의 삶은 마치 중국 조선족이 한국에서 생활하면서 경험한 집단 경험과 우연의 일치로 겹치게 되었다는 점이다. 어떻게 보면 한국은 중국조선족에게 어머니와도 같은 존재였는데, 늦게 1992년 한-중 수교가 되면서부터 한국을 찾게 된다. 하지만 조선족이 한국에서 한 많은 경험은 내가 한국에서 어머니와의 관계에서 겪은 경험과 매우 흡사 것이라는 생각을 많이 하게 되었다. 가까이 하고 싶지만 가까이 할 수 없고 부모-자식의 관계이지만 또한 남남인 것 같은 그 애매한 관계는 서로를 힘들게 했을 것이다. (p.59, 조선족3세)

H는 한국의 명문대에서 박사학위를 받은 엘리트이다. 그는 자기성찰, 가족, 사회에 대한 성찰이 냉철하다. H의 부모세대들만 하여도 「가족」을 중시하였고, 「가족」을 위해 희생을 강요하는 시대였다. 하지만 부모들이 한국으로 오면서 「전통적 가족」이 해체되었고, 초국가적 연결망으로 새로운 형태의 「가족」형식이 나타났다.

이는 전에 핏줄의 조화로움과 끈끈함을 그 어떤 인간관계보다도 더 강조하는 한민족 특유의 가족주의 질서 속에서 가족은 무조건 사랑하고 나누고 희생해야 하는 것, 가족이라면 이유 없이 그냥 그래야 하는 것으로 각인되어 왔다.

이러한 가족 이데올리기에 묻혔기에 90년대 조선족 동포들은 사돈에서 팔촌까지 돈을 빌려주고, 한국에 도착하면 정착자리를 찾아주고, 일자리를 알아봐주면서 서로 상부상조하면서 살아가고 있다. 2018년이란 현시점에도 아직 많은 중국동포들이 이런 정에 억매이고 있으며, 폐쇄적이지만 단단한 친족 공동체를 재생산하고 있다.

하지만 H처럼 2000년대 청년들은 전통적 가족주의에서 탈피하고 싶은 욕망, 감정, 체험들이 있었다는 것이다. 하지만 2000년대 청년들도 형식적으로 초국가적 가족형태에 익숙해져 가지만 내면적 가치는 여전히 전통적 가족주의에 가깝다. 그것은 가족이란 이데올리기가 쉽게 바뀌지 않기 때문이고, 가족을 지탱해주는 경제적 기반이 여전히 탄탄한 것도 관련이 있다.

2016년 7월 중국 연변에서 진행한 사회적 조사에 따르면 국가, 사회, 지역, 가족, 이웃, 친구, 등 다양한 차원의 신뢰에 대한 조사가 이루어졌지만, 가족 신뢰가 절대적 우위이다. 이는 2017년 7월에 진행한 「서울 미래세대 인식조사」에서도 나온 결과와도 비슷하다.

서울 거주 20~39세 청년층에게 건강 문제 대처를 위해 가장 먼저 찾았던 경로에 대해 물어 본 결과, 응답자의 절반정도가 「같이 사는 가족」(48.8%)을 꼽았다. 이어서 「전문기관」(16.6%), 「친구」(10.2%)인 것으로 응답되었다. 비슷한 질문인 「아플 때 누구를 찾는가?」에 절반 이상이 「가족」과 논의한다고 응답하였다. 이는 우연의 일치가 아니다.

어떤 면에서 연변의 청년들은 내적으로 더욱 가족에 의지하는 것 같다. 연변조사에서 신뢰에 관련 질문에서 다음과 같은 응답결과 나왔다. 가족, 지인, 지역(연변), 국가에 대한 신뢰도 조사에서 가족에 대한 신뢰가 78.85%로 절대적으로 높았다. 즉 아플 때도 의사보다 가족을 믿고, 무슨 일이 있어도 가족을 믿는다는 것은 그만큼 대안적 사회적 안정망이 형성되어 있지 않았다는 것을 역으로 말하는 것일지도 모른다.

중국은 경제적으로 부상하였지만, 의료, 먹거리, 양로, 일자리 등 다양한 면에서 제도적으로 완성되지 못한 것이 오히려 역으로 가족을 신뢰하고 가족을 기반으로 하는 「이동성」 자원을 마련하였다고 볼 수 있다. 「가족자원」에 대한 다양한 연구들이 이를 뒷받침하고 있다.

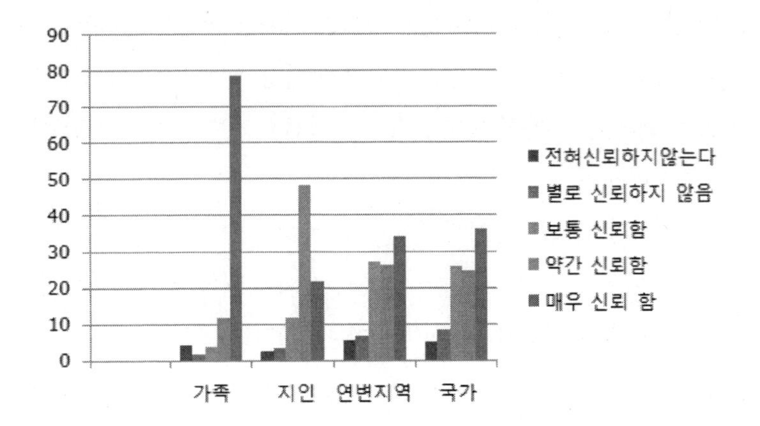

2000년대 연변 청년들은 문화적 측면에서 또한 외국 영향을 많이 받았다. 흥미로운 점은 한국보다 홍콩, 대만 등의 영향을 더 많이 받았다는 점이다. 연변의 동포는 홍콩과 대만의 영향을 받으면서 한국의 문화적 영향도 함께 받으면서 초민족적/초국가적 문화체험을 한 시대라고 볼 수 있다.

[사례3: K여성청년]

시대적으로 덩샤오핑(鄧小平) 1992년 남순강화가 있은 뒤라 개혁/개방이 본격화되면서 농촌에서 도시로, 고향에서 타지로 이동의 붐이 일어나는 시기였다. 그래서인지 정든 고향과 사랑하는 처녀를 떠나 머나 먼 곳으로 떠나는 총각들의 애달픈 심정을 그린 리천(李琛)의 〈창밖〉, 차오멍(草蟒)의 〈미안해 자기야(寶贝對不起) 〉등 노래가 홍수처럼 쏟아져 나왔고 대중가요로 자리매김하게 되었다.

다른 한편으로 한류가 조선족 사회에서 퍼지지 시작하였는데, 서태지의 〈난 알아요〉, 김건모의 〈핑계〉, REF의 〈상심〉 등의 인기는 실로 대단

했다. 텔레비전에서는 싱프포르와 대만의 드라마가 일본 드라마를 대체하였으며, 특히 대만의 유명한 여성 작가 츙야우(瓊瑤)〈물가 한쪽에(在水一方)〉같은 드라마가 인기몰이를 했다.[9]

90년대에 대학에 입학한 청년들은 모두가 동감하는 경험들이다. 자유분방한 문화는 지속적으로 일체화되고 획일적인 제도권 문화에 충격을 주었고, 젊은 청년들은 이런 비슷한 문화를 경험함으로써 한국 대중문화에 빨리 빨려 들어갈 수 있었고 이해될 수 있었다. 90년대 한국에 일하러 온 그들의 부모세대들은 한국에 더욱 오래 체류하였지만, 한국문화에 대한 기호와 이해는 완전히 달랐다.

중국의 동포들은 홍콩, 대만, 일본을 접하고, 그 후 한국 문화가 가세하면서 체험한 문화적 경험들에 대한 연구는 매우 적다. 하지만 K씨처럼 초국가적 문화경험들은 연변 청년들이 서울에서, 연변에서, 베이징에서 어디서든 문화적으로 적응하면서 특별하게 문화적 요인을 재해석할 수 있는 잠재적 자원을 갖추었다고 볼 수 있다.

5 2010년대 「연변청년」의 재탄생

1990년대는 「청년 디아스포라」로 주류사회 지향이라면, 2000년대는 「북경아가씨」로의 주류계층 진입이다. 2011년 초에 서울의 중국동포사회를 깜짝 놀라게 하고 하나로 뭉치게 한 사건이 있다. MBC 스타오디

9) 김부용 「오늘도 철길을 바라보며」『조선족3세들의 서울이야기』, pp.172-173 인용

션「위대한 탄생」 시즌Ⅰ이다. 백청강은 최종 우승을 하면서 중국동포들의「새로운 희망」으로 보였다. 이 프로그램에서 연변청년 백청강의「위대한 탄생」뿐 만아니라,「연변청년」의 재발견이다.

90년 중반-2000년대부터 재중동포들은「헬, 만주」를 진행하였으며, 주류사회, 주류계층 진입을 위해 줄기차게 노력하였다. 2000년대 젊은 청년들도 열심히 공부하고, 한국의 전문직종에 취직하면서 나름대로 성공하기 시작하였다. 2010년대에 들어서면서 보이지 않은 고민들이 있었다. 이는 중국의 주류사회가 80년대, 90년대에 출생한 청년들에 대한 편견일 수도 있다.

중국의 한 자녀 시대에 태어났고, 개혁개방의 경제성과를 향유하면서「소황제」,「공주」 대접을 받은 세대들의 나약함과 쉽게 포기하고 만족하는 정신 상태와 생활방식에 대하여 편견이 형성되고 있을 때이다. 부모들의「헝그리 정신」은 사라지고 사치스럽게 생활하는 자녀들에 대한 불만, 특히 조선족 청년들의 과소비에 대하여 동포 언론에서 집중적으로 조명 받는 시점이기도 하였다.

80, 90년대 출생의 조선족 청년들은 희망이 있는가? 이것은 조선족 동포사회의 큰 질문이다. 이 시점에 백청강이란 젊은 청년의 출현은 1980년대 중국의 락황제로 불리는 최건의 출현처럼 신선하였다. 서울의 중국동포들은 백청강을 지원하는 버튼을 누리고, 친구, 친척들한테 지원을 부탁하는 것이 일상이었다. 백청강은 이미 한국에 있는 중국동포의 자녀이고 가족이 되어 버린 것이다.

백청강의 패션과 스타일도 완전히 변신하였다. 겉모습에서 연변 스타일은 사라지고 서울의 연예인이 되는 과정이며, 목청을 빼고는 다 바뀌는 것이다. 이런 변화의 모습, 그리고 변하려는 노력에서 연변 청년

동포들이 새로운 희망을 발견했을 지도 모른다.

한국에 유학한 연변 청년들은 짧은 시간에 함경도 억양을 변화시켰고, 서울말에 익숙하면서 한국생활에 적응하기 시작하였다. 2010년대에 들어오는 청년들의 패션, 헤어스타일을 보면 이제 연변-서울의 경계를 허물어 구분하기가 힘들어지고 있다.

백청강의 변신은 동포들이 갖고 있는 문화가 서울에서 변화되고 새롭게 만들어지면서 중국으로 역진출하고 있다. 이제는 한국의 문화상품, 화장품, 다양한 문화와 관련한 것들을 아이템으로 비즈니스를 하고 있다.

중국의 새로운 비즈니스 플랫폼 위챗, 타오보의 출현으로 그들은 중국에 있는 사회적 자본(인맥)을 활용하여 위챗 상인으로 변신하였고, 한국의 화장품, 옷, 신발 등 다양한 물품이 중국으로 진출할 수 있는 새 활로를 만들어내고 있다.

『채식주의』등 유명한 소설들이 빠르게 중국어로 번역되고, 한국의 문학작품들이 중국어로 번역 소개되면서 연변 청년들의 역할이 갈수록 커지고 있다. 서울에서는 중국 동포청년들과 함께 창업할 수 있는 지원방안을 모색하여「한중청년창업센터」를 만들고 있다. 중국의 연변정부는 서울의 동포청년들이「귀향창업」할 수 있는 환경을 만들고 적극적으로 유치하고 있다.

2010년대에 들어서면서 이동성이 확장되고, 문화의 융복합이 가속화되고 비즈니스 플랫폼이 글로벌화되면서 동포청년들의 의식, 능력, 정서 등 다양한 부분에서 재평가가 필요하다. 단순히 중국의 부모세대의 입장에서「나약함」,「사치스러움」,「독립하지 못함」 등으로 부정적 요인을 벗어나 새롭게 바라보아야 새로운「희망」을 볼 수 있다.

2010년대에 20대 연변 청년들은 왜 지속적으로 서울에 올까? 그들은 90년대, 2000년대 청년들과 어떤 점에서 변화가 발생하였는가? 2010년이 넘어 갈수록 청년들의 문화공감과 트랜드가 비슷해지며, 글로벌도시 서울의 매력은 문화적이고 다양성, 글로벌적인 측면에 주목할 필요가 있다. 이런 글로벌적 요인에서 「연변」이란 로컬적이고, 종족적인 요인들이 어떻게 고스란히 묻어나는가를 관찰하면서 재중 동포청년들의 특수성도 함께 보고자 한다.

[사례4: 20대 중국 동포청년 김씨][10)]

내가 사는 곳은 합정의 한 원룸이다. 홍콩인 3명, 나 모두 4명이 함께 산다. 한국에 온지 642일이다. 내가 처음으로 한국 땅을 밟은 곳은 인천공항이다. 나만큼 큰 두 박스의 짐을 가지고 한국으로 왔다. 나의 20년의 추억을 모두 담아서…서울에 오래 살려는 것도 아닌데 나는 모든 것을 담아서 왔다. 그럼 중국으로 돌아가려는가? 잘 생각하여 보니 딱히 돌아갈 집도 없다…

…내가 간 첫번째 집은 엄마의 집이다. 말미고개역이다. 아직도 어색하다. 엄마도 낯설고 새 아빠와 동생도 어색하다. 내가 초등학교 1학년 때 엄마는 나를 끌어안고 엉엉 울었다. 비몽사몽으로 나도 함께 끌어안고 울었다. 초등학교 4학년 때 나는 엄마가 한국에 갔다는 것을 알았다. 그리고 엄마와 아빠가 많이 다투었고…중학교 2학년 때 엄마는 나한테 중국돈 200원을 주고 나의 증명사진을 가지고 떠났다. 그것이 20년 전에 본 마지막 모습이다. 엄마는 핑크색 롱패딩을 입었고 앞머리도 약간 있었던 것 같았다.

---

10) 청년공동체 세움에 제작한 다큐〈어느 조선족의 한국생활이야기〉에서 발췌. (2017-10-13, kimchi)

편부모, 할머니와 생활하는 손자, 손녀, 10년 동안 부모를 보지 못하는 사회적 현상은 2000년대 청년을 다룰 때도 잠깐 소개하였다. 이런 현상은 계속 지속되면서 조선족 공동체 해체론의 중요한 논거의 하나이다.

그리고 이들도 성장하여 청년이 되면 농촌을 떠나고 서울로 오고 있다. 그들은 고향이 싫어서 떠나는가? 중요한 것은 젊은 청년들이 떠나면서 익숙한 사람들이 모두 고향을 떠나기에 고향은 하나의 「빈집」이고 이 빈집에 「낯선 이주민」들이 진입하기 때문이다. 마치 서울의 가리봉동의 원주민들이 가리봉동을 떠나는 것도 점차 중국인이 집중 거주하여 「차이나타운화」되는 것과 밀접한 관련이 있다.

2016년 연변의 설문조사에 비슷한 「낯선 사람」에 대한 신뢰는 매우 낮다. 「전혀 신뢰하지 못 한다」가 거의 반에 가깝다. 그리고 「신뢰하지 않음」도 30%가 넘는다.

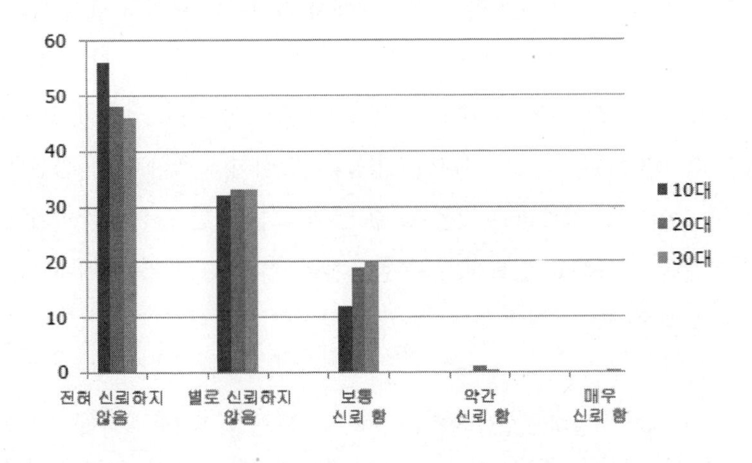

역으로 「익숙한 사람」에 대한 신뢰, 그리고 그 환경에서 얻는 안정감

도 다르고 느낌도 다르다. 그러기에 대부분 중국동포들은 동포들이 집중하여 거주하는 지역에 안정감을 느끼고 독특한 음식, 소비관습을 만족시킬 수 있는 공간을 찾고 있다. 20대의 김 씨도 역시 그런 느낌을 보여주었다.

…내가 처음으로 중국음식을 먹은 곳은 대림역이다. 향신료가 가득한 음식을 입안으로 넣으며 나의 공허감을 채워 주었다. 내가 처음으로 찾은 직업소개소도 대림이다. 저의 엄마도 이 직업소개소간판을 보며 코리안 드림을 꿈꾸었겠지?

…내가 한국에서 처음 먹은 음식은 김밥이다. 너무 맛있었다. 그러나 한국에 체류하는 642일의 1/3의 기간은 김밥을 먹었던 것 같다. 나의 첫 알바는 동대문 치킨집이다. 나는 그 때 여행비자이기에 최저임금도 받지 못하였다. 641일 동안 주말도 없었다. 우리의 엄마도 이렇게 일하였겠지?

오랫동안 부모들부터 또는 지역사회에서 만연되는 편견도 쉽게 사라지지 않는다. 하지만 20대의 김 씨를 볼 때 그냥 순종하고 참는 것이 아니라, 저항하고 깨어버리려고 노력하고 있다는 점이다. 단순하게 「돈 벌고 떠나면 그만이지」가 아니라 「평등」, 「열심히 노력하자」는 정신과 실천능력이 있는 세대라는 것을 볼 수 있다. 그들 또한 자신의 소속집단의 미래를 고민하고 있으며, 독특한 「할머니 사랑」을 지닌 세대라는 점도 흥미롭다.

…나는 서강대에 입학하였다. 입에 독기를 물고 열심히 잘하여 보겠다고 다짐하였다. 그러나 학교에 와보니 나를 차별하는 사람은 없었다. 너무나 허무하였다. 편견을 깨려고 했는데, 내가 편견에 살고 있다고 느꼈다.

…나는 조선족이다. 그러나 한국에서 재외동포, 중국동포, 한국계 중국인 등 다양한 호칭들이 있다. 네이버를 찾아보면 각종 용어들이 많다. 어쨌든 우리는 국적은 있지만 대대로 살아 온 나라는 없다.

…2017년 1월 25일은 한국의 설이다. 할머니의 제사를 왜 한국에서 지내야 하나? 못 마땅하였다. 그러나 고향에도 제사를 지낼 사람들이 없었다. 모두 한국에 모였다. 나는 할머니를 나의 가슴에 문신하여 놓았다. 영원히 할머니와 함께 있으려고…가족이 집이니까.

최근 30년 동안 조선족 사회 변화와 담론의 주제가 가족의 변화에 집중되는 가운데 「결손가정/가족」이라는 용어가 등장하고 빈번히 사용되기 시작했다. 개인단위 이동이 위주라는 특징으로 말미암아 조선족의 이동은 많은 수의 조손세대, 독신세대, 편부모자녀세대 등 소위 「정상」범주를 벗어난 「비정상적 세대」를 양산했다. 따라서 이를 곧 우리 관념 속의 「정상가족」과 연관지어 비정상적인 「결손가족」으로 정의하며 심지어 가족의 해체에까지 직결시켜 해석한다(이화,2017).

20대의 김 양처럼 「영원히 할머니와 함께」, 「가족이 집」이라는 인식은 가족의 유기적 연대와 친밀성이란 내적 기능역할에 중심을 두고 있는 것이다. 이런 차원에서 볼 때 조선족 가족은 해체된 것이 아니라 재구성하는 형식으로 「초국적 가족형태」가 된 것이다. 이런 부분은 90년대, 2000년대 계속 지속되었기에 심도 있게 비교분석하면서 「청년들의 가족관」에 대한 조사와 연구가 좀 더 필요하다.

그리고 2010년대 청년들은 갈수록 정주화 경향이 강하며, 서울의 주민으로 정착되면서 다양한 요구들이 있다. 특히 청년과 지역의 관계에서 그들은 지역 정부에 대한 요구가 변화되었다는 점에 관심을 가져야 한다.

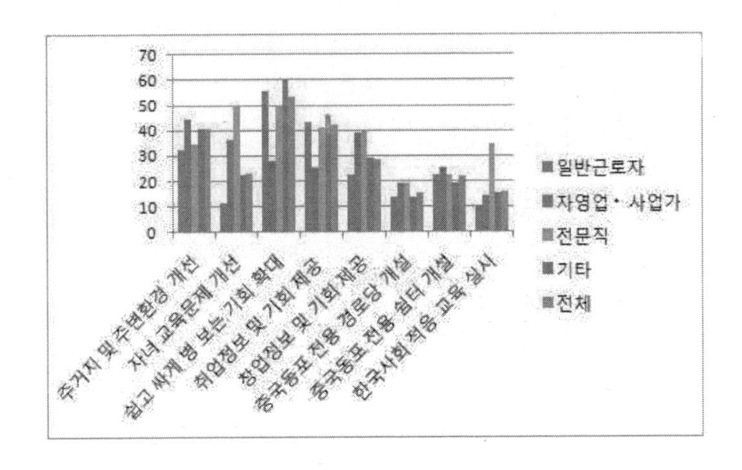

2013년에 서울시 프로젝트를 하면서 조사한 결과에 따르면 중국 동포청년들은 자녀교육, 창업정보, 주거지 환경, 교육시설에 높은 관심을 보이고 있다. 이런 부분은 서울에 중국 동포청년들이 정주화하면서 한국 청년들과 함께 공동으로 창업할 수 있는 환경, 교육시설 환경을 마련하는 것이 중요하며, 이 세대들이 갖고 있는 이동성, 문화수용성을 활용하여 서울의 다문화 통합을 높일 수 있는 자원으로 활용할 수 있는 점도 눈여겨봐야 한다.

6 결론

2000년대에 들어오면서 중국 청년동포들의 서울에서 초기 정착지점은 구로지역에 집중된다. 구로지역은 상징성이 있는 공간이다. 구로라는 공간은 한국인들에 있어서 산업사회의 상징물이며, 새롭게 디지털 공간으로 탈산업화되는 공간이다. 그러나 중국 청년동포들에게 있어서 더 이상 고정되고 정해진 존재론적 속성이 아니라 생성되고 만들어지는 사회적 관계들의 자원이라고 말할 수 있다.

즉 중국 동포청년들은 한국적 시각에 고정화된 이미지에 맞추어 공간적 적응을 하는 것이 아니라, 친족, 사회연결망을 통하여 종족성, 다문화성, 사회성을 포함한 다양한 관계를 생성시키면서 내적 의미를 변화시키고 있다. 그리고 그들의 관계에 의해 만들어지는 비즈니스, 사회관계는 독특한 문화를 만들어내면서 「동포」, 「중국」, 「다문화」, 「초국가적」 차원에서 관계를 생성시킨다는 점에 주목할 필요가 있다.

한편, 중국 동포청년들에 있어서 서울은 장소적 서울이기보다 「가족」의 확장의 서울이며, 「연변」의 연속으로서의 서울이다. 그들에게 있어서 「가족」, 「가족」의 확장으로서 「조선족」공동체는 여전히 유효하며 새로운 공간에서 탈바꿈하면서 변화를 하지만, 내적인 문화적 요인들은 여전히 존재한다는 점을 발견할 수 있다.

다른 한편은 구로(대림, 가리봉동 포함)라는 「장소」는 영토적 한계가 정해진, 문화적으로 근거한 사회적 재현이다. 그런 의미에서 중국 동포청년, 나아가서 중국동포들로 형성한 「작은 사회」를 건전하게 발전시키기 위해 「경계를 넘나 드는」 청년동포들의 역할이 더욱 중요하다고 볼 수 있다. 그런 측면에서 볼 때 오늘날의 중국 동포청년들의 서울로의 이주와 정착은 문화적 요인에 착안할 필요가 있으며, 문화적 공감을 만들어 내는데 주목해야 할 것이다.

동아시아연구총서 제6권

동아시아 마이너리티 사회와 타자표상

제2부

재일코리안 사회의 역사와 민족교육

동아시아연구총서 제6권

동아시아 마이너리티 사회와 타자표상

재일한인과 민족교육 현황

이수경(李修京)

일본 리츠메이칸(立命館) 대학에서 사회학박사(역사사회학 전공)를 받았으며, 야마구치현립대학 및 동대학원 준교수를 거쳐 2005년부터 교원양성대학인 도쿄가쿠게이대학 교육학부 교수로 재직 중이다. 2015년부터는 교육학박사 전문양성대학원인 연합대학원 교수를 겸직하고 있다. 현재, 도쿄가쿠게이대학 Korea연구실 대표, BOA상임이사, 일본사회문학회 평의원 및 전국이사, 한국문학회 해외이사, 재외한인학회 일본회장으로 활동하고 있으며, 교사면허증 갱신 집중강의(인권교육 및 다문화공생교육)를 담당하고 있다. 2005년도 제9회 일본여성문화상과, 2012년도 서울문화투데이 글로벌문화대상을 수상하였다. 저서에 『韓国の近代知識人と国際平和運動』, 『帝国の狭間に生きた日韓文学者』, 『この一冊でわかる韓国語と韓国文化』, 편저에 『クラルテ運動と「種蒔く人」』, 『韓国と日本の交流の記憶』, 『海を越える100年の記憶』, 『グローバル社会と人権問題』, 『誠心交隣に生きる』, 『多文化共生社会に生きる』 등 다수의 논저가 있다.

1 들어가면서

이 글은 근대제국주의 열강의 각축에서 모국을 떠나야 했던 역사적 피해자이자 일본이라는 특수공간에서 모국을 갈망하며 고향의 발전에 기여해 왔던 한인들의 다중적 고통과 시련을 지탱시켜 온 민족교육에 대해서 고찰해 보려고 한다. 또한, 일본을 왜 특수한 공간이라고 표기했는지, 근대에서 현재까지의 한인의 동향을 소개하여 그 이유를 부각시켜 보려는 것도 이 글의 취지의 하나이다.

주지하는 바와 같이 2002년의 한일 월드컵 공동개최와 드라마 [겨울연가]로 시작한 한류 열풍은 기존의 정치적 차원에서도 이루지 못했던 한일 양국의 밀월 관계를 조성하는 기폭제 역할을 했다. 그러나 일본 언론의 한류 과열보도[1])의 영향과 중년 여성팬들의 한류문화 몰입을 저

---

1) 겨울연가를 비롯한 한류 드라마 및 한류 스타들에 대한 일본의 보도는 새벽부터 심야까지 반복되었고, 한류 뉴스 일색의 과도한 보도에 대한 반감(혐한류) 세력도 나타나게 된다. 참고로 일본 사회는 세계 1위의 무역 흑자국의 호경기에서 무역마찰과 금리 인상 등으로 89년 이후 거품경제 붕괴로 인한 경제침체, 삭막한 인간관계, 문화컨텐츠 산업의 약화 등으로 사회 분위기가 저하된 상태가 계속 된다. 그러다 2002년 한일월드컵 공동개최와 더불어 한일 양국간 협력 촉진으로 상호문화 소개가 적극적으로 이어지면서 다양한 한국문화 소개가 이루어진다. 어두운 사회 분위기 속에서 잃어가던 가족의 단란함과 공감대를 형성하는 유교적 사회관계를 세련되게 그려내는 한국의 문화컨텐츠의 등장을 안방에서 확인하게 된다. 특히[겨울연가] [대장금] [JSA] 등의 작품 속에 보이는 이문화의 신선함과 따스한 인간관계 구조, 수사적 표현기법과 잔잔하게 울리는 아름다운 선율과 화면이 폭발적인 인기를 모으게 된다. 그런 한류 인기가 일본에서 위축되어 살아야 했던 재일한인, 특히 모국 문화에 대한 의식이 희박했던 일본국적 귀화자에게는 경제적 문화적 성장을 이룬 모국에 대한 자신감 고취의 계기가 되었다. 와다아키코와 같은 유명 방송인이 한류 이후 자신이 재일 한인임을 밝히며 적극적으로 한류 문화를 소개하는 등, 많은 한인들이 모국의 기억으로 일본 사회에 한류 문화를 정착시키는 윤활류 역할을 했다. 즉, 한류문화는 자신들의 뿌리 문화에 동질감을 기억하는 한인들과 일본국적 귀화자의 민족문화에 대한 해갈의 표출이 되었고, 한인들이 있었기에

지하려는 혐한과 헤이트 스피치라는 폐해현상[2]이 나타나게 된다. 근대 이후 아시아 최강의 부국강병을 표방하던 일본의 무모한 총력전은 철저한 패전의 결과를 맞이했고, 교전권은 물론 군대를 갖지 않겠다는 약속으로 국제사회에 복귀한 뒤, 정경분리론으로 세계적 경제대국에 오르지만 거품경제의 붕괴와 주변국 성장으로 인한 문화적 경제적 자신감을 상실하게 된다. 이에 아베 내각은 과거의 영화를 되찾겠다는 슬로건으로 국민의 강한 결속을 부르짖고, 그에 부응하듯 혐한 세력들은 Ethnocentrism(자민족우월주의) 고취와 더불어 배타적 Xenophobia (외국인혐오증) 현상을 유발시키며 일본에서 태어나고 자란 재일 한인들을 공격의 대상으로 삼는다. 일본정부 및 혐한 세력들의 역사 수정주의 일변도로 과거사 미화 혹은 은폐를 획책하려는 제반 움직임에 대해 한국 국내의 반발은 물론, 해외의 한인사회까지 자극하게 된다. 그 중에서도 2017년에 273만 명[3]이 넘는 한인사회를 이루는 미국과 캐나다에서는 흑인 및 히스패닉, 아시안 등의 인종차별 역사와 문제의식을 공유하는 시민운동과 행동을 함께하며 일본의 역사 수정주의와 헤이트스피치 행위에 대한 항의 운동을 전개한다. 그 결과 2014년 8월에 UN 인종차별 철폐위원회로부터 과도한 혐한 행위 등의 시정 권고를 받게 되고, 일본은 2016년 5월 24일에 「본국 외 출신자에 대한 부당한 차별적 언동의 해소를 위한 대책 추진에 관한 법률(本邦外出身者に対する不当な差別的言動の解消に向けた取組の推進に関する法律)」, 이른바 「헤이트 스

일본의 한류문화 파급에 큰 힘이 되었다고 할 수 있다.

2) 필자는 2005년부터 [혐한류] 만화의 등장과 더불어 헤이트 스피치의 동향을 연구하며 현대 사회의 병폐 현상임을 지적해 왔고, 헤이트 스피치 조장에 앞장 선 사쿠라이 마코토의 고향인 기타큐슈 근변 조사 및 치쿠호 탄광지역 조사를 해 오고 있다.

3) 외교부(2017) 『재외동포현황 2017』, p.14 참조.

피치 대책법」을 제정하게 되지만 별 효과를 내지 못하자 2018년 8월 30일에 차별적 언동을 금지하는 헤이트스피치 대책 강화를 재차 권고하게 된다.[4)]

한편, 이명박-박근혜-문재인 정권에 이르기까지 한일 양국의 내셔널리즘에 입각한 반일 혐한현상은 지일·지한 정치가의 부재로 인한 외교 문제에 봉착하게 된다. 한일 양국의 대립 구조와 물밑 외교의 한계성으로 한일 관계가 악화일로[5)]로 치닫자 한국 국내에서는 유창하지 못한 모국어와 일본 생활자로서의 한국계 재일한인에 대한 이해보다 사상이념의 주입으로 체제교육을 받으며 모국어 사용이 가능한 조총련계 조선학교에 대한 관심을 갖게 된다. 2018년의 문재인 대통령과 김정은 위원장의 만남으로 통일기대감이 고조되면서 조총련 산하의 조선학교는 물론, 또 다른 민족 분단의 비애인 조총련도 한국 사회가 포용해야 한다는 의식이 생겨난다.

재일 한인사회는 남북 단체를 막론하고, 한조일미의 복잡한 역학적 관계로 인해 파생된 불행임은 틀림이 없다. 최근의 역사 문제를 통해 생겨난 반일 감정과 더불어 재일한인사회를 민단(한국계 한인 단체)과 조총련(조선민주주의인민공화국계 한인단체)만으로 보는 경향이 있으나 해방 전후 국제관계를 무시할 수 없었던 약소국 위치에서 힘의 논리에 작용되어 민족 분열과 대립, 그리고 일본 속의 동족간의 다중적 갈등

4) 『朝日新聞』 2018년 8월 30일자 인터넷판 참조.
https://www.asahi.com/articles/ASL8Z5HRYL8ZUHBI02B.html
참고로, 2019년 4월 현재, 혐한 세력의 기세는 여전하나 2020년 도쿄올림픽을 염두에 둔 정치적 동향으로 표면적 활동 혹은 언론 활동은 자제하는 경향이다.

5) 과거사 문제와 영토 문제 등의 갈등이 외교의 걸림돌이 되고 있으나 그를 수습할 수 있는 한일 양국의 정부측 지일파, 지한파 각료들의 부재로 인한 물밑 외교의 한계성을 지적할 수 있다.

으로 불거진 그 경위도 주시할 필요가 있다. 즉, 재일 한인사회를 한국계 민단과 북측 조총련계라는 단적인 구조만으로는 파악할 수 없다는 점, 그 배경에 있는 한반도와 일본, 미국의 틈바구니에서 자신들의 정체성을 갈구해 온 역사를 이해할 필요가 있다는 것이다.

남북의 이념 갈등과 그로 인해 불행해진 역사를 불식할 수는 없으나 하나의 민족에서 파생된 재일한인사회가 일본이라는 지배국에 흡수 혹은 매몰되지 않고 그 존재를 유지하며 오랜 세월을 일본과 모국을 잇는 가교 역할을 해 오고 있는 것은 남북 한인사회가 지켜온 민족의식과 재일한인 커뮤니티의 결속이 있었기 때문이고, 차별과 혐오행위 속에서도 버텨 온 배경에는 뿌리 정신이 존재했기 때문이라고 할 수 있다. 그 뿌리 정신을 함양시키고 일본 생활을 지탱하게 한 원동력의 기반이 민족교육이라고 할 수 있다.

참고로 「민족교육」이란, 민족이나 지역, 나라, 혹은 관계 연구자에 따라 그 의미나 내용이 달라진다. 민족교육이란 한민족을 중심으로, 사회나 커뮤니티를 통합하고 궁극적으로 강력한 「국민국가」 건설을 목적으로 하여 「국민형성」(국민으로서의 자질, 충성심 육성)교육을 지향한 근대 교육의 맥락에서 사용해 온 개념이기 때문에 정황에 따라 달라질 수밖에 없다. 이 글에서 다루고 있는 재일한인의 민족교육도 근대교육의 맥락에서 보는 민족교육과 당연히 내용이 달라진다.

첫째, 재일동포의 민족교육은 일본이라는 「타국」 속에서 이루어지고 있기 때문에, 일본의 국민형성과는 다르고, 국민형성이 자칫 「반일교육」으로 인식(오해)될 가능성만 크다.

둘째, 분열된 한인 사회에서 국민형성의 강조는 갈등만 조장한다. 체제적 필요 때문에 '자국'의 민족교육 내용에 국민형성을 강조하는 「대한

민국-재일본대한민국민단(민단)」, 「조선민주주의인민공화국-재일본조선인총련합회(조총련)」이 반성해야 할 부분이라고 할 수 있다.

따라서, 재일한인의 민족교육은 정치적 내셔널리즘으로부터 자유로운 입장에서 다음과 같이 이해하고, 방향을 모색함이 바람직하다.

첫째, 민족교육이 출발할 때 보였던 내 조국과 민족을 향한 정서적 귀속의지에 바탕을 둔 「국어」학습이야말로 재일한인의 민족교육의 기본이라 볼 수 있다.

둘째, 귀속의지의 연장선상에서 자신의 정체성(Who am I?)을 확인하고 뿌리를 찾기 위한 조국·민족의 문화와 역사 학습이 민족교육의 발전형이다.

셋째, 문화적 정체성 확립 위에서, 주체적인 선택 능력을 갖는 한 개인으로서, 일본사회는 물론, 지구촌 글로벌 사회를 살아가는데 필요한 능력과 자질의 발달을 위한 민족교육(후술하는 글로컬 시민양성)이 요구된다.

기존의 재일한인을 위한 민족교육은 교육의 주체인 어린이 발달을 추구하는 민주주의적 교육을 표방하여 왔지만 피지배국이란 공간과 동족 간 이념 갈등의 대립 구조라는 특수한 상황 속에 놓여져 왔기에 각자의 모국 정치가 반영된 이념과 정치적 전략이 다분히 내포된 교육을 행하여 왔다. 또한 근대 제국주의 역사에서 파생된 강력한 내셔널리즘과 동화주의 의식이 사회적으로 농후한 일본에서 자민족 문화교육을 충분히 행하기에는 한계성이 있었다.

이 글에서는 위에서 지적한 논점을 염두에 두면서 민족교육을 행해온 일본 속의 한인 민족학교의 양상에 대해서 고찰하고, 민족교육의 시대적 변화에 대해서 살펴보기로 한다.

참고로 후술하겠지만 2019년 4월 현재, 일본 내 학교 규모의 한인 민족교육 기관으로는 한국계 학교가 4교, 조총련계 산하의 조선학교가 66교(조선대학교와 다섯 개의 휴교학교 포함)로 나눌 수 있다. 그 밖에 언어 및 문화교육 시설이나 기관이 있다. 예컨데, 1962년에 설립한 나고야 한국학교는 민족학교로서의 의식으로 운영해 왔으나 체계적인 제도적 학교라기보다는 현재, 나고야 지역의 회원을 대상으로 한국어 및 한국문화를 전파하는 교육시설로서 지역의 커뮤니티 역할을 하고 있다. 또한, 관서 지역을 중심으로 전개되는 [민족학급]이 남북 측 한인 강사들에 의해 오랫동안 민족교육의 장으로 추진되어 왔다. 현재 약 190개 민족학급이 일본의 공교육 제도 속에서 운영되고 있는데 남북 이념적 간섭이 없는 중립적인 한인 교육공간이라 할 수 있지만 일본의 다문화 사회화와 더불어 다양한 바이어스가 작용하고 있기에 이 글에서 깊은 소개는 생략하기로 한다.

그리고, 2019년 현재, 개설 10년을 맞은 재일중국조선족동포의 한국어 및 한국문화 교육학급인 [도쿄 샘물학교]가 최근 다언어 다문화 교육 측면에서 주목을 받고 있다. 10만 명을 넘는 재일중국조선족의 증가와 더불어 2개 국어 언어교육이 일반화된 일본 사회나 재일한인사회에 민족 교육과 현지 교육, 한중영일의 다언어 조기 교육을 실시하고 있다는 사례로 소개되어지고 있다.

그 외에 재일한인 유지들이 설립한 간사이지역의 코리아국제학원과 간토 이바라키지역의 청구 츠쿠바학원이 국경을 초월한 다언어 인재교육을 기치로 전원 기숙사 제도를 도입하여 개설, 운영하고 있다.

2 해방 당시의 재일한인의 일본 정주

최근 과거사에 대한 역사수정주의, 영토문제 등이 불거지면서 표출된 남북한의 반일감정에 대한 혐한 세력의 헤이트 스피치로 대립이 첨예화되어가고 있는 오늘의 일본사회. 일부 정치가들의 반복적인 경솔한 발언과 혐한 조성에 여념 없는 미디어나 국수주의 성향의 과거사 미화세력에 대한 적당한 조치는 필요하겠지만, 일부 움직임에 대해 일본 전체를 적대시하는 것은 이성적인 대처 방법이라고 할 수는 없을 것이다. 지리적으로도 숙명적일 수밖에 없는 이웃나라 일본과의 불행했던 관계를 포함한 고대부터 현재까지의 상호 교류의 역사를 생각하면 지혜어린 지속적 대화로 성숙한 국가 간 교류를 생각해야 하며, 격해지는 글로벌 경쟁사회를 의식한다면 보다 협력적인 인적 물적 교류를 통한 상승효과를 위해 최선책을 강구해야 할 것이다.

무엇보다 일본에는 모국에서는 상상하기 힘든 차별과 냉대에도 불구하고 세계적인 빈국의 모국을 돕겠노라고 자신들의 허리띠를 졸라 매고 물심양면으로 도왔던 재일한인들과 그 후손이 살고 있다. 그들의 천문학적 경제지원[6]을 통하여 모국의 사회발전과 교육적 인프라 정비,

---

6) 한국의 경우, 재일한인의 모국에의 기업 유치와 신한은행 발족, 각종 올림픽 등의 국제행사 및 IMF 경제 파탄에 대한 방대한 모국 지원, 구로공단 조성과 제주대학, 진주교대 등을 비롯한 각 대학교육 시설정비, 다양한 재일 한인의 모국 학생들 장학 사업 등 물심양면으로 기여해 왔다. 참고로 다음 문헌에서 그 일부를 확인할 수 있다. 이민호(2014)『재일동포 모국 공헌의 발자취 민단은 대한민국과 하나이다』, MINDAN. 이민호(2015)『신한은행을 설립한 자이니치리더』 통일일보사. 永野慎一郎(2010)「韓国経済発展に対する在日韓国人企業 家の役割」『経済研究』제23호, pp.21-22 참조, 이수경(2019)「多文化共生社会を繋ぐ市民ガバナンスとしての'民団地方支部'の役割考察」『東京学芸大学紀要　人文社会科学系Ⅰ』第70集,

서울 올림픽의 각종 시설 건립과 자금 지원, 월드컵 한일공동개최는 물론 최근의 평창올림픽 등의 각종 국제행사에도 재일 한인의 손길이 반드시 있었다. 그들은 민족의 뿌리를 기억하며 자신들의 모국과 고향 발전을 위해 기여를 하였고, 모국은 그들의 역사를 공유해야 할 도리를 갖고 있다. 돌이켜보면 구정주자인 재일한인이란 무력하고 지혜롭지 못했던 모국의 역사적 피해자들이다.

일제 강점기 때, 오랜 유교적 신분계급제도의 억압 구조와 일본의 식민지 통치지배의 고통을 벗어나서 [살기 위해서] 혹은 가족들을 [살리기 위해서] 바다를 건너야 했던 한인들이 있었다. 우여곡절 끝에 일본에 살게 된 그들과 그 후손들을 칭하는 용어는 [재일한인] [재일동포] [재일교포] [재일코리안] [자이니치] 등으로 복잡한 역사만큼 다양하지만, 이 글에서는 주로 한민족에 뿌리를 둔 재일한국계 및 재일조총련계의 해방 후 민족 교육의 동향을 살피려는 의도에서 그들을 포괄적으로 지칭하는 [재일한인]이라는 용어를 주로 사용하기로 한다.

주지하듯이 한반도가 일본과 복잡하게 얽히기 시작하는 것은 1875년 9월 20일의 운요호 사건과 다음해의 조일수호조규(강화도 조약으로 칭함) 이후라고 볼 수 있다.

1910년의 한일 강제병합으로 식민지화 이후 토지조사, 쌀 공출, 전시 노동력 동원 등으로 일본이 일으킨 전쟁을 위한 군수물자는 물론, 관알선 모집의 저임금노동력에서 전쟁 말기의 전시노동력 강제동원[7]까

pp.83-100쪽 참조.

7) 일본군 위안부 및 강제 징용공, 탄광 노동자 생존자들의 목소리가 당시의 참담한 상황을 증언하고 있으나 그 중에는 지옥 같은 갱내 혹은 전쟁터에서의 사고사, 혹은 전쟁 말기의 불필요성에 의해 죽음으로 내몰렸던 한인들도 적지 않다는 것을 기억할 필요가 있다. [죽은 자는 말이 없다]지만 최근의 현장 조사를 통해 그 정황이 밝혀지고 있다. 전쟁 말기의 사례지만, 10대에 스파르타 교육을 받은 엘리트

〈사진 1〉 〈사진 2〉

〈사진 1〉 큐슈 치쿠호(筑豊)탄광 지역 한인노동자 관련 시설 및 이이츠카 공원 묘지의 무궁화당(무연골의 납골당)

〈사진 2〉 치란(知覧), 반세이(万世), 가노야(鹿屋), 쿠시라(串良) 등 특공대 관련 시설 및 위령탑.

지 많은 한인들이 열악하고 위험한 환경으로 내몰려야 했다.

때로는 죽음조차 따르는 혹독한 환경에 놓였던 동포들을 돕기 위해 당시 일본에 유학중이던 지식청년층 혹은 노동운동에 관여하던 사람들은 사회주의 노농운동, 무산자 계급운동 등을 통한 일본의 사상 단체와 연계하여 한인노동자 생활옹호 및 노동환경 개선책을 강구하게 된다.[8]

군인들은 강압적 공간에서 가미카제(神風)특공대원 등으로 죽음에 내몰려야 했다. 예를 들면 18세의 김광영 소위, 이현재 소위, 20세의 한현실 소위, 23세의 이윤범 소위, 24세의 최정근 소좌와 탁강현 대위, 25세의 김상필 대위 등(사망한 특공대원의 주소는 한반도로 기록되어 있으나 창씨개명으로 일본 명만 기록된 대원도 적지 않다)은 고등교육을 받았기에 특공대원으로 선발되어 편도 연료만으로 당시의 적기 혹은 적군함에 부딪혀 자폭해야만 했다. 패전을 익히 알면서도 [필사필침(必死必沈)]으로 목숨을 내놓아야 했던 광기어린 전쟁 말기, 한인 징용공이나 일본군 위안부의 대우가 어떠했는지는 이 사례만으로도 추측할 수 있을 것이다.

8) 필자의 다음 문헌에서도 당시의 사상적 동향을 확인할 수 있다. 졸저(2005) 『帝国の狭間に生きた日韓文学者』도쿄, 緑陰書房. 졸고(2009) 「Kim Dooyong & Takiji」

무모한 총력전으로 패전의 기색이 농후해지자 그들에 대한 당국의 탄압은 강화되었고[9], 공산주의사상 운동가들의 주요 인물들이 체포되어 표면적 사상운동과 이념적 대립구조의 조짐은 둔화되지만 1945년 8월 15일에 일본은 패전으로 GHQ의 점령 하에 놓이고, 주요 사상운동가들이 출옥을 하게 되는데, 그 속의 상징적인 한인 두 사람이 민족운동 및 민족교육과도 깊은 관련을 갖게 된다.

일본에서 해방을 맞은 한인들은 망국의 설움과 차별로 힘겨웠던 삶에서 벗어난다는 희망과 환희로 가득찼다. 해방 당시 일본에는 약 190-240만의 한인이 있었다고 추정하고 있는데[10], 1946년 11월까지 그

『多喜二の視点から見た身体　地域　教育』홋카이도, 小樽商科大学出版会, 紀伊国屋書店 発売, pp.187-200 참조. 졸고(2018)「재일디아스포라 작가 김희명(金熙明)」『재외한인연구』제45호, pp.1-42 참조

9) 한 예를 들자면, 교토에 유학 중이었던 송몽규, 윤동주 또한 조국의 장래를 염려하는 친구들과의 만남을 조선어로 항일 운동을 했다는 구실로 치안유지법 혐의로 체포, 교토에서 후쿠오카로 옮겨져 매일 밤 이유 모를 비명 끝에 1945년 2월 16일에 윤동주가, 3월 7일에 고종사촌형 송몽규가 옥사를 하게 된다. 일각에서는 전쟁 말기의 큐슈제국대 의대가 행했던 인체 실험의 의혹이 있다. 졸고(2017)「잡지『文友』와 송몽규(宋夢奎)·윤동주(尹東柱) 탄생 100주년, 그리고 일본의 현재」『학산문학』제96호 특집호, 학산문학사, pp.37-60 참조

10) 연구자료나 통계를 치밀하게 분석해 온 한일근대사 관계의 역사학자들 조차도 해방 당시의 재일한인의 인구수 표기에는 오차가 있다. 예를 들자면 다음과 같다. ①「일본정부는 190만 여명 이라지만 실태는 약 230만이라고 한다」(日韓「女性」共同歴史教材編纂委員会編편(2005)『ジェンダーの視点からみる日韓近現代史』도쿄, 梨の木舎, p.207) ②「일본이 패전했을 때 일본에는 약 240만 명의 조선인이 살고 있었습니다.」(尹建次(2001)『もっと知ろう朝鮮』도쿄, 岩波書店, p.176) ③「45년 8월 시점에서 200만명 내지 210만명의 조선인이 내지(일본－필자주)에 거주하고 있었다고 생각할 수 있다」(水野直樹、文京洙(2015)『在日朝鮮人 歴史と現在』도쿄, 岩波書店, pp.80-81) ④「그 때까지의 조선식민지 지배하에서 일본 정부의 강한 억압과 감시하에 있었던 약 200만의 재일조선인이 그 멍에로부터「해방」이 되었기 때문이다.」(金賛汀(2004)『朝鮮総連』도쿄, 新潮社, p.23) ⑤「(전략) 일본 내지의 사업장에 배치된 조선인도 포함하여 일본 내지 재주의 조선인 인구는 제1장에서 소개했듯이 약 200만명이 되어 있었다」(外村大(2015)『朝鮮人強制連行』도쿄, 岩波書店, p.207)

들의 약 3분의 2가 귀국하였고, 일본 등지에서 귀환하는 한인 동포들의 심경을 노래한 대중음악[11]까지 유행하며 뜨거운 해방 공간을 자아내었다. 그러나 그토록 편견과 차별 속의 이국생활에서 벗어나 금의환향의 실현을 꿈꿨던 한인들은 한반도 내부의 혼란스런 상황과, 일본 당국의 귀국 조건(GHQ와 일본 정부는 귀국 조건을 「통화1000엔, 짐250파운드(약113kg)」[12]까지만 허용한다고 제시)으로 인해 모국에 생활 기반을 두지 않았던[13] 사람들은 그 동안 축적해 온 전 재산을 포기하기보다 가족과 함께 일본 잔류를 선택하게 되는데, 이들이 초기 재일동포가 된다. 물론 그들의 많은 사람들이 혼란했던 모국의 정치적 상황이 안정되면 귀국할 생각에 있었다.[14] 그 중에는 일단 귀국했다가 다시 도일하는 사람들도 있었다. 그런 복잡한 상황 속에서 이어지는 한국 전쟁의 발발과 그 후의 동족 분단의 불이익이 고스란히 재일한인사회에 반영되었고, 불행한 역사의 산물이자 분단의 희생으로 일본에서 살아야만 했던 한인들은 세 나라의 틈바구니 속 신음[15]과 더불어, 패전 후 생활

---

11) 해방 다음해인 1946년에 발표된 손로원 작사 이재호 작곡 이인권이 노래한 '귀국선'의 가사 1절을 보면「돌아오네 돌아오네 고향 산천 찾아서 얼마나 그렸던가 무궁화 꽃을 얼마나 외쳤던가 태극 깃발을 갈매기야 웃어라 파도야 춤춰라 귀국선 뱃머리에 희망은 크다」에서 보듯이 '무궁화' 와 '태극깃발' 이라는 국화와 국기가 강조되어 있고, 망국의 디아스포라로 모국을 떠났던 한인들이 고향 산천으로 돌아오는 귀국선에서 희망을 기대하는 곡이다.

12) 歴史教科書在日コリアンの歴史作成委員会編(2006)『歴史教科書在日コリアンの歴史』도쿄, 明石書店, pp.66-67 참조

13) 가난 때문에 고향을 멀리해야만 했던 한인들의 노동과 인고의 결과로 축적한 생활 기반을 정리하고 귀국하기에는 당시의 모국 상황은 혼란과 불안정이 계속되었고, 고향에 기반이 없었기에 가족과 돌아가기에는 불안한 시대공간이 있었다.

14) GHQ에 따르면 1945년 10월부터 1948년 5월까지 밀입국 조선인 23,758명을 송환했다고 전하고 있다. 在日本大韓民国民団編(2017)『民団70年史』, p.698 재인용

15) 윤건차(2015)「'재일'의 정신사에 관해」『대한민국 국가발전과 재일코리안의 역할』동북아역사재단· 청암대학교 재일코리안연구소, p.13 참조

터로 돌아온 일본인들에게 밀려나면서 복지 사각의 소위 3K 직업을 떠맡거나 실업자가 되었다. 말을 바꾸자면 가족을 먹여살리기 위해 필사적으로 일당 노동이라도 임해야 했던 대부분의 저임금 노동자는 민족문화나 언어조차 박탈당하는 공간으로 내몰리게 된 것이다. 그런 구조에 놓였던 한인들은 일본의 제도적 사회적 차별과 편견에서 민족의 정체성을 희망으로 자신들의 아이들에게는 민족교육의 기회를 갈구한다. 일본 내의 한인 민족교육 추진과 동족 간 이념적 대립이 모국 사정보다 복잡하게 얽혔던 특수공간이었던 만큼 각 민족학교는 교육의 주체인 어린이의 발달성장이나 민주주의적 민족교육과는 괴리가 있는 강한 체제주의적 내셔널리즘 교육이 전개된다. 반면에 체제주의적 민족교육 촉진과 관련 커뮤니티활동의 효과로 재일한인 어린이들이 우리말 언어 구사가 가능하게 되었던 것도 간과할 수 없다.

3 재일한인사회의 복잡한 대립양상 속 민족교육

앞에서도 언급했듯이 값싼 노동력으로 배치된 한인들의 생활 환경과 노동 환경은 열악했고, 그들의 노동자로서의 근무 시간 등의 처우나 복지, 권리 개선을 옹호한 사람들은 당시의 사회주의적 사상운동을 전개하던 청년층들이었다. 그들은 해방이 되자 1945년 10월 15일, 한인 동포들의 권익보호 및 귀국지원을 위해 한인 통일단체인 재일본조선인연맹(조련)[16]을 조직하였고, 같은 10월에 일본에서 태어나고 자란

16) 1945.10.15.일에 결성해서 1949년 9월 8일에 해산한 조직. [총력을 집중하여 신조선

동포아이들의 "우리말 찾기=민족의식 함양=정체성 정립"을 위해 도쿄 YMCA나 신주쿠구의 도츠카(戸塚) 등에서 국어강습소가 개설되면서 전국적으로 민족교육 운동이 전개된다.

망국의 설움에서 벗어났다는 역사적 변화를 체감하며 민족의 얼을 상기시켜야 한다는 젊은 지식청년들의 열정이 재일한인 민족교육에 쏟아지고, 민족교육을 위한 학교시설 확보와 교사양성, 각종 교재발간 등에 전력을 다한다. 조련은 교재편찬 위원회를 만들어 1945년 8월부터 1948년 10월 사이에 93종류 120만 여부나 출판, 그 밖에 24종류 30여만 부의 교재를 출판 공급하였는데[17], 현대적 다량 인쇄시스템과는 달리, 등사판으로 긁는 수작업 인쇄 작업이었음을 감안한다면 조련의 「민족교육」에 대한 열정이 어떠했는가를 추측 할 수가 있다. 참고로 1947년 10월까지의 약 2년간 조련이 세운 민족교육을 위한 학교 현황[18]을 보면 다음과 같다.

초등학교 541개교(학생수; 56961명, 교사; 10250명),
중학교 7개교(학생수; 2761명, 교사; 95명),
청년학교 22개교(학생수; 1765명, 교사; 101명,
고등학교 8개교(학생수; 358명, 교사; 59명)

건설에 힘을 쏟고 일본 국민과의 우의를 보전하며 재일동포의 생활안정, 귀국동포의 편의를 기도한다.]는 선언으로 해방된 독립 국민으로서의 자존심을 갖고 재일동포의 계몽·통제를 기도하는 거족적 자치 단체로서 출발했다. 在日本大韓民国民団編(2017)『民団70年史』, p.42

17) 金徳龍(2004)『朝鮮学校の戦後史 1945~1972』(増補改訂版),도쿄, 社会評論社, pp.35-53 참조
이수경, 권오정, 김태기, 김웅기, 이민호(2015)『2015 재외동포재단조사연구용역보고서－재일동포 민족교육실태 심화조사 및 정책방향 제시－』재외동포재단, p.54 참조

18) 藤島宇内·小沢有作(1966)『民族教育－日韓条約と在日朝鮮人の教育問題－』도쿄, 青木書店, pp.46-47

일본 각지의 댐이나 탄광, 터널, 활주로 등의 군수시설 건설 등에 노동력으로 조선인을 이용하기 위해 제국주의 일본은 같은 천황[19]의 자식이란 명목으로 "평등할 수 없는 동화 정책"을 폈지만 패전과 더불어 전쟁터에서 돌아온 일본인들이 사회로 복귀하자 불필요해진 그 조선인들 처리에 고민하게 된다. 그에 반발하며 증가하는 민족교육 학교가 반일적 공산주의 사상운동의 도화선이 될 것을 우려한 GHQ와 일본은 민족학교 폐쇄 및 조선인 아이들의 일본 학교로의 전입을 획책한다. 일본의 동화정책에 반발하는 조련에 대한 무장진압 과정에서 16살 김태일 소년이 사살당하자 일본 각지에서 교육투쟁으로 번지게 되고, 이에 대해 조련의 민족교육에 대한 요구사항[20]이 타협안으로 받아들여졌다. 그러나 1949년에 GHQ와 일본정부에 의해 조련은 강제 해산을 당하게 되고, 감시 하에서 민족교육의 맥을 이어가게 된다.

한편, 한인 동포의 권익 옹호와 차별반대 운동을 일본 공산당과 협력하여 사상적 투쟁으로 전개하는 조련[21]에 위화감을 가지고, 경제 활동에 몰입하여 기업을 일으키고 국가 체제가 성립될 때 까지 조국 발전을 위하는 것이 동포들의 역할이라고 선언한 민족주의 보수진영은 사상운

---

19) 역사적 기록을 위해 일본에서 칭해온 호칭을 그대로 사용한다.

20) 1948년 5월 5일에 일본 당국과 조선인교육 대책위원회 사이에서 다음 요구 사항이 타협되었다.
① 교육용어는 조선어로 한다. ② 교과서는 조선인 교재편찬위원회가 편집한 것을 사용한다. ③ 학교경영관리는 학교 단위로 조직된 학교관리조합이 행한다. ④ 일본어는 정과로서 가르친다.

21) 해방 전부터 조선인 노동자의 열악했던 노동환경 개선과 생활권익 옹호운동을 위해 김두용과 김천해 등은 사회주의 노동운동에서 공산주의 사상운동으로 전환하여 일본 공산당과의 관계를 맺고 있었으며, 1945년 10월의 김천해 출감 당시 조련준비위원장을 맡은 사람은 도쿄대학 신인회 출신의 김두용이었다. 李修京(2008)「金斗鎔と新人会、その後の社会運動」『種まく人』『文芸戦線』を読む会 編『「文芸戦線」とプロレタリア文学』도쿄, 龍書房, pp.97-128 참조

동을 펼치는 조련과는 거리를 두고1946년 10월 3일에 재일본조선인거류민단(민단)을 결성하게 된다. 당시 결성 선언을 보면 다음과 같다.

> 우리가 조선거류민단(이후 대한민국 설립 후 「재일본대한민국거류민단」으로 개칭-필자주)을 결성하는 것은 군정 당국의 따스한 지도로 전원이 귀국할 때 까지 일치단결하여 각자의 의무를 충실히 지키고, 자치기관으로서 우리들에게 주어진 권리를 향유하며 우리에 관한 문제를 해결하여 국제 신의를 회복하여 조국의 영예를 보전하기 위함이다. (후략)[22]

즉, 귀국을 전제로 한 동포들의 일본 거류생활을 위한 호조 단체로 민단이 결성된 것이다. 그들은 공산주의 사상활동을 전개하는 조련과의 거리를 명확히 하며 재일한인동포의 협동에 기초한 자치 조직으로서 장래 본국 및 그 외의 관계당국이 승인하는 자치단체로서 발전하여 관설기관의 보조 기관이 되는 것을 초기 민단의 목표로 삼고 있다.[23] 이렇게 각자의 사상 혹은 주장을 달리하는 조직의 대립으로 균열이 가기 시작한 재일동포사회의 불행은 결과적으로 한반도의 남북 대립보다 더 복잡한 양상의 갈등 구조를 빚으며 골이 깊어지게 된다. 그런 구조 속에 보이는 특징 중 하나는 강한 민족의식과 사회주의 평등주장으로 차별에 저항하며 주민으로서의 권리를 획득하려는 조련의 취지를 계승한 조총련계 커뮤니티 활동이었고, 또 다른 하나는 교육의 기회를 얻지 못한 채 도일한 한인들의 경제활동을 통한 동포 결속과 모국의 발전을 위한 공헌을 통해 자신들의 정체성을 확인하려는 한국계 단체민단의 활동이었다.

---

22) 民団新宿支部편(2009)『民団新宿60年の歩み－雑草の如く生き抜いた同胞の歴史－』 도쿄, 渓流, pp.126-127

23) 상게서, p.127참조.

이러한 한인 조직의 결성에 상징적인 인물들이 1945년 10월에 출옥을 하는데, 특히 사상운동가로 장기수였던 김천해와 박열[24]의 존재를 무시할 수 없다. 1898년 5월 10일 울산에서 태어난 김천해는 승려 및 농민 야학교사를 경험한 뒤 1921년에 도일하여 니혼대학에 적을 두었고, 1902년 3월 12일 문경에서 태어난 박열은 경기고등학교 사범과에서 공부하던 중 1919년의 3.1운동 가담 혐의로 퇴학을 당한 후 도쿄의 세이소쿠 가쿠엔에 적을 두게 된다. 고학을 하던 박열과도 일한 김천해는 1922년 7월말에 나카츠가와 수력발전소 공사현장에서 살해된 노동자들 시체 10여구가 떠내려 왔는데 그 중에 조선인 노동자도 포함되었기에 재일본조선노동자상황조사회를 결성하고 함께 진상규명에 나선다. 그러한 운동 전개로 같은 해 11월에 도쿄조선노동동맹회(김천해는 실행위원)가 결성되고, 함께 동포 노동자들의 권리 보호를 주창하던 두 사람이지만 박열은 정신적 자유를 추구하던 아나키스트로서, 김천해는 철저한 사상적 운동을 통해 노동자 권리 쟁취 운동에 주력하게 된다. 점차 공산주의 사상의 조직운동의 리더로 두각을 나타내던 김천해는 해방 12년 전부터 감옥 생활을 반복하였고, 박열은 제국주의 사회에 대한 모순을 토로하며 흑우회, 불령회, 흑도회 등의 조직을 통한 반체제적 아나키즘 운동을 하다 1923년 9월에 발생한 간토대지진 직후 황태자 암살기도라는 대역죄로 당시의 동거녀 가네코 후미코와 함께 체포된다. 가네코는 옥중 자살을 하였으나 박열은 22년 2개월의 수감 생활을 하는데, 당시 정치범으로선 최장기수였던 박열이 출감할 때 세간에서는 이

24) 두 인물의 도일 및 활동 동향에 대해서는 다음 글에서 확인할 수 있다. 졸저(2016) 「재일동포사회의 갈등 기로에 섰던 박열과 김천해」『인물을 통해서 본 민단 70년사』 해외교포문제연구소, pp.13-62 참조

미 영웅이 되어 있었고, 그를 격려 혹은 동정하는 원조금이 각지에서 모이게 된다. 초기 민단의 결성에는 이러한 박열 지원자금으로 운영되었다고 할 수 있다.

1945년 8월에 해방이 되자 9월 10일, 도쿄제국대 신인회 출신의 사상운동가 김두용[25]을 중심으로 재일본조선인연맹(조련) 중앙준비위원회가 결성되어 신쥬쿠 조선장학회 내에 사무소를 열고 김천해의 출소 및 조련 결성대회 준비를 한다. 그리고 10월 10일에 도쿠다규이치 등의 일본 공산당 거물들과 함께 김천해, 한국조선사 연구자 야마베 겐타로 등 16명이 후츄형무소에서 출소하는데, 김천해는 형무소 앞에서 [일본제국주의와 군벌 박멸, 천황제 폐지, 노동자 농민의 정부수립, 조선의 완전 독립과 민주정부 수립]을 주창했다. 5일 뒤인 10월 15일, 히비야 공회당에서 4000여 명의 조련 지역대표가 모인 가운데서 재일본조선인연맹 결성을 선언하고, 김천해가 최고 고문으로 추대된다. 또한 조득성, 이강훈과 함께 단원을 이끌고 사법성을 방문하여 수감 중인 박열을 당장 석방하라는 요구를 하기도 한다.[26]

12월 1일, 요요기 일본공산당본부에서 공산당재건 준비(준비 자금의 대부분은 조련에서 제공)를 겸한 제4회 대회가 개최되고, 중앙위원에 김천해[27]가, 20명의 중앙위원 후보 중 김두용, 박은청, 이호명, 송성철의 조선인 4명이 중앙위원 후보로 선출되었다. 당시 일본의 공산당원은

---

25) 김두용은 해방 직후인 1945년 9월에 정치범 석방운동촉진 연맹위원장 등의 활동에도 힘쓴다. 김두용의 활동에 대해서는 다음에서 확인할 수 있다. 졸고(2007) 「김두용의 사상 형성과 반제국주의 사회운동(金斗鎔の思想形成と反帝國主義思想運動)」 『일본어문학』 제38권, 한국연구재단 2005년 협동연구지원과제, pp.361-380 참조

26) 「朴烈の釈放を要求」『朝日新聞』1945년 10월 16일자 참조

27) 준비위원으로는 도쿠다규이치(德田球一), 시가요시오(志賀義雄), 하카마다사토미(袴田里見), 김천해, 미야모토겐지(宮本顕治), 구로키시게노리(黒木重德), 가미야마시게오(神山茂夫)의 7명이었고, 김천해는 당시 당내 권력 4위의 위치였다.

6847명(약 1000명이 조선인)에 이르렀고, 당 중앙에는 조선인부가 설립되어 김천해가 부장, 김두용이 부부장을 맡게 되는데, 체제지도를 이론적으로 정리한 김두용의 논문이 조총련 결성까지의 조련 계통의 기본 운동방침[28]이 된다.[29] 조련은 그들의 지도하에서 민족교육 투쟁이나 부당탄압 반대의 투쟁적 정치활동을 전개하게 된다.

한편, 김천해의 출소 2주일 뒤인 10월 17일에 아키타형무소 오타테지소에서 출소한 박열은 1946년 10월 3일, 조련 반대파의 재일본조선거류민단 결성과 더불어 초대 민단장(~5대까지)으로 추대된다. 1946년 10월 당시, 조련은 일본 각지에 본부 및 540개 지부와 2000개를 넘는 분회를 갖고 있었는데 비해 민단의 전신이 되는 건청은 12 지방본부와 약간의 지부, 건동은 5 지방본부를 조직했을 뿐 이었다.이 또한 도치기켄 이외는 건청과 동거였기에 민단은 실질적으로 중앙본부와 13 지방본부의 약세로 출발하게 된다.[30] 당시 잔류 재일한인 중에서 조련의 55만명에 비하면민단은 5만 명의 규모로 출발하게 되는 것이다.

이미 균열이 가 있던 한인단체의 각 대표로 영입된 두 사람이지만 오랜 감옥생활로 인해 급변하는 사회 현실에 그 빛을 발하지 못했고, 결과적으로 조련의 해산으로 공산당 리더였던 김천해, 김두용은 공식 추방을 당한 뒤, 이념적 희망으로 북측에 가게 되고, 박열도 민단 내부 갈등에서

---

28) 2016년 1월 1일자 『民団新聞』재일본민단중앙본부웹사이트「粉砕圧力に打ち勝った「同胞共同体」守る一念…70年前－創団へ見せた「決死の勇」참조
http://www.mindan.org/front/newsDetail.php?category=0&newsid=21353(2016년 11월 6일 열람)

29) 전게서, 이수경(2016)「재일동포 사회의 갈등 기로에 섰던 박열과 김천해」『인물을 통해서 본 민단 70년사』, pp.48-49 참조

30) 위의 자료. 2016년 1월 1일자 『民団新聞』 재일본민단중앙본부웹사이트 「粉砕圧力に打ち勝った「同胞共同体」守る一念…70年前－創団へ見せた「決死の勇」참조
http://www.mindan.org/front/newsDetail.php?category=0&newsid=21353

밀려나 한국 귀국 중에 납북되어 북측서 조국통일상을 수상하는 등 활동은 했으나 그의 말년의 활동 및 사망에 이르는 과정은 알 수 없다. 그가 묻혔다는 평양시의 열사릉에 세워진 박열의 묘비에는 1974년 사망으로 되어 있다.

한편, 일본 당국의 집요한 사상적 회유에도 전향하지 않았던 김천해는 조선노동당중앙위원, 최고인민회의 대의원 등으로 활동은 했으나, 그의 말로는 암네스티에 의해 평양의 승호리 강제수용소의 명부에서 이름이 확인된 것 외에는 알 수가 없다. 강한 의지력으로 쉬이 타협하지 않던 김천해의 성격으로 비춰볼 때 북측 내부와의 알력으로 수용소행이 되었을 가능성이 있으나 그의 사망까지 일체 알려지지 않고 있다. 단지, 김천해와 박열은 재일 한인사회의 양대 단체의 결성 과정에 중요한 위치에 있었고, 민족교육을 포함한 민단 및 조총련의 대립 활동이 여전한 상황을 염두에 두자면 김천해와 박열의 행보는 한국 근대사 및 재일한인사뿐만 아니라 당시의 동아시아 정치사상 및 역학관계 규명에도 중요한 의미를 시사한다고 볼 수 있다. 또한, 이 글에서는 지면상 생략하지만, 김천해와 박열의 한인단체 속의 다양한 활동 분석과 민족학교와의 관계 분석도 향후 필요한 작업이라고 할 수 있다.

3 재일한인 민족학교 현황 −민족학교에서 총련계 산하 조선학교로−

격한 사상운동으로 전개되는 조련의 교육투쟁[31])을 내치의 불안요소

31) 소위 한신 교육투쟁에 대해 조선대학 민족교육연구소는 다음과 같이 기록하고

로 본 GHQ는 1949년 9월에 조직 해산을 명한다.32) 해산 후 잔류조직을 흡수하여 통합한 것이 1955년 5월 25일에 결성한 재일조선인총연합회(조총련 혹은 총련)이다. 경제적 어려움과 조직의 와해 위험 속에 있었던 조련 잔류조직을 규합하게 한 북측은 1954년 8월에 남일 외상을 통하여, 재일조선인은 공화국(북한)의 해외 공민임을 선언하며 경제적 지원 및 일본 내 북측 재외공관임을 인정한다. 그리고 기존의 조련이 확대시켰던 조선학교를 재정비하여 조총련 산하의 교육기관으로 배치하고 북측의 교육 지침에 따른 교육을 시작한다. 그에 대해서 민족교육연구소는 다음과 같이 술하고 있다.

있다.「조선침략을 노리는 미제국주의자는 해방 민족의 자존심을 가지고 일어선 재일조선인의 애국 투쟁과 민족교육을 말살하려고 혈안이 되었다. 1948년 1월, 미점령군(GHQ)는 일본 당국으로 하여금 조선인연맹이 자주적으로 실시하고 있는 민주주의적 민족 교육을 부인하고, 조선학교 폐쇄를 의도한「통고」를 전국 도도부현 지사앞으로 내렸다. 조련으로 굳게 단결한 재일동포는,「조선학교를 사수하자!」는 슬로건하에 조선인교육 대책위원회를 조직하여 다음과 같은 4항목의 요구를 걸고 싸웠다. ① 교육용어는 조선어로 한다. ② 교과서는 조선인 교재편찬위원회가 편집한 것을 사용한다. ③ 학교경영관리는 학교 단위로 조직한 학교관리조합이 행한다. ④ 일본어는 정과로서 가르친다. 미국과 일본 당국은 이 정당한 요구를 걸고 학교를 지키는 투쟁에 결기한 재일조선인에게 피의 탄압을 더했다. 특히 한신 지구에서는 4월 24일과 25일에 미점령군이 「비상사태선언」까지 공포하여 4월 26일에는 일본 경관대가 오사카부청 앞에 보인 2만여 명의 재일 동포를 무력으로 탄압하여 김태일소년(16세)을 사살하였다. 조련과 재일조선인의 과감한 투쟁 앞에 일본 당국은 1948년 5월 5일, 조선인교육 대책위원회와의 사이에서 4항목의 요구를 인정하는 각서를 교환하지 않을 수 없었다. 그러나 어떻게 해서라도 재일조선인의 민족교육을 말살하려고 의도하는 미국과 일본 당국은 조련을 강제 해산시킨 직후인 1949년 10월, 드디어「조선인학교 폐쇄령」을 내렸다. 재일조선동포는 그러한 곤란한 조건을 물리치고 민족교육을 지키기 위해 힘차게 싸워서 자주학교, 공립학교분교, 민족학급 등의 형태로 민족교육을 계속 실시하였다.」, 民族教育研究所 편(1991) 『資料集在日朝鮮人の民族教育の権利について－朝·日関係改善と国際化の流れの中で－』学友書房, pp.18-19

32) [단체 등 규제령]에 의해 조련 해산과 간부의 공식추방 처분이 내리자 문부성은 조선인학교가 법령을 무시하고 공산주의 교육을 시행한다고 하여 폐쇄 조치를 단행. 전국 337개 민족학교가 폐쇄되고 공산계가 아닌 민단계 학교도 100개교 이상 포함되었다. 在日本大韓民国民団편(2017) 『民団70年史』, p.60쪽

조선총련의 결성은 민주주의적 민족교육의 발전에 있어서 그야말로 획기적인 전환을 가져왔다. 조선총련은 결성 당초부터 민족교육사업에 있어서 주체를 확고히 세우고 그것을 강화 발전시키기 위해 모든 노력을 쏟아왔다. 조선총련은 중앙과 각 지방본부에 전문 교육부서를 두는 한편, 시학제도의 실시, 신교육과정과 각종 교육규정의 제정 실시, 부모회조직(PTA)의 재일조선인중앙교육회의 개편, 교직원 동맹의 개편등 민족교육의 새로운 발전을 향하는 조치를 계속 취했다. 조선총련은 조련시기부터의 다양한 형태의 학교를 1955년 4월부터 자주 운영의 학교로 했다. 그리고 1956년 4월 10일에 조선대학교를 창립하였다. 이렇게 하여 조선총련은 초급학교부터 대학에 이르기까지 정연된 민주주의적 민족교육 체계를 정립시키고 재일동포의 고등교육에 대한 숙원을 이뤘다. 특히 김일성 주석이 1957년, 곤란한 상황 아래에서 막대한 교육지원비와 장학금을 보내 온 것은 민족교육 발전에 있어서 역사적인 의의를 갖게 되었다. (중략) 아동·학생수가 급속히 증가함에 따라 학교 건설사업은 1959년부터 1962년까지 4년 간 만으로 76개교에 이르렀다.(중략) 조선총련은 1977학년도와 1983학년도의 2회에 걸친 커리큘럼과 교과서를 개편하여 새로운 환경에 맞는 각급 학교의 교육사업을 보다 높은 수준으로 발전시켰다. 오늘날 재일조선인의 민족교육은 45년 간에 구축한 업적과 성과, 그 정당성과 교육수준의 높이에 따라 일본 국민을 비롯한 세계 광범한 인민속에서 적극적인 지지를 받고 있다.[33)]

위에서 보는 바와 같이 1955년에 조총련 결성, 1956년에 고등교육기관인 조선대학교를 창설하고 다음 해인 1957년에 경제적 곤란 속에서 김일성으로부터 막대한 교육지원비와 장학금을 받았다고 한다. 참고로 조선대학교 건설에 대규모 저지운동을 했던 민단 측의 저지 내용을 보면 다음과 같다.

---

33) 상게서, 民族教育研究所편(1991)『資料集 在日朝鮮人の民族教育の権利について－朝·日関係改善と国際化の流れの中で－』学友書房, pp.20-21

민단은 총련계 조선대학교(조대)의 인가를 저지하기 위한 대규모 운동을 시작했다. 당시 조총련은 북한의 지령을 받고, 한반도 및 일본의 적화기지 요원 양성을 목적으로 했다. 조선대학교 인가신청을 미노베 료키치(美濃部亮吉) 도쿄 도지사에 제출하고 있다. 도쿄도는 이것을 도사립학교 심의회에 자문, 인가하는 방향성으로 가고 있다. 민단은 도지사, 사립학교 심의회, 자민당 등 각계 관계 당국에 조대 인가에 단호히 반대하는 항의와 진정을 통해서 조대 인가저지 투쟁위원회를 구성하여 반대 의사를 행동으로 표현하며 전국 각 지방조직에서 계속 대규모 항의집회를 개최했지만 1968년 4월에 인가되었다.[34]

당시 조선대학교 건설은 경제적 문제로 인해 학생들이 자주적으로 대학 건물을 지었다는 것은 주지하는 바이다.

한편, 조선학교 교육 내용을 조정하는 민족교육연구소는 1991년 당시 민족교육의 목적을 다음과 같이 명기하고 있다.

조선학교의 교육 목적은 모든 재일동포 자녀가 주체의 세계관을 가지고 지·덕·체를 겸비한 참된 조선인으로서 자신의 조국과 민족의 번영을 위해 기여할 유능한 인재를 육성하는데 있다. 다시 말하자면, 자신의 생을 자기의 조국과 민족의 운명에 연결시켜 조국과 민족을 열렬히 사랑하는 인간, 또, 폭 넓은 지식과 건전한 체력을 갖고 시대 변화에 적극적으로 대응하는 것을 가능한 자주적 정신과 창조적 능력을 가진 우수한 인재를 키우는 것이다.[35]

위에서 보듯이 조선학교의 교육은, 재일한인 개개인의 존재는 도외시하고, 조국과 민족의 번영을 위해 기여할 유능한 인재 육성이라고

---

34) 전게서, 『民団70年史』, p.78쪽
35) 상게서, 民族教育研究所편(1991)『資料集 在日朝鮮人の民族教育の権利について－朝·日関係改善と国際化の流れの中で－』 学友書房, p.22

〈사진 3〉

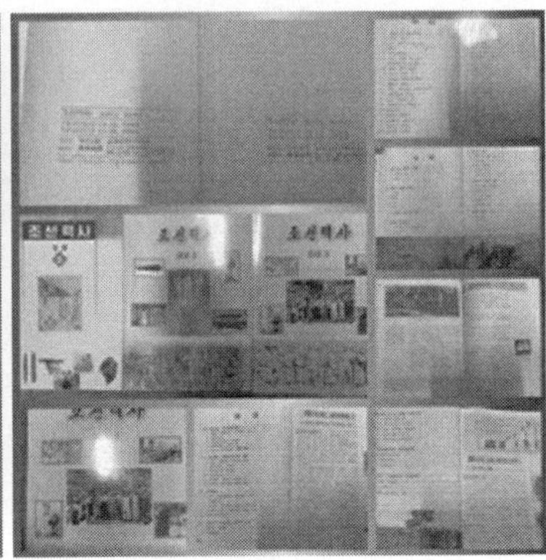

〈사진 4〉

〈사진 3〉 체제우상이 돋보이는 60년대 역사교과서

〈사진 4〉 근현대의 한반도에서 발발한 역사사건, 특히 일제강점기의 한인의 동향이 돋보이는 역사교과서

표기하고 있는데, 이는 체제 찬양주의의 우상적 교육을 전개[36]하며 정치적 좌표를 공고히 표명하고 있음을 시사한다.

참고로 1962년[37]의 [조선력사] 교과서를 보면 편찬자는 총련 중앙상임위원회 교과서편찬위원회로 되어 있고, 발행자는 현재까지 학우서방이 담당을 하지만, 교과서 내용은 [조선민주주의 인민공화국 교육성 비준]이라고 명기되어 있다. 이 당시의 교과서는 물론, 학교 교육은 김일성 체제 우선주의에 기초한 것으로 개개인의 몸은 일본에 있으나 모든 귀속은 민족주의를 표방한 조국과 민족에 있다는 교육을 펼친다. 그렇

36) 1964년의 초급학교 제6학년용 [조선력사]의 내용의 대부분이 반일 반미투쟁과 조선로동당의 위업에 관련 되고, [김일성원수 령도 하의 항일무장투쟁]에서는 김일성의 혁명 활동의 공적이 28쪽에 이른다. 1929년의 광주학생 사건에 대해서도 비교적 상세하게 적고 있으나 한국이나 일본교과서와는 달리 고조된 표현이 인상적이다.

37) 조선학교의 교과서는 한국처럼 판매용이 아니므로 전체 구입, 분석에는 한계가 있음을 밝혀둔다.

기에 1980년대 역사교과서에서는 조총련계 재일한인들이 주체적 선택으로 개개인이 일본의 구성원 혹은 지역주민으로 살아가야 한다는 [재일론]을 부정해 왔다. 하지만 2003년의 개편 교과서에서는 큰 변화를 보이고 있다. 그 내용을 보면 다음과 같다.

*(2003년도부터 적용된 새 교과서 내용, 색별 강조는 필자. 총련 공식 사이트 참조)

2003년 4월부터 조선학교의 과정안과 교과서가 크게 개편되였다. 10년만에 개편된 교과서는 21세기에 나래치는 동포 자녀들을 일본은 물론 조국과 국제사회에서도 활약할 수 있는 풍만한 민족성과 높은 실력을 갖춘 인재로 키울 수 있게 편찬되였다.

10년 만에 개편된 교육내용

국어, 조선력사, 지리, 사회, 음악, 미술 등 민족성을 키우는 과목교육에 힘을 돌리도록 한 것이다. 과학기술의 발전, 정보사회에로의 이행을 념두에 두고 리수, 정보교육을 강화하도록 한것이다. 국제사회에 능동적으로 대처할수 있도록 일본과 세계에 대한 지식을 폭넓게 취급한 것이다.

이번 개편에서 지향한것

풍부한 민족성과 높은 민족자주의식을 소유하고 재일동포사회에 대한옳바른력사인식과 주인으로서의 자각, 재일동포사회와 조국, 일본을 비롯한 국제사회에서도 활약할수 있는 자질과 능력을 갖추고 화목하고 유족하며 힘있는 동포사회건설에 믿음직하게 이바지할수 있는 인재를 육성할수 있게 하였다. 특히 자라나는 새세대들에게 민족성을 심어주는데에서 중요한 위치를 차지하는 초중급학교를 국적, 사상과신앙, 단체소속을 불문하고 모든 재일동포자녀들이 다닐수 있는 광폭의 민족교육마당으로 꾸리기 위하여 민족성 육성을 전면에 내걸고 초중급학교 교육내용을 개편하였다.

위에서 보면 기존의 강력한 체제주의 교육 내용과는 크게 다른 교육정책을 읽을 수 있는데, 무엇보다 사상과 신앙, 단체 소속을 불문하고 모든 재일동포 자녀들이 다닐 수 있는 광폭의 민족교육마당으로 꾸리기 위한 열린 초중급학교를 표명하고 있다는 것이다. 이렇게 변화한 배경으로는 물론 학생수 감소와 학교 축소의 시대적 현상을 반영하는 것도 있으나 일본 사회에서 살아가는 한인을 인정하는 정책으로서, 한인 3세 이후의 민족성 약화, 1세대처럼 조국과 민족을 알지 못하는 세대들의 조국과의 거리감, 일본에서 살아가야 하는 재외 동포의 삶을 인정하면서 조국과 민족을 떠나지 말라는 의도를 느낄 수가 있다.

조선학교는 북측 교육지침을 받고 있지만 일본에서 태어나고 자란 일본의 구성원으로서, 일본의 지역주민으로서의 거주지 우선을 주장하는 [재일론]을 일정 범위 안에서 수용하고 있다는 점에서 2003년 이전의 북측 체제주의가 완화된 듯한 느낌을 받을 수 있다.

참고로 총련계의 재일 한인사회 및 한인들의 생활 설명은 사회과 교과서의 20%를 차지할 정도이다. 이 점은 조총련이 재일한인으로서의 정체성도 인정하고 가르치도록 노동당 측과 협의해서 얻은 업적이라고 추측할 수 있다. 막연한 조국과 민족에 대한 국민형성 교육의 한계성과 더불어, 자신들이 태어나서 자라고 생활하는 현지 사회를 바로 알고 현지에서 당당히 살아갈 수 있는 인적 자원을 양성하는 것이 결과적으로 국가동력이 된다는 것을 인정한 것이고, 일반 일본학교와 괴리를 좁히는 학교 교육이 조선학교의 경쟁력으로 이어진다는 점과, 학생 감소 및 학교 운영을 위한 현실적 대책이 반영되었다고 할 말을 바꾸자면, 그만큼 조선학교란 조총련 조직의 존속과도 직결하는 존재이며, 일본 각지의 총련계 조직원의 결속을 다지는 중요한 커뮤니티 역할을 하는 공간이므로 학교와 학생이 줄어드는 것을 막기 위한 현실적 타개책을 선택한 것이라고 할 수 있다. (참고로 한국계 학교는 오사카 지역에서 『교토, 오사카와 함께하는 한국사』『간사이에서 한국을 걷다』등의 부교재를 발간하여 사용하고 있지만, 주로 한국 및 일본 교과서를 사용하므로 재일한인사회를 이해할 수 있는 역사 및 생활문화 등을 체계적으로 엮어서 재일한인 차세대로서의 정체성 정립을 고려한 교과서는 아직 마련되지 않고 있다.)

한편, 중급 사회 2는 대체적으로 세계 인류문명지의 소개와 더불어 고대와 중세의 일본 역사가 비중을 차지하고 있고, 근대사에서는 한반도와 관련된 역사 및 근대 세계사, 냉전 이후의 유엔 활동에서 환경, 에네르기 문제와 비핵 평화문제까지 취급하고 있어서 재일조선학교 입장에서의 중학생들 학습 내용에 일반 세계사를 비교적 균형있게 절충시키고 있다. 고등학교 현대조선력사에 명기된 혁명투쟁에 앞선 김일성·김정일 부자의 활약사 내용에 비하면 중학교 교과서는 비교적 재일한인 및 일본인 학생조차도 긴장감 없이 읽을 수 있는 내용 전개로 되어 있다. 물론 과학, 영어 등의 모든 교과서에 나오는 총련계 학생들의 제복, 특히 여학생은 하얀 저고리와 까만 치마의 민족의상으로 그려져 있는게 인상적이다.

재일한인의 공통점이라고 할 수 있는 세대 변화와 조국과 민족의식의 희박함, 체제우상주의 교육의 한계성, 조선적 이탈과 귀화와 총련단원 감수, 저출산(이 점은 한일사회와 유사 현상)으로 인한 학생수 감소, 경영난 등으로 2019년 4월 현재, 조선대학교 및 5개교 휴교학교 포함하여 조선학교는 총 66개교로 줄어든 상황이다. 최고 155개 학교를 운영했던 과거를 생각하면 심각한 상황이라고 할 수 있다. 재학 학생수는 일본 문부성조사에 의하면 2016년 5월 현재, 총 학생수가 6,185명, 고급 학생수는 1,389명[38]으로 되어 있다. 2019년 4월 현재는 이 숫자보다

38) 문부과학성통계 「朝鮮学校無償化 「母校が認められた」全面勝訴に大歓声」『毎日新聞』(2017년 7월 28일자 참조).

줄어들었을 것으로 본다. 한편, 2017년 12월 말 현재, 일본 법무성 통계에 의하면 조선적 인구는 총 30,859명[39]으로 대부분이 조선학교와 관련되어 온 사람들이라고 볼 수 있다.

조선학교는 유치반, 초급학교, 중급학교, 고급학교, 대학교로 구분하는데, 유치반은 미취학 아동용 시설로 최근은 대기아동 문제 등의 해결책으로 어린이 보육운영도 시험적으로 하기 시작했다. 초급학교는 6세－12세까지의 아동, 중급학교는 12세부터 15세까지, 고급학교는 15세부터 18세까지인데 고급학교는 전국에 10개 학교로 중급부와 병설학교를 가지고 있다. 조선학교는 북측의 지침을 전달 받은 총련 본부에서 내용을 조절 후 각 학교에 지시하는 Top down식으로 운영된다. 총련이 공표하는 조선학교에 대한 교육 지침을 일부 인용, 소개하면 다음과 같다.

1) 총련의 학교 교육 체계

◎ 취학전 교육; 민족교육의 첫 시작으로서의 유치반은 보육반, 낮은반, 높은반으로 이루어지고 있다. 보육의 기본방향은 재일동포유아들에게 초보적인 민족성을 키워주는 것을 중심으로 하면서도 유아기에 풀어야 할 일반교양을 보장하는데 있다.

◎ 초등교육; 초등교육은 초급학교를 통하여 진행된다. 초급학교에서는 민족의식의 토대를 키워주면서도 초등일반지식을 체계적

---

https://mainichi.jp/articles/20170728/k00/00e/040/251000c

39) 일본법무성 재류외국인 통계 참조.

으로 배워준다. 여기에서 특별히 중요한 교육적 과제로 제기되는 것은 모든 과목교육의 기초로 되는 **모국어교육을 강화**하는 것이다.

◎ 중등교육; 중등교육은 중급학교(전기중등교육기관)와 고급학교(후기중등교육기관)를 통하여 진행된다. 중급학교의 교육은 모국어를 기본으로 하는 민족과목 교육과 수학을 비롯한 자연기초과학교육, 외국어교육 등을 중심으로 진행된다. 고급학교에서는 옳은 세계관의 골격을 형성하며 중등일반지식교육을 완성하는 교육을 진행한다. 2학년부터는 학생들의 능력과 희망에 따라 문계, 리수계로 학급을 재편성하여 교육적 실효성을 높이고 있다. 도꾜와 오사까의 고급학교들에서는 상업반, 정보반을 병설하고 있다. 고급학교 졸업생들은 조선대학교와 일본의 여러 대학, 전문학교 등의 고등교육기관에 진학하거나 사회에 진출한다.

◎ 고등교육; 고등교육은 공화국의 권위있는 해외대학인 조선대학교를 통하여 진행된다. 조선대학교는 공화국의 유일한 해외대학이며 민족교육의 최고학부이다.(중략) 조선대학교에서는 조국과 민족, 재일조선인운동에 이바지하는 민족간부들과 전문가들을 체계적으로 키우고 있다. 조선대학교는 8개 학부(17개학과)와 연구원(대학원), 4개의 연구소와 도서관, 기념관을 가지고 있으며 종합 대학적인 체계와 내용을 갖추고 있다. 각 학부졸업생들을 받아들이는 연구원(전기2년, 후기3년)에서는 전공별 과정안에 따라 전문가 양성을 위한 교육이 진행된다. 오늘 1만 3천명을 넘는 조선대학교 졸업

생들은 총련을 비롯한 여러 동포단체와 기관, 동포사회에서 기둥감으로서의 역할을 담당 수행하고 있으며 귀국한 학생들은 조국의 사회주의건설의 중요한 모퉁이에서 활약하고 있다.

◎ 준정규교육체계; 일본학교에 다니는 재일동포자녀들을 위한 민족학급과 오후 야간학교, 토요아동교실, 하기학교가 포괄된다. 여기에서는 준정규교육용교과서(초급, 중급, 상급의 3권)를 가지고 우리말과 글, 조선의 력사와 지리, 민족의 문화와 풍습 등을 가르치고 있다.

◎ 성인교육망; 청년들을 대상으로 하는 청년학교, 일본 고등학교 및 대학에 재학하는 동포학생들을 위한 국어교실, 일반 성인들을 대상으로 하는 우리 말 교실과 각종 문화 교실 등이 포괄된다.

2) 민족교육 목적과 교과서 발행 현황

앞에서 1991년의 민족교육연구소가 명기한 민족교육 목적에 대해서 소개했으나 당시의 내용과는 비교적 많이 완화된 점을 엿볼 수 있다. 특히 일본과 국제사회에서 활약할 수 있는 조선사람 육성, 즉 생활하는 현지에서의 자립한 개개인과, 그 연장선상의 조국과 민족을 논하고 있고, 우선은 어린이의 교육적 발전에 무게를 둔 듯 한 내용이 되어 있다.

2019년 현재 총련 공식웹사이트에서 공개하는 민족교육의 목적을 소개하기로 한다.

민족 교육의 목적

21세기 조선학교의 교육목적은 일본에서 나서자라는 동포자녀들에게 조선사람으로서의 민족자주의식과 민족적소양, 옳바른 력사인식과 현대적인 과학지식을 안겨주고 그들이 참된 인간성과 건강한 육체를 자래우도록 하는데 있다. 다시말하여 민족성과 동포애에 기초한 화목하고 유족하며 힘있는 동포사회를 형성할데 대한 새세기의 요구에 맞게 동포사회건설과 나라의 통일과 부흥발전에 이바지하며 일본과 국제사회에서도 활약할 수 있는 높은 자질을 소유한 참된 조선사람, 유능한 인재를 키우는 데 있다.

3) 학교운영

학교의 관리운영

조선학교의 관리운영은 각 도도부현에 있어서 인가를 받은 학교법인 조선학원이 일본의 제반 교육법규를 준수하면서 독자적으로 운영하고있다.

조선학원에서는 지방자치체의 조성조치가 충분치 않은 속에서도 총련을 비롯한 여러동포단체와 집단, 학부모, 각계각층의 동포들의 애국열성을 크게 불러일으켜 학교운영에 요구되는 재정을 보장하며 학교시설과 설비, 기자재들을 끊임없이 갱신하고 있다.

학교를 사랑하고 돕는 운동

조선학원에서는 학교운영의 자립적 토대를 튼튼히 마련하기 위하여 동포사회적으로 학교를 돕는 운동을 힘차게 벌리고 있다. 이 운동에서 중심적 역할을 수행하고있는 것은 각 학교마다에 꾸려진 교육회와 학부모들이다.

교육회는 동포들의 협력을 받으면서 학생받아들이는 사업과 《한구천엔운동》 등 우리학교를 재정물질적으로 안받침하기 위한 사업을 벌리고 있으며 학부모들은 《어머니회》, 《아버지회》를 두어 《학교를 사랑하고 돕는 운동》을 활발히 벌리고 있다.

이와 같은 운동을 통하여 학교와 가정동포사회의 련계가 깊어지고 동포들의 민족적뉴대가 강화되고있다. 최근시기 1세, 2세들의 뒤를 이어3세, 4세 새 세대동포들이 학교를 지키고 발전시키는 사업에 적극 떨쳐나서고있다.

이국땅에서대를이어학교지원사업을힘있게전개하고있는것은세계적으로 도류례가없으며오직우리민족교육에서만찾아볼수있는운동이다.

위의 상부 지침에 따라서 학교법인 도쿄조선학원은 2018년 현재, 민족학교 목표를 다음과 같이 세우고 있다.

> 민족의 마음이나 주체성, 인간 존엄과 자주성을 키우며 풍요로운 인간성 확립을 지향하며[지·덕·체]를 겸비한 조선인으로서 조국의 통일 번영과 재일동포사회 발전에 공헌하는 유능한 인재를 육성하는 것을 주된 교육목표로 삼고 있습니다. 또 21세기 새로운 시대의 요구에 응하도록 일본은 물론, 세계 각국을 깊이 이해하고 국제사회에 있어서도 활약하는 인재 육성을 지향하고 있습니다.[40]

또한 조총련의 3대 교육 방침인 [민족적 주체성의 육성, 풍요로운 인간성, 의욕과 실천력 육성]은 각 학교의 공식 웹사이트에서 교육방침과 관련된 각종 교내외 활동과 더불어 소개되어지고 있다. 예를 들면 도쿄조선제5초중급학교(東京朝鮮第五初中級学校)[41]는 2018년 현재 초급부 55명, 중급부 25명의 재학생(2017년 기준)이 있는데, 학교는 페이스북을 사용하여 학생 및 학부형 혹은 학교 관계자와의 정보 교환, 학교 홍보 등을 행하고 있음을 공식 웹사이트에서 표명하고 있다.

참고로 최근 일본정부의 조선학교 무상화 배제에 대한 교육권 옹호를 다음과 같이 내세우고 있다.

---

40) 『学校法人 東京朝鮮学園 2018』도쿄, 학교법인 도쿄조선학원 팜플렛, p.3 참조.
41) 〒131-0041 東京都墨田区八広5丁目22-15

민족교육권을 굳건히 지켜

교육에 관한 권리는 인간의 존엄과 직집적으로 관련되는 특별히 중요한 기본적 인권의 하나이다. 《세계인권선언(제2조, 제26조)》과 《국제인권규약(A규약제13조)》은 물론 일본의 《헌법(제26조)》과 《교육기본법(제3조)》에서도 교육에 관한 권리를 명백히 규정하고 있다. 그럼에도 불구하고 일본당국은 동포자녀들의 민족교육의 권리를 부인 하고 교육조성과 자격취득 등에 있어서 차별적인 정책을 실시해왔다.

총련과 재일동포들은 재일동포자녀들이 응당 향유해야 할 교육권을 획득하기 위한 투쟁을 꾸준히 벌리고 있다. 그리하여 최근시기 민주주의적 민족교육의 권리를 지키는데서 새로운 전진이 이룩되여가고있다. 민족교육의 처우개선을 요구하여 국련인권조약위원회와 어린이권리조약위원회, 일본변호사련합회 등이 일본정부에 대하여 조선학교에 대한 처우개선할 것을 권고하였다.

그리하여 일본의 수많은 지방자치체들이 민족교육을 인정하고 조선학교들에 각종 명의로 조성금을 내게되였으며 정기권차별을 시정시킨데 이어 고체련, 중체련 경기참가자격을 인정시키고 조선고급학교 졸업생들의 일본국립대학에로의 입학시험응시자격, 조선대학교졸업생들의 일본대학원에로의 진학 및 일본사법시험 제1차시험 응시자격 등을 인정시키는 전진을 이룩하였다. 민족교육에 대한 차별전폐를 요구하는 내외적인 기운은 해마다 높아가고 있다.

학교의 관리운영

조선학교의 관리운영은 각 도도부현에 있어서 인가를 받은 학교법인 조선학원이 일본의 제반교육법규를 준수하면서 독자적으로 운영하고 있다.

조선학원에서는 지방자치체의 조성조치가 충분치 않은 속에서도 총련을 비롯한 여러 동포단체와 집단, 학부모, 각계각층의 동포들의 애국열성을 크게 불러일으켜 학교운영에 요구되는 재정을 보장하며 학교시설과 설비, 기자재들을 끊임없이 갱신하고 있다.

위에서도 보았듯이 고등교육기관에 진학을 하거나 법조계 등의 전문직으로 취업을 하는 학생들이 배출되고 있고, 필자가 근무하는 국립대학법인 도쿄가쿠게이대학에도 조선학교 출신 혹은 조선대학교 출신 대학원생들도 적지 않다.

참고로 초등학교의 입학비용 명세서는 아래와 같고, 학교 운영자금은 여전히 부족하나 학교를 커뮤니티로 하며 부모회의 결속이 강하여 그들의 지원운영금이 큰 도움이 되고 있다.

참고) 학교 홈페이지에 공표된 초등학교 1학년 입학 비용 명세서[42)]

내용	금액	
입학금	무료	
수업료	월비용	14,000엔
시설비	월비용	3000엔
찬조금	월비용	2,000엔~
월간잡지비	매월비용	710엔
학급비·도공비	매월비용	440엔
신체검사	1년비용	2000엔
재해상해보험료	1년비용	910엔
통학버스	매월비용	3600엔~4500엔
그 외 : 학습첩, 과제노트, 소풍, 사회견학 등의 비용은 그 때마다 징수하겠습니다.		

4) 관동지역 조선학교 방문에서 본 학교 특징

필자는 외교부 산하단체인 재외동포재단의 2015년도 한국계 민족학교(연구대표) 연구와, 2018년도 총련계 민족학교 용역 연구의 일원으로 참가한 적이 있다. 2019년부터 2022년까지는 일본의학술연구재단(과학연구비) 연구대표를 맡아서 재일한인 민족학교의 변화에 대한 연구를 시행 중에 있다. 현재 일본의 국립교원양성대학 대학원의 교사자격증 소유자 대학원생(교직) 담당을 맡고 있으며 학생들 교육실습을 위해 각 학교를 방문하는 입장에 있다. 그동안 일본의 국공립 유치원과 초등학교, 중학교, 고등학교 수업참관 및 학교 회의 참석, 수업(고등학교 사

42) http://www.koryo9.jp/school/%E8%B2%BB%E7%94%A8%E4%B8%80%E8%A6%A7/

회과) 지도를 해 왔으며, 한국계 학교, 총련계 학교를 연구 차원에서 방문해 왔는데 비교적 조선학교의 교육 환경은 다른 일본이나 한국계 학교에 비하면 좋은 편이라고 느꼈다.

조선학교 방문에 대해서는 헤이트 스피치 단체의 공격이 심한 탓으로 예민할 수 있다고 주저하였으나 학교 연구 차원에서 방문을 하는 것은 그다지 문제가 되지 않을 것이라는 생각에 2018년도 재외동포재단 용역을 설명한 연구협력 의뢰문과 함께 연락을 하였다. 지역적으로는 도쿄 주변을 택했고, 필자의 근무 시간 외의 시간을 제안했음에도 언제든지 방문해도 좋다는 연락을 받고 2018년 10월 1-2일, 사이타마조선(유)초중급학교와 도쿄조선제4초중급학교, 그리고 니시도쿄조선제1(유)초중급학교의 순서로 연구원들과 방문을 하였다.

도쿄 근변의 세 학교의 공통점을 소개하자면 아래와 같다.

① 비교적 한적하고 공부하기 좋은 환경
② 학생수가 적은 만큼 교사와 친근감이 느껴지는 분위기(학생들이 우리말로 밝게 인사함)
③ 건물은 일본의 일반 국공립학교와 별반 차이 없고, 깨끗한 편
④ 학교 현관에 학생들의 예체능대회 수상 트로피 혹은 상장이 장식
⑤ 스포츠 엘리트 및 예능(음악, 체조등) 엘리트 육성과 다언어 특화 교육 강화 중
⑥ ICT 교육 및 이머전 프로그램을 통한 집중 교육 시스템
⑦ 교장 및 교사들이 비교적 젊은 층, 학교에 대한 열의와 애착으로 대응

각 학교에서 인터뷰한 내용을 소개하자면 다음과 같다.

〈사진 5〉 사이타마조선초중급학교와 도쿄조선제4초중급학교의 교정 및 교사

(1) 사이타마조선초중급학교

방문시간; 2018년 10월 1일 오전10시-12시

대응; J 교장(사회과 전공)

사이타마조선초중급학교(埼玉朝鮮初中級学校)－2018년부터 유치원 병설[43]

学校法人埼玉朝鮮学園
埼玉朝鮮初中級学校・幼稚部

사이타마현의 기존의 몇 학교를 합친 이 학교는 도쿄조선학원과 법인체가 다른 사이타마법인으로서 아래와 같은 학교 교육목표[44]로 학생 육성을 하고 있다.

43) 〒330-0804 埼玉県さいたま市大宮区堀の内町1の501の1

44) 사이타마 조선초중급학교 공식웹사이트 참조.
http://saitamakoreanschool.ed.jp/phi.html

우리말과 글을 잘 배워 늘 쓰며 민족성을 지닌 조선학생을 키운다

朝鮮語をよく学んで親しみ、民族心を深く持つ学生を育てる

향학심을 가져 학습을 깊일수 있는 실력, 다방면적인 능력을 가진 학생을 키운다

向学心を持ち学習を深められる実力と、多方面で能力を発揮できる学生を育てる

동무와 학급, 학교를 중히 여기는 도덕품성을 갖춘 학생을 키운다

友達とクラス、学校を大切にし、道徳品性を備えた学生を育てる

이 학교의 독자적인 중점목표를 보면 아래와 같다.

* 우리말(朝鮮語)학습·사용에 주력하며 우리말의 4대 기능을 높인다.
* 독서활동을 적극적으로 장려하여 학생들을 45분간의 수업에 의욕적으로 참가 시킨다.
* 위원회 활동, 동아리 활동을 활발하게 전개시켜 학생들의 자립성과 협조성을 키운다.
* 부분25일제·과외활동·행사 등을 통하여 민족성 및 다방면에서 힘을 발휘할 수 있는 지식을 키운다.
* 애교심을 일상적으로 키우며 청소 등의 미화 활동을 적극적으로 행하도록 한다.
* 가정과의 연계를 친밀히 하며 협력하여 학생들을 키운다.

유치부, 초급부, 중급부를 가진 사이타마 민족학교의 중심인 이 학교의 연혁을 번역하면 아래와 같다.

사이타마(埼玉)동포들의 뜨거운 애국심 아래 1945년 10월에 오오미야(大宮), 가와구치(川口), 가와고에(川越), 와라비(蕨) 등 각지에 <국어강습소(朝鮮語講習所)>가 발족되었습니다. 이것이 현내의 민족교육의 시작입니다. 그 뒤 1946년에 사이타마조선제1,제2소학교를 창설하는 등 민족교육이 급속히 확대되어 우여곡절을 넘어서 사이타마 현내의 동포들의 숙원이었던 사이타마조선초급학교가 오오미야시 다카하나쵸(大宮市高鼻町)에 개교한 것이 1961년 4월 5일이었습니다. 그 뒤, 1965년 4월에 중급부를 병설하여 사이타마조선초중급학교로 개칭하였고, 1967년 4월, 현재의 사이타마시 호리노우치쵸(さいたま市堀の内町)에 신교사를 준공, 이전과 동시에 1979년 9월에는 2호교사 및 체육관을 건설하는 등 교육환경을 정비·충실을 기하면서 민족교육의 강화 발전에 노력하여 오늘에 이르렀습니다.[45]

위의 연혁만큼 많은 변천사가 있음을 알 수 있는데, 이 학교는 스포츠나 민족무용 등의 동아리 활동을 통한 결속력, 조선적 동포간의 연대관계를 돈독히 하고 있는 학교라고 한다. 수도권에서도 역세권으로 알려진 사이타마현의 오오미야역에서 멀지 않은 사이타마시 오오미야호리노우치쵸 1-501-1번지[46]에 자리한 이 학교의 인상은 넓은 운동장과 아담한 학교 교사가 잘 어우러지는 학교라는 것이었다.

1961년에 사이타마조선초급학교로 시작한 이 학교는 현재 학생수 220명 정도인데, J교장 재학 때는 학생수가 400명이었던 것을 감안하면 절반 가까이 줄었다고 할 수 있다.

여느 학교와 다름없는 이 학교의 현관에 들어서면 오른쪽 장식장 안에는 남북 한일축구계에서 활약한 안영학선수의 사인볼과 함께 수많은

---

45) http://saitamakoreanschool.ed.jp/info.html
46) 埼玉県さいたま市大宮区堀の内町1丁目501-1

트로피나 상장 등이 장식되어 있고, 신발을 벗고 현관으로 들어가면 복도에 우리말을 바로 쓰자는 말과 함께 문법 바로쓰기 표기가 되어 있었다. [우리말학습]에 대한 의식이 강하다는 것을 느낄 수 있었다.

사이타마조선학교 법인에 속하는 이 학교는 2018년부터 부설 유치부 개설을 하였고, ICT(Information and Communication Technology; 정보처리나 통신에 관한 기술, 산업, 설비, 서비스 등의 총칭으로 일본에서는 [정보통신기술]로 통칭) 연구학교로 지정되어서 Interactive Text (전자교과서)로 이전하는 과정인데, 당분간은 초급 4-5-6학년의 국어교재를 활용해서 시험한다고 한다. 그와 더불어 6년 이상은 iPad 등을 사용한 교과 학습프로그램을 설치하는 중이라고 한다. 종이 교과서가 아닌 전자교과서를 가지고 수업을 하게 되는 만큼 각 교실에는 Wi-Fi 사용이 가능하게 된다. 그래서 필자는 학교 운영 문제에 대해서 물어봤다.

북측이 풍요로운 낙원이라 불렸던 1950년대 후반[47]부터 2017년까지 조선학교에 대해서 계 163회, 총액 480억 599만 390엔의 교육 지원금을 제공하고 있고, 주지하듯이 2017년에도 김정은 명의로 민주주의적 민족교육을 위하여 2억 1880만엔의 교육원조금과 장학금을 보냈다.[48] 하지만 노동력 임금과 물가가 높은 일본의 각 조선학교가 필요로 하는 운영 자금에는 미치지 못하는 금액이다. 사이타마현에 하나 뿐인 학교에 전차와 버스를 갈아타고 와야 하는 학생들의 부담을 생각하면 공적 보조금은 절대적으로 필요한 상황이다. 그런 재정적 어려움은 있으나 지역 커뮤니티로서 학부형의 모임의 장이기도 한 학교를 위해 학부형 및 지역OB, OG들의 기부찬조금, 학생들의 월사금과 학교 이사회, 지

---

47) 1959년부터 재일동포들의 북측 귀국사업이 시작되었다.

48) 『조선신보』 2016년 4월 14일자. http://chosonsinbo.com/2016/04/kcna_160414-2/

자체 및 축제 수입금 등으로 운영을 하고 있다고 한다. 일본 정부의 1조교가 아니라 독자적인 커리큘럼으로 학교를 운영하는 각종학교이기에 정부 지원은 없고, 예전에는 현에서 교육보조금 등이 있었으나[49] 최근 10년간 북일 관계가 악화되면서 시정적으로 약간의 지원금액(각 아동용수당)은 있으나 기대할 수 없는 상황이 되었다고 한다.

J교장이 마침 사회과교과서를 잘 아는 인물이었기에 교재편찬에 대해서 묻자, 1993년 3차 교재산업 때 동포사회에 대한 소개가 필요하다는 것을 모두 인식하였고, 4차 개편 때 한 단계 일본 사회에 알맞게 학습지도요령, 교육행정, 어린이들의 학교행정 운영 등을 조절했다고 한다. 교과서는 총련의 가이드라인으로 지도를 받으면서 교재편찬위원회에서 분과별로 집필을 하여 평양의 교육관계자와 조절한 문장을 1차적으로 가필한 문장을 집필자들이 함께 재확인 등을 통하여 집필을 하고, 과목마다 수정이 있을 경우 조금씩 내용 조절을 하고 있다고 한다.

또 영어 수업에서는 Native Speaker를 초빙하여 영어회화 수업을 하고 있고, 음악과 미술과 보육과는 일본인 교사보다는 조선대 출신 교사들이 맡는다고 한다.

학교 내에서는 여느 학교처럼 아이들의 노래 소리가 각 교실에서 나왔고, 무엇보다 이 학교는 농구, 축구, 무용 등의 동아리 활동이 강한 학교로 예체능에서 이미 탁월한 성적을 내고 있다고 한다. 비록 외떨어진 한적한 위치에 자리한 학교였으나 넓은 운동장과 조용한 학교 분위기가 도심의 좁고 탁한 환경보다는 여유있어 보였고, 흙을 밟으며 달릴 수 있는 공간이 아이들 학습 환경면에 좋을 것이라는 생각이 들었다.

---

49) 문부성 통계에 따르면 2009년도 사이타마 조선학교에 대한 자치체 보조금은 총 20,564,000엔이었다.

경제적 안정을 통한 편리한 학교 통학버스의 운영, 다언어교육 특화 인프라 정비 등이 과제라고 한다.

(2) 학교법인 도쿄조선학원 도쿄조선제4 초중급학교

방문시간; 2018년 10월 1일 오후 3시-5시

대응; O교장(일본어 전공)

도쿄 아타치쿠 오키노 1-18-12번지[50]에 자리한 도쿄조선제4초중급학교는 도쿄도내의 도심 쪽에 위치하고 있는데, 사이타마조선학교의 넓은 운동장과는 달리 큰 건물 속의 실내체육관과 운동장이 특징이었다. 도쿄 아타치쿠의 이 학교는 비교적 넓고 고급스러운 느낌이 든 학교였고, 돌하루방이 반기는 현관을 들어서면 각종 민속 목각 조각 등이 학교의 오랜 역사를 말하는 듯했다. 물론 다른 학교와 마찬가지로 현관에는 학생들의 각종 예체능대회의 수상 트로피나 상장이 장식되어 있었고, 벽면에는 우리말을 사용하자는 각종 벽보와 학교 신문, 지역 커뮤니티가 발간하는 신문 등이 소개되어 있었다. 2층에는 과학 실험실이 각종 실험 기구와 더불어 비중 있는 넓은 공간을 차지하고 있었다.

이 학교는 비교적 도쿄도 내에서도 공간이 넓은 건물로, 건축 형태는 한국계 도쿄한국학교와 비슷한 실내 체육관 및 인조잔디가 깔린 운동장을 가지고 있었고, 2층에 과학 실험실 등을 두고 있었다.

O교장의 학교 역사 이야기를 정리하자면, 이 학교는 1945년 9월 13일에 국어강습소로 개설을 하였으며, 현재 학생수는 123명(유치만4명, 초급94명, 중급25명)이고, 18명의 교사 체제로 운영되고 있는데, 2018

50) 東京都足立区興野1-18-12

년부터 유치부를 개설하여 4월에 4명이 입학하였다고 한다. 아타치쿠에서는 유일한 민족학교로서, O교장이 이 학교 학생이었을 때는 재학생이 500명이었다고 한다.

필자가 교원양성대학에 재직하는 입장에서 조선학교의 교사 연수에 대해서 질문을 하자 교사연수 내용은 전원이 연1회 교육연구방법을 연수 받으며, 조선어 강습은 평양에서 받고, 특히 사회과, 역사, 국어, 음악, 미술의 특강을 받는다고 한다. 교과서 편찬은 매년 부분 수정을 위해 회의를 하며 학우서방이 조절한 교과서를 무료로 배부하는 시스템이 되어 있다고 한다.

학교의 큰 건물 유지 운영은 아타치쿠에서 나오는 1인 6000엔의 학생 지원금과 월사금 및 기부찬조금 등으로 운영하는데, 1층에 노인복지용 Day Seivice(몸이 불편한 고령자 케어)코너가 마련되어 있어서 고령자 케어 수입도 운영 자금에 보태는 것 같았다.[51]

무엇보다 이 학교의 장점은 아타치구 동포들의 지역 커뮤니티로서 청년조직 지부의 거점 역할을 하고, 유치반 보육원 쪽이 비상시의 일본주민 피난처로 지정되어져 지역과 함께 어우러지는 학교라는 점을 강조했다. [지역과의 공생]이란 목표 속에서 지역을 위해서 학교를 지역 주민의 비상 피난지로 설정하여 피난 훈련 등에는 학교를 공개하는 등, 지역과 함께하는 학교의 역할을 중시한다고 한다. 또한 학부형회에 해당하는 어머니회, 아버지회, 총련 상공회의 일시 피난지로 지정되어 있는 곳이고, 학교 맞은편에 그 지역 공민관이 있어서 공민관 행사에는 조선학교

---

51) 고령자 케어 시스템은 고령자 사회인 일본의 최대 현안 중의 하나로, 민단계도 총련계도 동포노인 케어시스템에 힘을 쏟고 있는 듯 하다. 참고로 일본 정부는 2025년까지 조선, 건축, 숙박, 농업, 그리고 개호(고령자 및 병자)를 위해 외국인 노동자 50만 명을 받아들인다는 정책을 표명하였다.

어린이들도 참가하며, 방과 후, 국적 관계없이 아이들을 돌보는 가쿠도(学童)보육에도 참여하여, 제4조선(유)초중급학교와 일본인 주민들과의 협력 관계가 잘 이뤄지고 있다고 한다.

2018년 10월 28일에는 도쿄조선학교 전체의 오픈 행사가 있었는데, 학생들의 무용과 아버지 어머니들의 무용과 노래 등은 물론, 어머니회의 음식 제공 등이 있었다. 아이들의 수학여행은 초급생은 일본 국내, 중급이 되면 모국인 북측에서 뿌리 문화를 느끼고 온다고 한다. O교장은 필자들의 질문에도 정성껏 대답하여 다음과 같이 역설하였다.

> [학교란 체계적인 민족의식을 배울 수 있는 우리 동포 사회를 지키는 마지막 보루이다. 우리 마음과 우리 말에 대해 사명감으로 일하고 있다]

(3) 학교법인 도쿄선학원 니시도쿄조선제1초중급학교

방문시간; 2018년10월2일오후1시~3시

대응; S 교장(일본어전공)

이 학교는 필자가 재직하는 학교나 조선대학교와 가까운 곳에 자리한 학교로서 필자의 동료들도 다문화 교육 및 민족학교 역사와 관련하여 자주 찾는 곳이기도 하다. 또한 도쿄가쿠게이대학 재학생들이 수업공개 때는 학교 참관을 가는 곳이기도 하고, 이 학교 출신학생들도 도쿄가쿠게이대학의 대학원에 진학을 하기도 한다.

조선학교 최고 학부인 조선대학교와 가장 가까운 학교로, 다치카와시니시키쵸4-7-12[52]에 자리한 니시도쿄조선제1초중급학교에 대해서 연혁을 덧붙여 보기로 한다.

도쿄 시내에서 서쪽에 있는 이 학교는 다치카와조련초등학원 등 몇 개의 민족학교와 함께 1946년에 설립되었다, 1947년에 현재지에 미타마(三多摩)조련초등학원을 건설하였으나 1949년 10월에 일본 정부로부터 강제 폐쇄를 당한다. 그 뒤, 1955년에 도쿄조선제11초급학교(학교법인 도쿄조선학원으로 인가)로 재출발하였다. 1963년에 중급부 여학생 교복을 치마저고리로 제정하였다. 1970년대부터 축구부의 성적이 탁월하여 소년 축구대회 등에서 우승을 하는 등 좋은 성적을 거뒀고[53], 현재 일본 프로팀에서 활약하는 선수들을 배출하고 있는 축구의 명문 학교이기도 하다.[54]

공개 연혁을 보면 1979년에는 초중급부가 재일조선학생 중앙예술경연대회에서 민족기악부분 우승을 차지하였고, 가야금 등의 민속 악기 연주와 농구, 여자배구, 여자기계체조부가 우승을 하는 등 예체능 분야에 뛰어난 인재를 양성, 배출하고 있다고 한다.

현재 중학교에 해당되는 중급부와 초등학교에 해당하는 초급부 외에 다른 방문학교처럼 2018년부터 유치부를 설치하여 2명의 유치부 아동과 담당교사 2명이 배치된 상태라고 한다.

---

52) 東京都立川市錦町4-7-12

53) 1997년부터는 전국 중학생 체육연맹 주최 대회에 조선학교 학생 참가도 가능하여 각 조선학교에서는 스포츠를 통한 전국적 성적으로 그 존재성을 발휘하고 있고, 특히 축구, 농구 등의 분야에서는 각 학교에 놓여진 트로피 등이 말하듯이 스포츠 지도에도 힘을 쏟고 있다.

54) 최근에는 조선학교의 예체능 엘리트 프로그램을 동경하여 축구 등을 배우려고 입학하는 일본적 학생도 있다고 한다.

〈사진 6〉 예체능 계열에서 두드러진 성적을 내는 조선학교 현관의 입상 트로피 장식

학교 위치는 번화한 다치카와역과 가깝지만 한적한 주택가 한 켠에 자리잡고 있었고, 헤이트 스피치 등의 공격은 없다고 한다. 이 학교의 민족교육에 대한 노력은 건물 계단과 계단 사이의 공간에 빼곡이 적혀진 다양한 역사연도 및 영어속담, 한글 수사단위의 사례 등에서 느낄 수 있었다. 학습 환경을 위한 공간활용도 학습 의욕을 높이는 하나의 수단임을 재확인할 수 있었다.

2016년에 70주년을 맞이한 이 학교 부지는 근처의 일본인들이 마련해 줬다고 한다. 불행히도 1990년대에 치마저고리의 교복을 입은 재학생이 일본인으로부터 교복을 잘리는 사건이 있었기에 학교로서는 이후 학생들의 등하교에 신중하게 대처를 하고 있다고 한다.

현재 초급 4학년부터 전자교과서로 이전 중으로, 초등 5-6학년 중급부에서는 영어 전자교과서를 사용하고 있다고 한다. 일본어는 중급 3학년 및 초급 5-6학년에서 실시하고 있고, 현재 교원 16명과 직원 2명으로 운영 중인데, 각 교실에는 Wi-Fi 사용이 가능하다는 점에서 첨단적 수업 운영에 힘을 쏟고 있는 것을 느낄수 있었다.

S교장의 안내로 각 층의 교실을 방문했을 때는 이미 방과후 시간이었

는데, 우리 연구원 일행이 들어가니 마치 들어봐 주길 원하듯이 일제히 능숙한 가야금이나 장구를 치며 전통적인 민속악기를 자유자재로 연주를 하였다. 어린 초등학생들이지만 숙련된 손놀림으로 연주를 하였고, 전통적 악기와 더불어 중후한 음색의 콘트라베이스 등의 양악기와의 협주곡도 연주를 했다.

또한 실내체육관으로 들어가니 곧 있을 행사에 대비하여 전통 한복을 입은 여학생들이 무용 준비를 하고 있었는데, 필자를 보면서 익숙한 우리말로 인사하며 반겨줬다. 훈련을 받았다면 상당한 시간을 받았을 테지만 필자들이 느끼기에는 항상 늘 하는 듯한 자유스러운 분위기였고, 바깥에서는 우리말과 일본말을 섞어가며 축구를 즐기는 소리가 교실 복도까지 들려왔다.

교실 안에서 신명나게 자신들의 연주와 춤에 취해있는 밝은 모습은 도쿄 지역의 국공립계학교 참관에서는 볼 수 없었던 분위기였다. 일반 공립학교 공개수업 참관을 가면 교사들이 수업 후 고생했을 내용을 열심히 가르치는 모습이 힘들어보일 때도 있었고, 연구 수업에 준비된 대답으로 아이들이나 교사들이 생기가 없이 피곤한 듯한 수업 풍경이 많았던 터라 적어도 이날 필자가 본 조선학교 풍경은 한국이나 일본이 가졌던 옛 학교 풍경처럼 어딘가 아이들도 교사들도 그 공간 속에서 자유롭게 활개치는 듯했고, 학생수가 감소되는 상황 때문인지 교사들도 아이들을 소중히 대하는 느낌이었다.

조선학교 출신의 필자 학교 재학생 혹은 졸업생들에 의하면 조선학교는 「우리말」 교육은 물론이고, 학생 간의 상호 협조체계를 만들어 서로 공부를 봐주는 자율시스템이 잘 되어 있는게 특징이라고 한다. 그렇기에 개개인의 높은 성적보다 모두가 함께 공부 효과를 내는 전통을 갖고 있다고 한다. 또한 학교 과외활동을 적극적으로 활용하여 학교 전체를 학부형과 졸업생, 학생들의 커뮤니티화하면서 각종 행사를 함께 만들고 운영하고 있다고 한다. 그 외에, 앞에서도 언급했던 ICT 교육을 통한 전자교과서 사용 및 iPad 활용의 교과학습 프로그램을 설치하여 각 교실에서 Wi-Fi 사용으로 전환중이며, 예체능, 특히 무용과 음악, 농구와 축구 엘리트선수 양성학교, 다언어 교육특화학교로 거듭나려고 노력하는 게 보였다.

(4) 조선대학교(Korea University)

도쿄도 고다이라시 오가와마치 1-700[55]에 위치한 전료제(全寮制, 전학생 기숙사제도)의 조선대학교는 조선학교의 최상급학교로서 8학부를 갖춘 종합대학이다. 1956년 4월 10일에 10여 명의 교원과 60여 명의 학생과 함께 2년제 대학으로 출발한 조선대학교는 열악한 환경과 운영난에 봉착했던 1957년 4월, 북측으로부터 최초의 교육지원비와 장학금을 받게 된다. 1958년 4월부터 4년제 대학으로 학제개편 후 1959년 6월에 현재의 고다이라시에 이전을 하게 된다. 1968년 4월 17일에 당시의 미노베 료기치 도쿄도지사에 의해 대학이 정식으로 인가가 나면서 교직원과 학생들의 북일간 자유 왕래가 가능하게 되었다.[56]

이 대학의 2017년도 팜프렛을 보면 한동성 학장이 다음과 같은 인사말을 하고 있다.

> 조선대학교는 세계에 유일무이한 해외동포대학으로서, 또 재일조선인

55) 東京都小平市小川町1-700
56) 『조선대학교』 2017년 학교팜프렛, p.64 참조

의 민족교육의 최고학부로서 1956년 창립 이래, 조국의 원조와 재일동포의 노력, 일본과 세계의 친구들 성원에 따라서 재일동포사회를 짊어질 많은 인재를 배출하였고, 스스로 사회적 사명을 다하여 왔습니다(중략) 재일동포사회는 물론, 새로운 시대를 맞이하는 조선반도와 동아시아, 세계를 무대로 종횡무진하며 활약하는 인재야 말로 이국땅에 있어서도 민족고등교육과정을 공부한 본교 출신자라는 확고한 전망을 갖고 교육시스템, 교육내용과 방법, 교육환경의 변혁을 추진하여 해외동포대학으로서의 위상과 역할을 높이기 위한 모든 가능성에 도전하겠습니다.[57]

조선대학교가 세계 유일한 해외동포대학임에 긍지를 느끼는 대목이라고 볼 수있다. 조선대학교는 총련 간부를 겸한 교수들로 구성되어 북측 체제를 따르는 재일 한인의 교육기관이기도 하지만 조선학교 교과서를 연구편찬하며 북측 노동당지침과 조총련의 교육지침으로 조선학교 교육을 설정해 온 정치기구이기도 하다. 그 부분이 일반 대학과는 다른 특수성이라고 할 수 있다.

조선대학교의 입구 멀리서도 눈에 들어오는 현판을 보면 다음과 같은 글이 적혀 있다.

[자기 땅에 발을 붙이고 눈은 세계를 보라]

이 구호는 고 김정일 국방위원장이 2010년 4월 14일 준공식을 가졌던 김일성종합대학의 전자도서관에 보낸 '친필명제'의 한 대목이다.[58]

57) 한동성, 상동, p.3
58) 연합뉴스, 2010년 4월 14일자.
http://www.yonhapnews.co.kr/politics/2010/04/14/0505000000AKR20100414223700014.HTML

〈사진 7〉 조선대학교 입구 맞은 건물에 붙어있는 현판

같은 해 9월 1일의 [로동신문] 논설에서는 이에 대한 구체적인 설명을 덧붙이고 있다.

자기 땅에 발을 붙이고 눈은 세계를 본다는것은 제정신을 가지고 제힘으로 일떠서면서도 배울 것은 배우고 받아들일 것은 실정에 맞게 받아들이며 모든 것을 세계최첨단수준으로 발전시켜나간다는 것을 의미한다. 공동필명의 론설은 《자기 땅에 발을 붙이고 눈은 세계를보라!》는 조선로동당의 구호는 시대의 발전추세와 조선의 현실적요구에 맞게 사회주의강성대국의 높은 령마루를 더 빨리 점령할수 있는 가장 곧바른 길을 뚜렷이 밝혀준 혁명적이며 전투적인 기치이라고 지적하였다.(중략) 모든 것이 부족한 어려운 속에서도 우리인민은 자기 땅에 발을 든든히 붙이고 우리의 힘과 기술로 CNC의 명맥을 확고히 틀어쥘수 있었고 주체철, 주체섬유, 주체비료를 꽝꽝 생산해내는 기적을 창조할수 있었다. 날을 따라 몰라보게 달라지는 우리 조국의 선군만경들과 현대적으로 꾸려지는 공장, 기업소들을 비롯한 기념비적창조물들은 우리 당과 인민이 주체사상을 지침으로 삼고 우리의 힘과 기술로 일떠세운 것이다.

오늘 우리에게는 세계에로 당당히 나아갈수 있는 위력한 힘이 있다.

우리는 어디서 무슨 일을 하든지 강성대국의 억센 뿌리가 되려는 애국헌신의 정신을 지니고오늘의 1분1초를 래일을 위한 위훈창조로 빛내여나가야한다.[59)]

즉, 사회주의 강성대국과 최첨단으로 발전하는 조국을 위하여 받아들일 것은 받아들이고 부강조국을 위한 인재가 되라는 격려문이다. 선진 과학이 발달한 일본에 거주하는 동포들이 현지구성원으로서 거듭 성장하여 조국과 세계를 잇는 가교 역할에 앞서라는 의미이다. 80년대까지 부정해 왔던 [재일론]을 부분적으로 인정하며 시대와 사회의 변화 속에 맞춰 살되 외국의 선진 과학문화를 배워서 조국을 위해 살라는 의미도 내포되어 있다. 그런 면에서 북측 노동당도 조선대학교 및 조선학교에 대해서 일본에서의 현실을 이해하고 이전의 체제주의 민족교육에서 점차 시대적·사회적 변화에 맞춰 교육내용을 완화시키는 방향으로 전환하고 있는 듯 하다. 그러나 조선학교 학생수 및 당원수 감소(민단계도 총련계도 유사현상), 한국적 혹은 일본국적 귀화자 증가, 학교경영난 등 운영면의 과제도 적지 않다. 그런 위기 속에서 존폐를 걸고 각 학교(수도권과 지역학교의 차이 확인은 다음 기회로 한다-필자주)는 다언어 교육특화와 4차산업혁명시대 도래에 맞는 과학인재 양성학교를 지향하며 예체능계 엘리트육성 등 차세대 인재육성에 힘을 쏟고 있으

59) 조선중앙통신발, 2010년 9월 1일.
http://www.kcna.co.jp/calendar/2010/09/09-01/2010-0901-014.html

나 향후 그들의 활동 무대의 확대와 충분한 교육 인프라 정비, 교사들의 안정된 월급 및 학교 운영을 위한 재정적 문제가 당면의 과제라고 할 수 있다.

4 재일한인 민족학교 현황—한국계 학교와 그 과제[60]

조련의 결성과 사상적 움직임에 대해 동의를 할 수 없었던 한인 세력은 1945년 11월 16일에 조선건국촉진청년동맹(건청)을 결성하였고, 1946년 1월 2일에는 신조선건국동맹(건동, 위원장은 박열)을 조직하였는데 이 단체가 민단의 전신이 된다. 건청은 조련에 대항하며 지방의 조직 확대를 맡고 민족교육을 시도한다. 박열 중심의 '건국대학강좌'를 개설하였고, 김해성에 의해 오전 시간의 '조선어(한글)강좌'도 개설된다.[61] 당시 조련의 공산주의 교육이 점차 농후해지자 사상운동에 반대하던 한인들이 1946년 3월 16일에 건국학원 초중학교를 설립한다. 같은해 9월에 교토한국중학교, 1947년에 1월에 규슈의 사가현 본부에서 민단초등학원을 개교한다(학생 80명 교사 4명)[62]. 같은 해 4월에 다카

60) 재일한인, 특히 한국계 학교의 민족교육에 대해서는 다음 연구에서 상세히 확인할 수 있다. 이수경·권오정·김태기·김웅기·이민호(2016)『2015 재외동포 재단조사 연구용역보고서 재일동포 민족교육실태 심화조사 및 정책방향 제시』재외동포재단, pp.1-530 참조. 청암대학교 연구팀(2013)『재일동포민족교육현황조사』재외동포재단

61) 洪万基「解放後の混亂期を戰った建靑創設回想錄」『朝國新聞』제1회(1974.11.23.)-제34회(1975.11.15.)연재중 제15회
김인덕 외(2013)『재일동포 민족교육 현황 조사』 재외동포재단 재인용

62) 전게서, 在日本大韓民国民团編(2017)『民团70年史』, p.694 참조

라츠카 한국소학교, 5월에 금강소중학 등이 설립되었다. 한편, 민단은 조련과의 신탁통치안을 둘러싼 대립과 더불어 점점 공산주의 사상운동을 광폭하게 전개하는 조련과의 거리를 확실히 한다.

1946년 10월 3일에는 일본에서 귀국하는 날까지 동포들의 권익옹호와 국제교류로 조국의 성립을 돕고, 동포들은 조국과 민족의 발전을 위해 노력한다는 기치를 내세운 재일본조선거류민단(1994년에 거류라는 표현을 삭제. 약칭 민단)[63]이 결성된다. 민단은 향후 한국의 경제발전과 차세대 교육 사업 등을 하며 한국 정부의 일본내 가버먼트 대역을 통해 자신들의 조직체를 다지게 된다. 즉, 민단의 결성은 어디까지나 모국의 정부 수립 후 공인을 받은 모국정부 산하의 재일 한인단체지만 조직 초기에는 조련의 활동에 밀려서 그다지 큰 움직임을 보이지 않았고, 특히 한인 아동교육에 대한 필요성은 느꼈으나 제도적 준비나 교사양성, 시설정비 등의 준비에는 이르지 못하였다. 말을 바꾸자면 지식청년층이 사상운동과 민족교육 운동측에 몰렸는데 비해 민단 측에는 민족교육 체계를 의식하며 조직의 차세대 교육준비를 할 수 있는 인재부족이었다고 지적할 수 있다. 결과적으로 조련의 전통을 계승한 압도적 숫자의 총련계 학교에 비하면 민단계는 학교 시설 확보 및 교사양성, 교재출판, 학습내용 연구 등이 준비되어 있지 않았던 결과, 민단의 한인차세대 아동교육에 있어서는 조련 및 총련계와 겨루기 어려웠던 것이다. 민단은 한국계 민족학교 수가 적은 이유를 다음과 같이 기술하고 있다.

---

63) 民団新宿支部편(2009)『民団新宿60年の歩み－雑草の如く生き抜いた同胞の歴史－』 도쿄, 彩流社, pp.126-127 참조.

재일민단은 자유민주주의 옹호 인사들이 조선인연맹에서 탈퇴하여 만든 신생조직이었기 때문에, 산하에 민족학교를 두지 못한 채 출범하였다. 이로 인해 재일민단계 민족학교는 조총련에 비해 그 수가 적을 수 밖에 없었다. 현재 전일제 초중고 민족학교로는 동경한국학교와 오사카건국학교, 금강학원, 교토국제학원 등이 있다. 이 밖에 일본 전역에 한국 교육원과 재일민단이 지원하는 한국어 학습 민족학교, 민족학급, 토요 주일학교 등이 운영되고 있다.[64]

〈사진 8〉 민단이 1977년과 1985년에 단원 및 민단계 아이들을 위해서 출판한 [재일한국국민교과서]. 실질적으로는 한국 교수들이 편집한 한국 문화 소개 및 한글 인사말 등의 내용

지금의 민단 체제는 다양한 형태의 우리말 교육과 어린이 민족교육을 위한 모국수학 및 어린이 잼버리 등의 연수 지원을 하고 있으나 초기 민단 지도부는 대한민국 국시를 준수한다는 방침으로 한미일 노선과 함께 하며 공산주의 운동을 반대하는 입장을 명확히 한다.

64) MINDAN·재외동포재단(2016)『재일본 대한민국민단 창립 70주년 기념사진전』, p.30

그리고 조련의 사상운동에 거리감을 느낀 재일한인의 결집에 힘을 쏟는다.

한편 해방 후 한인들이 모국의 불안정한 상황으로 귀국을 주저하며 민족교육에 주력하자 1947년 10월, GHQ 민간정보 교육국은 [조선인학교는 정규교과 이외에 추가 과목으로서 조선어 교수를 예외적으로 인정하되 그밖에는 일본 문부성의 모든 지령에 따르도록 할 것…][65]이라는 방침을 시달한다. 이런 억압과 더불어 같은 해 가을에 조선인학교 강제폐쇄령이 내려졌고, 1948년 1월 24일에는 문부성 학교 교육국장 명의로「관학(官學) 제5호」「조선인 설립학교의 취급에 대해서」를 각 도도부현 지사에게 통첩하여, 조선인은 일본 법령에 복종해야 하고 의무 교육은 학교 교육법에 의해 행해야 하며, 조선인 학교의 설치에는 지사의 인가가 필요하다는 내용을 시달한다. 결국 조련 해산과 더불어 공산주의 간부급은 추방에 이르고 1950년의 한국 전쟁 전후까지 재일한인에 대한 억압은 계속되었다. 그 뒤 샌프란시스코 조약과 조총련 결성이 이어지며 동족간 이념적 분열이 명확해졌다. 1965년의 한일국교정상화조약 체결 이후 일본의 재일한인 동화교육이 강화되었고, [남북 어느 쪽을 막론하고 그들이 행하는 민족교육에 대한 대책을 서둘러 확립해야 한다][66]는 시책을 강구했고, 한일조약 비준 뒤인 12월 28일에 [재일 조선인 청소년의 일본학교 취학]을 통해 재일한인의 민족교육을 부정하는 통달이 문부성 차관 명의로 나온다.

① 재일 한국인 청소년의 일본인 학교 취학을 제도화 함.

---

65) Tokyo Liaison Office to OFA USAMAGIC, *Weekly Report,* 1947.7.
66) 내각조사실『調査月報』1965년 7월호 참조.

② 조선인 학교에 일본의 교육 법령을 적용함.

③ 전 조선인 청소년에게 일본인화의 동화교육을 확대 실시함.

④ 장기적으로 조선인을 형식면에서도 내용면에서도 일본 민족으로 융화해감.

일본 문부성이 이처럼 동화 정책을 강조하는 것은 「반일(의배제)-반공-동화」를 세트로 하여 재일한인의 민족교육을 억제하고 냉전체제 속의 역학 관계를 이용한 동화 흡수를 의도했다고 할 수 있다.[67] 한미일 정책 노선에 서있던 민단의 입지가 좁았고 민족교육에 소극적이었던 이유도 이러한 역학 관계의 영향이라고 볼 수 있다.

민단중앙본부는 1967년 3월 25일에 일본 특별국회에 외국인학교 규제 법안이 상정되는 것을 계기로 민족교육의 보호책으로서 한국인학교를 일본의 학교교육법 제1조에 해당하는 사립학교로서 인가해 줄 것을 요구하는 요망서를 정부 당국에 제출하였지만[68], 결과적으로 도쿄한국학교는 1조교가 아닌 각종학교로서 현재에 이른다.

2019년 현재 한국계 학교는 도쿄한국학교와 오사카 2개교, 교토 1개교가 있다. 이 중의 3개교는 일본이 정하는 학교교육법 제1조에 해당하는 소위 1조학교이고, 도쿄한국학교는 각종 학교로 지정되어 있다. 즉 일본의 커리큘럼에 따르고, 일본어로 수업을 하면서 일본측의 지원을 받는다. 한국계 학교를 소개하자면 아래와 같다.

---

67) 권오정 「민족교육의 의미 분화」, 이수경·권오정·김태기·김웅기·이민호(2016) 『2015 재외동포 재단조사연구용역보고서 재일동포 민족교육실태 심화조사 및 정책방향 제시』, 재외동포재단, pp.56-57참조

68) 전게서(2018) 『民団70年史』, pp.76-77 참조.

① 백두학원 건국학교[69](공식 웹사이트 참조)[70]

1946년 3월 15일, 현재의 오사카 스미요시쿠에 구 일본통신학교가 폐교가 되는 것을 구입한 「백두동지회」(창설자는 조규훈, 초대교장은 이경태)는 백두학원을 창립하여 동포사회의 차세대에게 제대로 된 교육을 받게 하자는 취지로 건국공업학교·건국고등여학교를 설립한다. 조규훈과 이경태는 「인간은 사회에 있어서 공인된 자격이 없으면 안 되고, 특히 교육의 기본은 정치에 좌우되지 않은 불편부당으로 일본 사회는 물론 국제 사회에도 통용하는 학교가 아니면 안 된다」는 교육관으로 조련의 공산주의 경향의 교육운동에는 거리를 두고 자신들의 학교를 설립하게 되는 것이다. 교명은 조국을 건국한다는 뜻으로 건국공업학교·건국고등여학교라고 명명하였다. 1947년에는 6·3·3학제에 맞추어 건국중학교를 개설, 남녀공학제의 300명이 입학을 한다. 그 학생들이 3년 뒤 고등학교 입학을 계기로 1948년 3월 재단법인 백두학원을 인가받고 1951년에 학교법인으로 인가를 받는다. 그리고 한국정부로부터 초·중·고등학교로 정식 인가를 받는다. 1997년에 유치원을 설립하여 이 또한 한국 정부로부터 인가를 받는다. 일본의 1조교(민족학교로서는 첫 1조교-필자)로서 일본서 일부 운영 자금을, 1977년부터 한국 정부로부터도 지원을 받고

69) 大阪市住吉区遠里小野2-3-13
70) 2019년 4월 22일 열람. http://keonguk.ac.jp/about/

있다.

한편, 이 학교에서 재일본한국인 교육연구대회를 주관하여 올해 제 56회를 맞이하고 있다. 학생들은 진학을 의식하지만 음악합주회의 정기연주회를 갖는 등 동아리 활동도 활발히 이뤄지고 있다.

학교의 교육 방침

가. 사립학교의 독자성과 재일 한국인 학교로서의 특수성을 충분히 살려서 지·덕·체의 원만한 발달을 기도한다.

나. 재일한국인으로서의 긍지를 가지고 국제사회에 적응할 수 있는 폭 넓은 능력을 갖추고 사회에 공헌하는 유능한 인재를 육성한다.

백두학원의 중점목표

가) 민족교육의 충실

나) 기본적 생활습관의 지도

다) 진로지도의 철저

진학지도－기초학력의 정착, 특별진학 지도

취직지도－취직정보의 신속화, 직업선택 지도

② 학교법인 금강학원의 금강학원 소·중·고등학교[71]

필자는 도쿄한국학교나 조선학교, 일본 국공립학교 수업참관을 해 왔던 터라 지역의 한국학교를 찾아가 Y교장 및 학교 실무진과 담소를 나누며 수업을 볼 기회를 얻었다.

---

71) 2019년 4월 22일 열람. http://www.kongogakuen.ed.jp/

방문시간 : 2019년 3월 6일 12 : 00~16 : 00
대응 : Y교장(국어교육학 전공, 한국 정부 파견)

학교 위치는 오사카 남항의 세계적인 비즈니스 행사가 자주 개최되는 코스모스퀘어에서 가까운 조용한 곳에 자리잡고 있는데, 학생들이 마음껏 뛰고 공부 할 수 있는 환경이라는 느낌이 들었다. Y교장 및 C교감, 실무 담당자와 일본인 교사 등을 만나서 학교에 대한 이야기를 들었는데, 최근에는 일본 국적자의 입학도 늘어서 한류문화의 영향으로 한국 학교에 진학하는 학생도 증가하고 있다고 한다.
초등부 학생들의 어학 반복 연습의 효과를 볼 수 있었고, 컴퓨터 이용의 수업과 교사가 자율 수업을 지도하는 장면, 원어민의 영어 교육 등 다채로운 내용을 참관할 수 있었다. 학생들 대부분은 밝게 우리말 인사를 구사하였고, 학교규모는 필자가 방문했던 조선학교와 유사하였다. 운동장이나 교실 등은 넓게 사용되고 있었고, 학교 뒷면으로는 오사카만의 바다가 보여서 트인 환경이라는 느낌이 들었고, 모두 학습을 즐기고 있었다. 어떤 학생은 교토 근처서 혼자서 통학할 정도로 민족교육에 대한, 우리말 사용에 대한 의식을 가지고 다닌다고 한다. 교장 교감을 비롯한 교사들 간의 의사소통도 비교적 원활하게 이뤄지고 있는 것 같았고, 일본인 교사도 학교에 오랫동안 근무한 만큼 동료의식을 나누며 학생들과도 친하게 대하고 있었다.
과제라면 안정된 학교 운영과 학생들에게 보다 좋은 모국 연수 기회 등을 줄 수 있는 지원이 이뤄지는 것이라고 하였다. 참고로

이 학교의 연혁을 보면 다음과 같다.

1946년 2월에 오사카의 니시나리 조선인교육회가 결성되어서 4월에 니시나리 우리학교가 개교를 맞는다. 1948년 2월에 교사신축을 하고 1950년 3월에 재단법인 금강학원 설립을 인가받고 금강초등학교 설립도 인가받는다. 1954년 4월에 금강중학교를, 1960년 4월에 금강고등학교를 신설하고 다음 해인 1961년 2월에 한국 문교부가 처음으로 해외 한국학교로 인가를 한다. 1968년 2월에 오사카한국중고등학교로 이름을 바꾼다.
1985년 11월에 오사카부로부터 금강학원 중고등학교가 1조교로 설치인가를 받고, 1986년 4월에 금강학원 초중고등학교로 교명을 변경하여 2007년 8월, 현재의 오사카시 스미노에구 코스모스퀘어 지구에 완성한 신교사로 이전한다.
2008년 4월에 고등학교 특진코스 신설, 2008년 11월에 제1회 금강학원 오픈 태권도 선수권대회를 개최하기에 이른다. 다음해 3월에 태권도 전문도장인 금강수련관을 개관한다.
2017년 1월에 금강학원 부설의 토요한글학교를 개교하여 운영하고 있다.

학교는 비교적 신항구 정비 지역의 넓고 호젓한 교육적 환경으로 교과서는 기본적으로는 일본 문부성 검정의 교과서와 한국교육부 발행 혹은 검정 교과서 및 한국 참고서, 그리고 관서지역 학교들이 자체적으로 만든 한국사 등의 부교재를 사용하고 있다.

학교법인 금강학원(1985년부터 1조교, 체험입학 및 오픈 캠퍼스 있음)

〈사진 9〉 2019년 3월 현재 오사카 금강학원

학교의 교육적 특색

한국어, 일어, 영어의 3개 국어를 가르치며(외국어교육 강화), 글로벌 사회에 있어서의 정체성이나 민족의 긍지를 키우는 정체성 교육, 재학생의 희망이나 요망을 중시여기며 섬세한 진학지도, 타인을 배려하며 함께 살아가는 따스한 마음을 키우는 인간성 중시 교육을 특색으로 하고 있다.

③ 1947년 설립한 교토국제학원[72]

교토에서 재일한인의 민족교육의 장으로 자리매김한 교토국제학원은 중고등학교를 중심으로 한 학교로서 현재는 어학 교육과 진

72) 2019년 4월 22일 열람. https://kyoto-kokusai.ed.jp/kr/info교토시 히가시야마구 이마구마노 혼다야마 1번지

학 지도에 힘을 쏟고 있는 인터내셔널 스쿨의 성격도 갖추고 있다. 1947년에 교토조선중학교로 개교한 이 학교는 1958년에 학교법인 교토한국학원을 설립하였고, 교명을 교토한국중학교로 바꾼다. 1961년에 한국 정부로부터 중학교의 인가를 받고, 1965년에는 교토 한국중고등학교로서 인가를 받는다. 2001년에는 기숙사가 완성되었으며, 2003년에는 교토국제중고등학교가 일본 문부성의 1조교로 인가를 얻게 된다. 이로서 관서지방의 한국계 민족학교 3개 모두 문부성 1조교 및 한국 교육부 인가 학교가 되는 것이다. 2004년에는 교토국제중고등학교로 거듭나는 이 학교는 다언어 교육과 명문대학 진학에 진력하는 추세이고, 한국식 국제학교로 운영하는 P교장의 특색이 잘 나타나 있는 학교라고 할 수 있다. 학교교육 목표는 아래 그림에 나타나 있듯이 국제인을 양성하며 해외 연수, 다언어 습득, 동아리 활동, 이문화 이해 등의 그야말로 글로벌 인재 육성을 의도하는 학교임을 알 수가 있다.

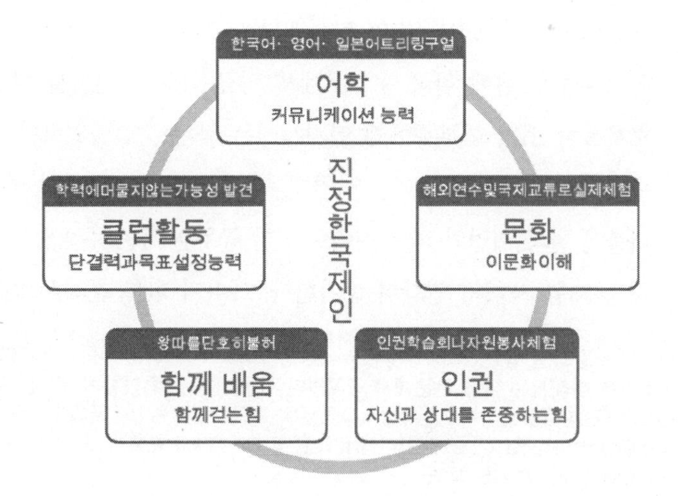

④ 도쿄한국학교[73]

도쿄한국학교는 필자 학교에서 다문화 교육수업 등으로 자주 가는 곳이다.

고급 영어프로그램인 이머젼(immersion)프로그램으로 한영일 3개 국어 마스터는 물론, 다양한 동아리 활동으로 취미 활동도 적극적으로 키워주는 학교이다.

1953년 11월, 한국전쟁 휴전 후, 보다 적극적으로 재일한인 차세대 교육을 지원해야 한다는 민단의 전체대회 결의에 의해서 창립되어 1954년 4월 26일에 개교를 했다. 초기 학생수는 초등부 17명, 중등부 9명의 총 26명, 교사 10명으로 시작한 학교이다. 일본에서 태어나 한국으로 유학가서 서울교육대학(당시 2년제)을 졸업하고 한국의 교사 자격을 취득한 재일한인 출신 교사 이화지가 영입되어 학생모집에 힘쓴 것을 필자는 기록한 적이 있다.[74] 이 학교는 1962년에 한국 문교부에서 정규 학교로 인가를 받는다. 교사들이 초기 학부형에게 인지시키는 과정은 힘들었으나 신쥬쿠에 위치한 이점은 물론, 80년대 이후의 한국의 경제적 성장과 더불어 한국 기업의 외국 진출로 인한 공무원 혹은 주재원이 늘면서 주재원 자녀의 입학이 증가한다. 게다가 한류 문화의 인기로

73) 2019년 4월 22일 열람. http://www.tokos.ed.jp/smain.html東京都新宿区若松町2-1

74) 이화지에 대해서는 다음 논문에서 구체적인 활동 내용을 확인할 수 있다. 李修京(2017)「日本の多文化共生社会化への先駆け·在日女性たちの戦後の生き様(下)：東京韓国学校の教師として43年·李和枝【『東京学芸大学紀要　人文社会科学系Ⅰ』제68권, pp.97-110 참조.

사업차 일본을 선택한 뉴커머(신정주자)가 급증하면서 도쿄한국학교는 정원을 넘어섰고, 학교 입학을 바라는 대기 아동이 2018년 현재 400명을 넘어 협소한 교육 공간을 해소하기 위해 제2도쿄한국학교 증설을 고민하여 오고 있다. 2017년 현재 재학생은 초등부 689명, 중등부 352명, 고등부 324명의 총 1,365명이다. 다른 민족학교의 현안인 학생수 감소 문제와는 달리 도쿄한국학교는 압도적인 학생 수와 대기학생 문제를 어떻게 해소할 것인지가 당면의 주요 과제가 되어 있다.

참고로 필자는 2013년도 말부터 도쿄한국학교 제2학교 설립 연구 프로젝트에 참가하였는데 학교 면적(약1700여 평)에 비해 학생수 증가로 포화상태이고, 99프로의 학생이 뉴커머 혹은 일본국적자라서 재일한인 차세대 육성의 원래 취지가 다른데다 진학중심의 학교가 되어 있어서 그런 제반문제를 해결하기 위해 제2학교 설립을 추진하게 된 것이다. 또한 수도권 거주 한국적 한인은 2013년 필자팀이 조사했을 때 17만3,447명이었고, 학령인구가 15,000명에 달하지만 한국 학교는 1개 밖에 없다는 수요 문제가 큰 과제가 되었다.[75] 하지만 박근혜 정권 때 약속을 받았던 마스조에 요이치(舛添要一) 지사가 물러나고 새로 취임한 고이케 유리코(小池百合子) 지사는 자국의 대기 아동 대응이 우선이기에 외국인인 한국 학교에 부지를 내 주는 일은 없다고 공언을 한다. 지구촌의 모든 아이들이 차별없이 배울 권리를 주창한 유엔 아동권리 협약에 반하는 행위조차 서슴치 않는 고이케 지사의 행위로

75) 졸고 「'재일동포교육'을 통한 '글로컬코리언' 육성 제안-(1)(2)」『세계한인신문』 2015년 6월 15일자 참조. http://www.oktimes.co.kr/news/articleView.html?idxno=5142

인해 외국인임을 다시 깨달아야 했고, 제2학교 계획은 수포로 돌아가게 된 것이다.

현재 이사장은 민단 중앙본부에서 선출되고, 제4대부터 학교장 및 교사들 몇 사람을 한국에서 파견한다. 교과서는 기본적으로 한국에서 출판된 것을 사용하고, 민족교육보다는 교토국제학원과 유사한 형태의 특수 목적의 진학 학교에 가깝다고 할 수 있다. 도쿄한국학교는 다음과 같은 내용을 교육 중점화 시키고 있다.

* 주·작문(週·作文) : 매주 작문 노트를 작성하고 제출해야 합니다.
* 월·토론(月·討論): 매월 토론 활동에 1회 이상 참여해야 합니다.
* 연·연설(年·演說): 매년 1회 전체 학생들 앞에서 연설을 해야 합니다.

반복 학습을 통해 적고, 말하고, 자신을 정리해서 내세우는 담력 연습에 진력하고 있다.

〈사진 10〉 2018년 12월 현재. 도쿄한국학교 운동장과 교실 및 체육관

5 나고야 한국학교와 일본 공립학교 민족학급 외 샘물학교

그 외 1962년에 민단 아이치본부 나카무라지부에서 민족교육이 시작된 뒤, 나고야시의 나카무라구에 자리를 잡은 아이치 한국학원(나고야 한국학원)이 있다. 모국의 교육에 기여하고 진주교육대학에 가정 정환기 장학재단을 설립한 재일한인 정환기의 노력이 오롯이 스며있는 나고야한국학교는 1974년에 민족 교육 50시간의 무제 교육을 실시하였고, 1976년에는 1000명 돌파 기념심포지엄을 개최하여 화제가 되었다. 현재는 야간 한국어 및 한국문화학교, 토요학교 등의 자율학교 운영식으로 지역 주민에게 열려 있어서 현재 약 500명의 회원들 대부분이 지역민들이다(한국인은 100명 정도)[76]. 주로 한국어와 한국문화(한국사, 무용, 장구, 보자기, 요리, 태권도 등)을 가르치는 공간이 되어 있다. 그리고 민단 지방본부 등에서 연계를 하는 한글학교가 약 150여 개 있으나 개업폐점식 학교도 있기에 명확히 전부를 파악할 수는 없다.

한편, 관서지방의 공립학교에 다니는 한인학생들에게 민족교육의 기회를 주기 위해 일본 지자체에서 소규모 예산으로 설치한 학급으로, 2016년 현재 민족학급은 190개[77]가 있고, 강사들은 재일동포 출신이 대부분이다. 강사들은 적은 보수를 받으며 사명의식을 가지고 아이들을 가르치고 있다. 이 민족학급은 미군정시기에 일본 정부의 회유책으로 연합군 사령부(GHQ)가 내린 조선인학교 폐쇄령으로 인해 일본인

---

76) 전게서(2017) 『民団70年史』, pp.637-638 참조.
77) 이수경·권오정·이민호·김웅기·김태기(2015) 『재일동포 민족교육실태 심화조사 및 정책 방향 제시』2015 재외동포재단조사연구용역 보고서, p.299 참조.

학교에 강제 편입된 재일한인의 민족어와 문화를 배울 기회가 박탈된다는 주장으로 일본 교육당국에게서 확보한 유일한 민족교육권이다. 오사카공립학교에서 유지되어 온 이 '민족학급'을 향후 어떻게 유지 발전시킬 것인지가 과제가 되어 있다.

한편, 도쿄 지역에는 일본에서 태어나고 자란 재일중국인 조선족동포 아이들을 대상으로 한국어 및 중국어를 가르치는 샘물학교가 있다. 이 학교는 격주 주말학급에 해당되고, 정식 인가를 받은 학교는 아니어서 현재 도쿄 한국학교 교실을 빌려서 운영을 하고 있다. 필자의 제자도 이 학교에서 가르치는 강사지만 대부분이 봉사 차원이기에 다문화사회 속의 마이널리티 교육으로서는 주목을 받지만 아직 안정된 학교 체제를 갖추지 못하고 있다. 즉, 안정된 공간 확보와 운영 자금 확보, 다양한 아동들의 교육활동의 확대 등이 과제가 되고 있다.

그 외, 민단 자체에서 실시하는 모국수학 및 어린이 잼버리 등의 현지 연수 등도 민족 교육에 도움이 되고 있다. 자세한 내용은 앞에서 소개한 이수경, 권오정, 김태기, 김웅기, 이민호(2015)의 『2015 재외동포재단 조사연구용역 보고서－재일동포 민족교육실태 심화조사 및 정책방향 제시－』(재외동포재단)에서 확인할 수 있다.

6 나가면서

앞에서 보다시피 해방 후의 귀국 준비의 하나로 시작한 재일 한인의 민족교육은 복잡하게 얽혀진 역사 속에서도 여러 형태로 다양하게 그

맥을 이어 왔다. 그러나 한인 세대교차가 진행되면서 3-4세 이후에는 점차 모국에 대한 의식의 약화와 마이널리티 계층 개념보다 자신들은 한민족을 뿌리로 가졌으나 일본에 살고 있는 일본 사회의 구성원이자 재일한인이라는 정체성에 눈을 뜨게 된다. 즉, 한민족문화와 일본문화, 그리고 재일한인 문화의 트리플 문화를 향유하는 [재일한인]이라는 것이다. 이것은 현지 생활거주지의 구성원으로서, 자신의 뿌리는 기억하되 모국에 기대하기보다 자신의 삶을 주체적으로 선택하며 국경을 넘나드는 글로벌 다문화사회의 일원으로서의 글로컬 시민[78]이 되는 것을 의미한다.

틈새문화가 아니라 되려 다문화를 향유할 수 있다는 적극적 발상으로 자신들의 정체성을 찾고 민족을 기억하며 자신의 삶을 주체적으로 선택하여 살아간다는 것이다. 다문화교육의 궁극적 목적이라고 할 수 있을 것이다.

해방 전후의 재일한인과 일본사회의 양상을 고찰하며 민족교육의 변천, 남북 민족교육의 현황에 대해서도 모색을 하려고 했다. 모국은 물론, 일본사회의 시대적사회적 변화에 의해 민족교육의 양상도 변화를 보였고, 한인 3세 이후의 민족의식의 희박함과 더불어 개개인의 정체성 정립을 위한 현지생활 우선이라는 주체적 선택이 용인되고 있는 것을 교과서 개편내용에서 확인할 수 있었다.

---

78) 현지 거주지의 구성원으로서의 역할을 다하며 민족의 뿌리를 기억하고 글로벌 사회를 넘나들며 다문화 사회의 가교 역할도 하는 시민형성 교육을 칭함. Global과 local의 합성어로서 국경이 낮아진 현대 지구촌 사회에서 살아갈 시민 교육을 말하며 Oxford사전에 게재된 적극적 이미지를 활용하고 있음. 한인글로컬 시민교육에 대해서는 다음 글에서 상세히 술하고 있다. 졸고(2017)「재일한국인 민족교육 고찰－glocal citizenship 교육을 통한 차세대 육성－」『동아시아의 마이너리티와 日本研究』韓國日本學會(KAJA) 第94回國際學術大會, pp.215-223 참조.

일본제국주의 강점기 때의 민족교육이란 조국과 민족을 되찾아야겠다는 신념의 해방운동이었고, 해방 직후의 재일한인에게는 일본에서 태어난 자신들의 아이들에게 모국어와 모국문화를 가르쳐야한다는 귀국운동으로 번졌다. 격렬하게 퍼지는 민족교육운동에 위협성을 느낀 GHQ와 일본 당국은 조련을 해산시키고, 조련계 학교는 1955년 이후 조총련계 조선학교로 통합되면서 체제주의 국민형성 교육을 위한 언어 및 사상교육을 철저히 하게 된다. 한국계 학교도 이와 대립하면서 국가주의 사상을 교육 내용에 반영하게 되고, 교육의 주체가 되어야 할 어린이의 지식적 문화적 발달은 내셔널리즘 체제하에 놓이게 된다. 그러나 세월과 더불어 시대 상황이 변하자 1993-1994년에 민단도 총련도 귀국보다 일본 정주를 명확히 하며 일본 사회의 구성원으로서의 한인의 삶을 선택하기 시작한다. 게다가 2002년 한일월드컵 공동개최 이후 한류 인기로 인해 한국의 문화적 경제적 성장에 뿌듯함을 느끼던 한인들이 자신들의 뿌리를 찾겠다는 자신감어린 선택으로 변하는 경향이 나타난다.

일본 법무성이 발표한 2017년 말 현재의 재일동포를 보면, 일본에는 한국 국적자가 450,663명, 조선적을 포함한 특별영주자는 30,991명이 살고 있다. 물론 이 조선적에는 해방 전의 원코리아였던 통일 조국을 바라고 국적을 선택하지 않는 사람도 있으므로 반드시 조총련계 구성원이라고만 할 수 없다. 또한 조총련계 소속에서 이탈 혹은 세계화 사회 속에서 강력한 영향력을 가진 대한민국 여권[79]으로 글로벌 사회를 향

79) 글로벌 금융자문 사아톤캐피털이 발표한 2018년도 세계여권지수(passport index)를 보면, 해당 여권으로 무비자 여행이 가능한 국가 수로 매긴 순위 1위가 독일, 2위가 한국이었다. 전체 199개국·지역을 대상으로 한 것인데, 북한은 전체 순위 85위에 해당된다. 그만큼 갈 수 있는 나라가 한계가 있음을 시사한다. 「2018 세계여권 경쟁력 1위 독일… 한국여권 경쟁력은?」『중앙일보』2018년 1월 23일 참조. https://news.joins.com/article/22308922

유하며 공신력있는 여권으로 보다 폭 넓은 삶의 가능성을 추구하려는 의도에서 한국 국적을 선택하는 사람들도 적지 않다. 혹은 조총련과 관계는 있지만 편리상 대한민국 국적을 취득한 사람 또한 적지 않다. 즉, 국적만으로 남한이냐 북한이냐 동포냐 아니냐를 판단하거나 한나라 한 민족만을 주장하는 주입식 민족교육을 하기에는 실로 복잡한 시대임을 직시할 필요가 있다.

한편, 일본 내 중국 국적의 조선족 동포가 약 10만 명이 된다고 한다. 즉, 한민족을 뿌리로 하는 동포들은 국적만으로 알 수 없는 상황이 되어 있다. 그런 상황 속에서 국내에서의 동포 개념이 복잡해지고, 이미 재미한인이 270만 명을 넘고[80], 출입국외국인 정책통계연보의 2017년 조사에 따르면 한국 국내체류 외국인은 2,180,498명[81]이 된다. 말을 바꾸자면 한인들의 많은 인구이동이 다양한 형태로 국내외에서 이뤄지고 있고, 그들의 민족교육의 양상 또한 시대에 맞는 형태로 변화시켜 나가야 한다는 것이다.

특히 재일한인들의 동향에서 보면 1990년대 이후 남북·일본의 관계가 복잡한 변화의 양상을 보인다. 체제이념뿐만 아니라 국가발전 전략의 차이에서 비롯한 남북 간의 갈등과 화해무드의 반복, 한일 간의 대중문화 교류에서 보는 것과 같은 급접근과 위안부, 독도문제에서 보는 것과 같은 급냉각 속에서의 반일·혐한의 응수, 북일 간의 납치문제를 둘러싼 긴장 등의 정황 아래서 재일한인사회도 많은 변화를 겪어 왔다. 이제는 함께 어우러져 살아가야 할 이유를 동족 간 공생의 가능성 모색

80) 「미국내 한인총 270만 명 달한다」『한국일보』2017년 9월 23일자 참조.
http://www.koreatimes.com/article/20170922/1077756
81) 출입국 외국인정책 통계연보. 2018년 12월 6일 열람.
http://www.index.go.kr/potal/main/EachDtlPageDetail.do?idx_cd=2756

으로 접근해서 강구해야 할 시기에 있다. 다양화가 진행되는 글로 벌 사회에서 배타적 내셔널리즘보다 포용하며 함께 협력할 수 있는 시너지원(源)이 되기 위해 민족의 뿌리를 공유하며 자긍심을 갖고 인류사회에 책무를 느끼는 「글로컬 코리언」 육성이 시대적 과제이다.

한편, 민족주의 교육으로 존속해 온 조선학교가 재일중국 조선족아동, 혹은 한국 국적자도 받아들이며 다양화에 대응하려고 노력하는 것 같으나 이토 히로코가 조선학교를 선택하지 않았던/못했던 4명의 인터뷰를 통해서 조선학교 학생 감소에 대해 다음과 같은 분석을 하고 있다.

> 첫째, 조선학교에 다니는 학생은 「엘리트 재일조선인」이며 다니지 않는 학생과는 「다른 종류의 재일」이라는 것이다. 둘째, 뉴커머 재일한인에게는 「조선」은 「한국」과는 다른 곳으로 「조선/재일의 핏줄」은 「한국의 핏줄」과는 다른 의미를 가지고 있다. 셋째, 조선학교 교육에서 습득할 수 있는 언어는 「조선어/재일어」이기에 「한국어」와 다른 언어체라는 인식이 있다. 이상과 같이 조선학교 내부와 외부 사이에 핏줄, 민족성 그리고 언어라는 측면에서 보이지 않는 경계가 존재하고 있었으며 이로 인해 일부 재일한인학생이 조선학교를 진학처로 선택하지 못하고 있었다.[82]

여기서 조선학교 재학생들을 '엘리트 재일조선인'이라는 표현을 사용하고 있는데 말을 바꾸자면 조총련 간부자제의 교육기관이라는 의미도 생각할 수 있다. 조총련도 민단도 일반 재일한인과는 달리 모국의 해외기관 역할을 하는 가버먼트적 위치에서 오랜 시간을 일반 한인의 대표격으로 존재해 왔다. 엄밀히 말하면 동서로 분열된 한인사회, 그리고

---

82) 이토 히로코(2018) 「조선학교 선택에 있어서 보이지 않는 경계선」『재외한인연구』 第46회, p.86

상하관계로 분리하여 한인사회를 형성하여 온 것에 대한 책임도 적지 않다. 이제는 예전과 다름을 인식하며, 자성의 기회를 통해 새로운 민족교육을 민단도 총련도 모색해야 할 것이다.

재일한인의 가치관도 삶에 대한 의식도 유동적으로 변하고 있다. 그런 정황의 변화와 한인 자신의 사회적·심리적 변화로 일본국적취득(귀화) 한인, 조선적에서 한국적으로 국적을 바꾸는 한인 또한 증가하고 있다. 인구의 변화는 취학아동수의 변동과 직결된다. 정황의 변화로 한인사회도 한인의 가치관도 실로 다양해지고 있다. 학교 교육도 그러한 한인의 정체성과 걸맞는 민족교육을 모색하여 차세대 한인 스스로가 민족을 기억하는 프로세스를 준비하는 것이 민족 단체의 책무라고 할 수 있다.

[자료] 2019년 4월 7일 현재의 재일조선학교

학교이름	우편번호	소재지	전화번호
朝鮮大学校	187-8560	東京都小平市小川町1-700	0423-41-1331
東京朝鮮中高級学校	114-0033	東京都北区十条台2-6-32	03-3908-0111
東京朝鮮第一初中級学校	116-0014	東京都荒川区東日暮里3-8-5	03-3807-3635
東京朝鮮第二初級学校	135-0051	東京都江東区枝川1-11-26	03-3644-1544
東京朝鮮第三初級学校	173-0033	東京都板橋区大山西町67-25-6	03-3958-0126
東京朝鮮第四初中級学校	123-0844	東京都足立区興野1-18-12	03-3889-8321
東京朝鮮第五初中級学校	131-0041	東京都墨田区八広5-22-15	03-3617-7911
東京朝鮮第六初級学校	146-0083	東京都大田区千鳥2-3-15	03-3750-4145
東京朝鮮第九初級学校	166-0001	東京都杉並区阿佐谷北1-39-3	03-3338-9525
神奈川朝鮮中高級学校	221-0844	横浜市神奈川区沢渡21	045-311-0689
横浜朝鮮初級学校	221-0844	横浜市神奈川区沢渡21	045-311-4966
川崎朝鮮初級学校	210-0833	川崎市川崎区桜本2-43-1	044-266-3091
南武朝鮮初級学校	213-0013	川崎市高津区末長1116-4	044-866-6411

鶴見朝鮮初級学校附属幼稚園	230-0046	横浜市鶴見区小野町10	045-501-4269
西東京朝鮮第一初中級学校	190-0022	東京都立川市錦町4-7-12	042-524-3204
西東京朝鮮第二初級学校	194-0015	東京都町田市金森東1-17-1	0427-22-0051
千葉朝鮮初中級学校	262-0024	千葉市花見川区浪花町965	043-273-8944
埼玉朝鮮初中級学校	330-0804	さいたま市大宮区堀の内町1-501-1	048-644-1954
埼玉朝鮮幼稚園	333-0831	川口市木曽呂1392-1	048-297-4933
茨城朝鮮初中高級学校	310-0851	水戸市千波町2864	029-241-3535
群馬朝鮮初中級学校	371-0044	前橋市荒牧町2-2	027-232-2160
栃木朝鮮初中級学校	323-0806	小山市大字中久喜1518	0285-23-2361
北海道朝鮮初中高級学校	004-0874	札幌市清田区平岡四条2-6-1	011-881-3971
東北朝鮮初中級学校	982-0837	仙台市太白区長町越路19-558	022-229-2131
福島朝鮮初中級学校	963-1151	郡山市田村町金沢大字豆田94-1	024-955-3118
長野朝鮮初中級学校	390-0851	松本市大字島内2643-1	0263-40-7963
北陸朝鮮初中級学校	910-2162	福井市南山町20-1	0776-41-3412
新潟朝鮮初中級学校	950-0036	新潟県新潟市空港西2-14-1	025-274-8524
愛知朝鮮中高級学校	470-1168	豊明市栄町南舘55	0562-97-1324
東春朝鮮初級学校	486-0838	春日井市弥生町平野2047	0568-81-3035
豊橋朝鮮初級学校	441-8041	豊橋市柳生町19	0532-48-0224
名古屋朝鮮初級学校	453-0801	名古屋市中村区太閤1-18-33	052-451-4725
愛知朝鮮第七初級学校	489-0884	瀬戸市西茨町111-60	0561-82-6308
岐阜朝鮮初中級学校	501-6121	羽島郡柳津町佐波字丸池6035	0582-79-1654
静岡朝鮮初中級学校	422-8046	静岡市中島1171	054-285-5022
四日市朝鮮初中級学校	510-0803	四日市市阿倉川町8-30	0593-31-1671
大阪朝鮮高級学校	578-0984	東大阪市菱江2-18-26	0729-63-3481
東大阪朝鮮中級学校	544-0012	大阪市生野区巽西3-16-4	06-6757-0991
中大阪朝鮮初級学校	537-0021	大阪市東成区東中本3-17-6	06-6976-7644
北大阪朝鮮初中級学校	533-0015	大阪市東淀川区大隅1-5-19	06-6328-6794
生野朝鮮初級学校	544-0012	大阪市生野区巽西3-14-16	06-6758-0848
東大阪朝鮮初級学校	577-0845	東大阪市寺前町2-4-22	06-6728-4202
大阪朝鮮第四初級学校	544-0034	大阪市生野区桃谷4-9-22	06-6712-8833
城北朝鮮初級学校	535-0022	大阪市旭区新森6-8-4	06-6951-3221
南大阪朝鮮初級学校	559-0011	大阪市住之江区北加賀屋1-11-1	06-6685-6505
大阪福島朝鮮初級学校	555-0033	大阪市西淀川区姫島6-2-3	06-6473-8487
神戸朝鮮高級学校	655-0017	神戸市垂水区上高丸1-5-1	078-709-0255
尼崎朝鮮初中級学校	660-0054	尼崎市西立花町4-5-17	06-6419-3681

西神戸朝鮮初級学校	653-0024	神戸市長田区浜添通1-2-6	078-671-1963
神戸朝鮮初中級学校	651-0072	神戸市中央区脇浜町1-6-1	078-251-1104
西播朝鮮初中級学校	670-0980	姫路市苫編町60	0792-93-1151
伊丹朝鮮初級学校	664-0839	伊丹市桑津1-4-7	0727-82-5367
京都朝鮮中高級学校	606-8282	京都市左京区北白川外山町1	075-791-1131
京都朝鮮初級学校	606-8282	京都市伏見区小栗栖丸山1－2	075-573-3311
京都朝鮮第二初級学校	615-0924	京都市右京区梅津尻溝町3	075-861-0608
滋賀朝鮮初級学校	520-0812	大津市木下町2-24	077-522-1921
和歌山朝鮮初中級学校	641-0006	和歌山市中島3-1	0734-72-7338
広島朝鮮初中高級学校	732-0048	広島市東区山根町37-50	082-261-0028
山口朝鮮初中級学校	750-0044	下関市神田町2-8-1	0832-22-9303
岡山朝鮮初中級学校	712-8022	岡山県倉敷市水島北緑町2-3	086-444-8576
岡山朝鮮幼稚園	701-0221	岡山県岡山市藤田608-3	086-296-4032
四国朝鮮初中級学校	791-8032	松山市南斎院町50	089-822-4455
九州朝鮮中高級学校	807-0825	北九州市八幡西区折尾3-5-1	093-691-4431
北九州朝鮮初級学校	807-0825	北九州市八幡西区折尾3-5-1	093-691-4432
福岡朝鮮初級学校	811-0202	福岡市東区和白5-17-1	092-606-4611
小倉朝鮮幼稚園	802-0022	北九州市小倉北区上富野4-2-12	093-531-2080

이 글은 2018년도 재외동포재단 용역인『조선학교 실태 파악을 위한 기초조사』(2019년1월에 최종원고 제출, 2019년 6월23일 현재 미발간)에 제출한 조선학교 관련 내용의 일부 중복된 부분은 수정 보완하여 작성한 것이다.

동아시아연구총서 第6권

동아시아 마이너리티 사회와 타자표상

조선학교 교과서에서 보는 체제유용성 추구의 민족교육

-고급부「현대조선력사」를 중심으로-

권오정(權五定)

히로시마대학에서 교육학박사를 취득하고 경희대학교·한국교원대학교·류코쿠대학 등에서 교수를 역임하였다. 현재 류코쿠대학 명예교수이며 도쿄가쿠게이대학에서 연구펠로우로 활동하고 있다. 학술교류단체 BOA 이사장, 사회과교과교육학회(KASSE) 고문, 일본 Korea연구실 고문으로도 활동하고 있다.『국제화시대의 인간형성』,『사회과교육학의 구조와 쟁점』(공저),『성심교린으로 살다(誠心交隣に生きる)』(감수),『다문화공생을 되묻다(多文化共生を問い直す)』(공편),『다문화공생사회에 살다(多文化共生社会に生きる)』(감수) 등의 저서가 있다.

1 시작말

재일동포의 민족교육은 내용적 실체보다는 외형적 조건을 중심으로 이념적 차원에서 말해지는 경우가 많다. 구체적으로 어떠한 민족교육이 이루어지고 있는지 그 실상을 명료하게 보여주고 설명하는 연구 성과를 만나기도 어렵다. 교육 그 자체의 사실을 설명하지 않고, 교육이 이루어지는 조건을 민족 혹은 국가의 이념적 차원의 「위대함(The Image of Greatness)」을 전제로(혹은 그 위대함의 손상을 포함하여) 진술하거나 주장하는 경향이 강하다는 것이다. 「민족교육」이라는 개념이 애매한 채로 통용되고 있는 이유도 그러한 사정에서 연유되고 있다고 본다.[1)]

재일동포의 민족교육이 주변 조건이나 정황을 중심으로 이념적 차원에서 파악·연구되어온 배경에는 재일동포 혹은 민족교육이 겪어온 특별한 사정이 있었음을 부인할 수는 없다. 그러나 이념적 차원에서의 진술이나 주장만이 계속될 때, 연구는 물론 민족교육 자체의 발전적인 방향 모색이 불가능하다는 것도 사실이다.

지금까지의 재일동포 민족교육에 대한 연구의 경향을 거울삼아 새로운 민족교육의 가능성을 탐색하는 출발점으로서, 이 글을 통하여, 재일

---

1) 이수경(연구대표)·권오정·김웅기·김태기·이민호(2017) 『2015재외동포재단 조사연구용역 보고서-재일동포 민족교육의 실태 심화조사 및 정책방향 제시』에서는 민족교육을 ① 공공적 자질을 육성하려는 유형, ② 한국인으로서의 독자성을 기르려는 유형, ③ 한국인(민족)의 공동체 의식을 함양하려는 유형, ④ 애국애족의 정신·태도를 기르려는 유형, ⑤ 세계를 무대로 활약할 수 있는 한국적 인재를 육성하려는 유형, ⑥ 타인과 공생할 수 있는 능력과 자질을 기르려는 유형 등으로 유형화하여 민족교육의 의미를 분명히 하려고 시도하고 있다. 다만, 이는 이념형이고, 한국계만을 대상으로 한 것이기 때문에 일반화에는 미치지 못하고 있다.

동포의 민족교육이 실제로 어떻게 이루어지고 있는지 조선학교의 교과서를 중심으로 살펴보고, 이를 ①교육의 주체와 객체의 우선 문제, ②사회·역사에 대한 정태적 인식과 동태적 인식 문제, ③교수과정에서의 지식의 성장과 추상화 문제 등과 관련하여 논의 검토하려고 한다.

조선학교의 교과서를 중심으로 재일동포 민족교육의 실체를 파악하려는 시도에도 한계가 있겠지만, 다음과 같은 이유에서 시도의 타당성을 찾을 수 있다고 본다.

첫째, 조선학교는 재일동포의 민족교육을 담당하는 교육기관으로서의 대표적 위상을 지켜왔다.

둘째, 민족교육이 시작될 때부터 주도적 역할을 한 조련[2]은 교재, 교과서를 개발, 보급했으며, 조련의 교과서는 민족교육 그 자체라는 상징적 의미를 내포하고 있다고 볼 수 있다. 이러한 조련의 교과서의 전통은 조선학교 교과서로 이어져왔다.

교육의 실체는 전체적인 커리큘럼(교육계획) 안에서 다양한 교재를 매개로 이루어지는 교육활동과 그 결과의 평가 등을 종합하여 파악해야 하겠지만, 그와 같은 종합적인 연구는 개인적인 작업으로는 이루기 어렵고 긴 시간을 필요로 하기 때문에 여기서는 교과서를 부분적으로 검토함으로써 민족교육 실체의 일단을 밝히는 선에서 만족할 수밖에 없다. 교과서는 교재의 하나에 지나지 않지만, 민족교육의 교재는 비교적 단순하게 제공되어왔으며, 기본적인 교육내용이 교과서에 집약되어 있으므로 그 안에서 민족교육의 모습을 확인할 수 있으리라 본다.

---

2) 조련은 재일본조선인연맹(在日本朝鮮人連盟)의 약칭으로, 해방과 함께 1945년 10월 15일에 결성되어 1949년 9월 8일 연합국군최고사령관총사령부(GHQ)에 의해 해산될 때까지 존속한 단체이다. 조련과 관련된 내용은 본문에서 되풀이 기술된다.

재일동포 민족교육의 교과서 및 그밖의 교재에 관한 연구는 극히 드물고, 교육내용의 구성논리나 교수론적 분석을 시도한 것은 더욱 접하기 어렵다. 예컨대, 조선학교에 관한 다수의 연구 성과를 내어온 기쿠치 카즈타카(菊池一隆)의 「在日朝鮮人学校の中等歴史教科書について(재일 조선인학교의 중등 역사교과서에 대해서)」[3]는 조선학교 중급 2·3학년의 『조선역사(朝鮮歴史)』(2011년 일본어 번역판)를 중심으로, 반일의병투쟁에서 1940년대 전반의 재일동포의 생활과 투쟁에 이르기까지, 교과서 기술 내용에 대해 의견을 제시하고 있는데, 거기서 교육의 논리를 찾아보기는 어렵다. 조선학교 교육의 실제를 파악하는데 주안점이 두어졌다기보다 민족교육의 주변 문제, 특히, 최근 문제되어온 조선학교에 대한 일본 당국의 지원 문제로 논점이 전환되고 있다. 무엇보다 이 논문이 텍스트로 하고 있는 번역판 교과서에 대한 신뢰 문제가 남는다. 한국내의 조선학교 교과서에 대한 선구적인 연구로서 김인덕의 「재일조선인총연합회의 역사교재 서술체계에 대한 소고－『조선역사』(고급 3)를 중심으로－」[4]를 들 수 있는데, 이 역시 교육의 논리와는 다른 차원의 전문성에 토대한 부분적 해석으로 일관하고 있다.

재일동포 민족교육의 내용과 관련된 체계적인 연구보고 이수경 등의 『2015 재외동포재단 조사연구용역 보고서-재일동포 민족교육의 실태 심화조사 및 정책방향 제시-』[5]는 한국학교, 한국어교육, 민족학급, 모국수학의 교육 실태와 문제점 등을 밝히고 있지만, 이는 한국계에 국한

3) 菊池一隆(2008) 「在日朝鮮学校における中等歴史教科書について」『人間文化』第27号, 愛知学院大学紀要, pp.257-286

4) 김인덕(2008)「재일조선인총연합회의 역사교재 서술체계에 대한 소고－조선역사(고급 3)를 중심으로－」『한일민족문제연구』14권, pp.331-363

5) 이수경 외 앞 보고서

된 것이었기 때문에 교육내용의 검토 차원에서 이 글과의 관련성은 거의 없다. 본고와 직접적으로 관련이 깊은 연구로 재외동포재단 용역연구인 정진성 등의 『조선학교 실태파악을 위한 기초조사』[6](미공개)가 있다. 이 연구에서 이수경과 권오정이 담당한 '조선학교의 교육체계와 교육내용(교과서 분석을 중심으로)'은 이 글의 내용과 관련 혹은 중복되는 부분이 많다. 다만, 이 연구는 조선학교의 실태파악을 위한 사실의 확인에 중점을 두고 있으며 교과서 내용의 분석과 교수론적 일반화까지는 시도하지 않고 있다. 이런 사정으로 조선학교 교육내용에 관한 선행연구로부터 가설을 추출, 설정할 수 없고, 따라서 현 단계에서 가설을 검증하는 작업은 생각하기 어렵다.

2 재일동포 민족교육의 변천과 교재 개발

1) 원초적 내셔널리즘의 민족교육과 정치적 체제유용성 우선의 민족교육

재일동포의 민족교육은 대체로 다음과 같은 과정을 거쳐 변천해왔다고 볼 수 있다.

① 해방과 더불어 귀국 준비를 위한 민족교육의 시작

② 한국전쟁을 전후한 한미일 반공체제의 강화와 동포사회의 분열에

6) 정진성(연구대표)·이구홍·이수경·권오정·야마모토가오리(山本かほり)·야마토유미코(大和裕美子)·류학수·오영호·송기찬 (재외동포재단 용역연구) 『조선학교 실태파악을 위한 기초조사』는 현재 미공개로, 그 내용을 인용할 수 없다. 다만, 보고서에서 사용한 자료를 이 글에서도 활용하고 있음을 밝혀둔다.

따른 민족교육의 변화

③ 한일국교정상화 이후의 재일동포의 교육 정황의 변화

④ 1990년대 이후 한국·조선(조선민주주의인민공화국)·일본의 국제 관계의 변동 속에서의 민족교육의 변화

재일동포의 민족교육은 한반도의 해방과 함께 동포의 귀국 준비의 일환으로 시작되었다는 것이 널리 알려진 일반적인 견해이다. 당시 동포들에게, 조국의 해방은 곧 조국으로의 귀국이라고 인식되었지만, 조국의 말을 모르는 어린이들이 걱정되어 서둘러 국어를 가르쳐야 할 필요가 있었고, 그 필요에 따라 국어강습소를 차려 시작된 것이 민족교육이었다는 것이다.[7)]

귀국의 꿈에 부풀어있던 동포들이었지만, 조국은 혼란을 거듭하며 그들을 받아들일 준비를 갖추지 못했고, 일본정부와 GHQ의 일관성 없는 졸렬한 조선인의 귀국 정책 때문에 귀국을 포기하고 일본에 잔류하는 동포가 늘어날 수밖에 없었다.[8)]

민족교육을 주도하던 조련은 잔류 동포가 늘어가자 임시체제의 국어강습소를 장기적인 학교체제로 바꾸어가기 시작하였다. 이들 학교가 오늘날까지 민족교육을 수행하고 있는 조선학교인 것이다.

출발 당시의 민족교육과 관련하여 주목할 것은, 첫째, 민족교육이 귀국 준비의 일환으로서 자연발생적으로 시작된 것이 아니라 재일동포의 지식인들이 중심이 되어 조직한 조련이 의도적으로 교육활동을 전개했

---

7) 藤島宇内·小沢有作(1966)『民族教育－日韓条約と在日朝鮮人の教育問題－』青木新書, pp.42-43

8) 일본정부와GHQ는 조선인의 귀국선도 제대로 제공하지 않았고, 귀국시에는 통화 1000엔, 짐 250파운드(113kg)로 제한했다. 이런 이유들로 1946년 말까지 귀국자는 240만 동포 중 130만에 그쳤다고 한다.「歴史教科書·在日コリアンの歴史作成委員会」編(2006)『歴史教科書·在日コリアンの歴史』明石書店, pp.66-67 참조

다는 사실이다. 그리고 이들 지식인들은 일본의 좌파 지식인들과도 연계되어 있었다는 점에도 주목할 필요가 있다.

둘째, 초창기 민족교육은 일본으로부터의 이탈의지보다 조국으로의 귀속의지가 강한 것으로, 배타적(혹은 반일적) 성격의 정치적 내셔널리즘에 좌우되지 않고 심정적인 원초적 내셔널리즘(proto nationalism)에 토대하고 있었다는 사실이다.[9)]

셋째, 조국을 향한 향수 혹은 귀속의지에 따른 것이었기 때문에 오히려 민족교육에 대한 열의가 높았다는 사실이다. 특히, 조련의 민족교육에 쏟은 정열은, 후술하는 교재 개발 과정에서도 충분히 확인할 수 있다.

조련은 1946년부터 학교를 설립하기 시작하였고, 이들 학교는 일본당국의 인가까지 받고 있었다. 그러나 조련은 일본공산당과 연결되어 있으며, 조련이 주도하는 조선인학교는 공산주의를 가르치고 있다는 보고를 받은 GHQ는 조선인학교를 감시하기 시작하였고, 1948년 1월 일본문부성은 각 지자체에, 의무교육의 수행(조선인의 일본인 학교에의 취학)을 강화할 것과 조선인학교에서 정규교과로서의 조선어의 교수를 금지한다는 내용의 통달을 보낸다.[10)] 이에 동포들이 민족교육을 지키기 위하여 저항을 시작했고, 이것이 한신(阪神)교육투쟁이다. 이 투쟁은 결국 GHQ의 무력에 의해 진압되고 말았으며, 1949년 조련은

9) 초기의 민족교육은, 근대 국민국가에서 보는 바와 같은 정치적 의도에 따라 교육되는 내셔널리즘의 주입이란 생각할 수 없는 상황에서 이루어졌고, 조국을 향한 향수가 크게 작용하고 있었다는 점에서 자연발생적인 원초적 내셔널리즘에 토대하고 있었다고 볼 수 있다. 원초적 내셔널리즘에 대해서는, Zimmer, O.(2003) Nationalism in Europe 1890~1940 Palgrave(福井憲彦 訳·2009·『ナショナリズム1890~1940』岩波書店) 참조

10) 崔紗華(2015)「占領期日本における朝鮮人学校－学校の閉鎖と存続をめぐって－」『早稲田政治公法研究』第108号、pp.1-17 참조

해산되었다.[11]

한반도는 동서대립이 가장 현저히 표출되고 있는 지역이었고, 동족상쟁의 전쟁까지 경험하였다. 이러한 한반도의 대립과 갈등은 재일동포사회에 그대로 투영될 수밖에 없었다. 한국전쟁을 전후하여, 한미일의 반공체제가 강화되는 정황 속에서, 좌파 지식인이 중심이 되어 일본공산당과 연결되는 조련이 주도하는 동포의 민족학교는, 일본 당국의 시점에서 보자면 "위험하기 짝이 없는 반체제적" 교육기관이었다. 국가안전보장-반공태세의 확립-반일·반체제 세력의 배제-동화교육의 추진-조선인의 민족교육의 부정·조선학교의 억압이라는 정책이 한 묶음이 되어 추진되었다.

실제로 조련은 조선과의 밀착된 관계를 맺기 시작했고, 조련이 발행하는 『어린이통신(オリニ通信)』(1946.7.1창간)에는 권두시로 「민족의 영웅 김일성 장군」이 실리기도 했다.[12] 민족찾기 민족교육은 흐려지고 체제유용성에 역점을 두는 민족교육으로의 전환이 시작되었던 것이다. 1946년 10월 6일에 「재일본조선거류민단(현 재일본대한민국민단, 민단)」이 창단되면서 한반도의 남북에서 분단국가가 성립되기도 전에 재일동포사회는 분열되고 말았다. 그리고 민족교육의 양상은 달라져갔다.

조련을 계승하여 1955년 결성되는 「재일본조선인총연합회(총련)」와 민단의 대립·갈등 구조 속에서 이루어져온 민족교육은 1965년 한일국교정상화조약을 계기로 큰 변화를 경험하게 된다. 조약의 교섭·비준 과정에서 일본정부는 재일동포에 대한 동화정책을 본격적으로 추진했고

---

11) 「4·24を記録する会」編(1988) 『4·24民族教育を守った人々の記録－阪神教育闘争－』 ブレーンセンター

12) 金徳龍(2004) 『朝鮮学校の戦後史－1945~1972』(増補改訂版) 社会評論社、p.41

한국정부도 일정 범위 안에서 이에 동조했던 것이다.

일본정부는 이민족의 영주는 치안·안보를 위태롭게 한다고 보아 「남북 어느 쪽이든 그들이 실시하고 있는 민족교육에 대한 대책을 시급히 확립하지 않으면 안 된다…」[13]는 입장에서 한일회담의 의제로 재일조선인 청소년의 일본인 학교에의 취학 촉진에 관한 건을 상정했다. ①영주권을 취득한 한국인 자녀의 의무교육과정은 (일본인과) 동등하게 대우한다. ②고등학교, 대학에의 진학은 기회균등의 원칙에 따른다는 내용이었다. 한국정부는 이를 동포의 교육권 보장으로 보아 승인하고 말았다. 그러나 이 승인은 민단계를 중심으로 재일동포의 민족교육이 소극적으로 이루어질 수밖에 없는 결과를 가져왔다고 해도 과언이 아니다. 1965년 12월 17일 조약이 비준된 직후인 12월 28일 문부성 차관 명의로 각 지방에 다음과 같은 통달을 보냈던 것이다.[14]

① 한국 국적 조선인 청소년의 일본인 학교 취학을 제도화한다.
② 조선인 학교에 일본의 교육법령을 적용한다.
③ 모든 조선인 청소년에게 일본인화의 동화교육을 확대 실시한다.
④ 장기적으로 조선인을 형식면(법적)에서나 내용면(정신적)에서나 일본 민족으로 융화시켜간다.

이후, 민단계 동포 어린이 대부분이 일본인 학교에 취학하게 되었고, 조국의 말을 모르는 동포가 늘어간 것이다. 한편, 한일국교정상화는 총련계 동포를 긴장시켰고 그들의 조선학교에서 체제 이데올로기 교육을 강화해가게 된다.

1990년대 이후, 한국·조선·일본의 관계는 복잡하고 다양하게 변해갔

---

13) 内閣調査室『調査月報』1956年 7月号
14) 藤島宇内·小沢有作(1966) 앞 책, p.96

다. 체제·이념뿐만 아니라 국가 발전전략의 차이에서 비롯한 남북 간의 갈등과 화해의 반복, 조일간의 납치문제를 위요한 긴장된 응수와 일본 내 총련의 위상 변화, 한일간의 대중문화 교류에서 보는 바와 같은 급접근과 위안부, 독도, 징용공 등의 문제로 인한 급냉각이 되풀이되는 가운데 반일·혐한의 소용돌이가 일어나기도 했다.

이러한 정황 속에서 재일동포사회도 크게 변화를 겪게 된다. 첫째, 국적변동으로 인한 재일동포의 인구 변화를 들 수 있다. 동포들의 사회적·심리적 요구의 변화에 따른 일본국적 취득자, 일본인과의 국제결혼자, 조선적에서 한국적으로의 국적 변경자가 늘어난 것이다.[15] 인구의 변동은 곧 취학 어린이 수의 변동으로 이어진다. 둘째, 재일동포를 둘러싼 정황의 변화와 동포 자신들의 생활 안정, 생활 영역의 확대 혹은 다양화 등이 복합적으로 작용하여 재일동포의 아이덴티티가 유동적이 되었다. 자이니치(在日) 아이덴티티를 추구하는 경향이 뚜렷해진 것이다. 스스로를 한국인, 조선인, 일본인과 구분하여 자이니치라는 독자적인 존재로 부각시키려는 동포가 늘어가고 있다는 사실은 중요한 의미를 갖는다. 민족교육에 대한 동포의 요구와 종래의 관점에서 추진하는 민족교육 사이에 괴리가 커갔기 때문이다.

해방과 함께 조국으로의 귀환이라는 향수의 정서 혹은 원초적 내셔널리즘에 토대하여 시작된 재일동포의 민족교육이 체제유용성을 우선하는 정치적 내셔널리즘에 좌우되는 민족교육으로 변질되어갔다.

---

15) 1991년 70만이었던 재일동포가 2014년에는 36만으로 줄어들었다. 일본으로의 귀화자의 증가, 일본인과의 국제결혼으로 인한 2중국적자(일본의 통계상 일본인으로 계상)의 증가로 인한 것이다. 殷勇基(2016)「韓日関係の発展的課題展望－戦後責任、植民地責任としての在日韓国朝鮮人の問題－」李修京 編『誠心交隣に生きる』合同フォレスト、pp.154－174 참조

이러한 변질의 원인을 동포사회의 분열에서 찾을 수만은 없겠지만, 동포사회의 분열이 동(총련)·서(민단)의 대립뿐만 아니라, 상(pseudo government로서의 조직-총련, 민단)·하(일반 서민 동포)의 격리를 유발했고 그것이 동포사회의 갈등구조를 복잡하게 심화시키면서 민족교육의 변질까지 촉진한 사실을 부인할 수는 없다. 아울러, 상하의 격리가 재일동포로 하여금 자기 찾기 민족교육, 자이니치 아이덴티티를 추구하는 계기가 될 수 있었다는 점에도 주목하고 싶다.

2) 교재 개발에서 보는 민족교육에의 열정

국어강습소로 시작된 재일동포의 민족교육은 1946년 4월부터 초급·중급·상급의 3년제 초등학원으로 통합 정비하여 실시하게 되었고, 초등학원은 같은 해 9월, 6년제 정규 학교로 재통합되었다. 이에 따라, 국어, 역사, 지리, 산수, 체육, 음악 등 초등학교의 정규교과를 가르쳐야 했고, 각 교과의 교재를 준비해야만 했다. 이러한 과제를 해결하기 위하여 1946년 2월 교련은 민족교육 역사상 최초의 교과서편찬위원회를 발족시키고 많은 시련과 우여곡절을 겪으면서 교과서 편찬사업을 시작했다.[16]

민족교육 초창기(1945.10-1949.9) 교과서 개발·편찬 사정을 김덕룡(金德龍)의 『朝鮮学校の戦後史(조선학교의 전후사)1945~1972』에 의거해 살펴보기로 한다.[17]

16) 도쿄조선중고급학교공식웹사이트 참조(www.t-korean.ed.jp/pg251.htm 2018.11.26)
17) 金德龍 앞책, pp.35-53 참조

【제1단계(1945. 10-1946. 2)】

조련이 최초로 출판한 교재는 이진규(李珍珪)가 편찬한 『한글교본(ハングル教本)』이었다. 이를 등사판(謄写版)으로 대량 인쇄하여 각 지방에 보급하였다. 이후, 약 4개월간 『초등 한글 어린이 교본(初等ハングル·オリニ教本)』, 『교사용 어린이 교본(教師用·オリニ教本)』, 『한글 철자법 통일안(ハングル·綴字法統一案)』, 『한글 말 책(ハングル·マル本)』, 『조선 역사교재 초안(朝鮮歴史教材草案)』상·중·하 등이 출판·보급되었다.

【제2단계(1946. 2-1947. 1)】

이 단계는 민족교육이 강습소 체제에서 정규 학교체제로 바뀌는 시기였고, 따라서 본격적으로 교과서를 편찬, 보급하지 않으면 안되었다. 이때에 교과서편찬위원회가 발족하여 활동을 개시했던 것이다. 그 결과, 『초등국어독본(初等国語読本)』상·중·하, 『초등산수(初等算数)』상·중·하, 『초등이과(初等理科)』상·하, 『어린이국사(オリニ国史)』상·하, 『초등공민독본(初等公民読本)』1·2, 『초등조선지리(初等朝鮮地理)』, 『한글초보(ハングル初歩)』, 『초등창가집(初等唱歌集)』, 『도화(図画)』상·하, 『인민계몽독본(人民啓蒙読本)』, 『조선역사(朝鮮歴史)』, 『학교호령법(学校号令法)』, 『초등문법독본(初等文法読本)』 등의 교과서 및 부교재가 옵셋판으로 출판되었다.

이 때에 위의 교재 이외에 전술한 『어린이통신』이 창간되어 부교재로서의 기능뿐만 아니라 초등학원 간의 정보교환, 교사·어린이·학부모의 연계, 학부모의 계몽 등에 크게 기여하고 있었다.

『어린이통신』의 창간과 관련하여 특히 주목해야 할 것은, 이 잡지의 편집방침이 「당시(1946년 7월)의 북부 조선의 사회주의 시책에 호의적이었다」는 점이다. 권두시로 김인세(金仁世)의 「민족의 영웅 김일성 장군」과 함께 「개선 연설」하는 김일성의 사진을 게재하고 있었다는 사실만으로도 충분히 그 실상을 알 수 있다. 이러한 편집방침은 1946년 2월 제2회 임시전국대회에서, 실질적으로 남북이 분단된 상황에서 「북조선을 지지한다는 입장을 한층 명확히 밝힌」 조련의 정치노선 및 제3회 전국대회에서 결정하는 「(북조선의) 진보적 민주주의의 건국이념과 조국애가 투철한 사회의 공민을 양성한다」는 조련의 교육방침과 같은 문맥의 것이었다.[18)]

1946년 초라는 빠른 시점에서 조련이 (북)조선을 지지하는 정치노선을 밝히고 있었다는 사실은, 조련이라는 조직이 해방 전부터 일본공산당과 깊은 관계를 갖고 있으면서 사회주의운동, 노동운동을 해온 김두용(金斗鎔), 김천해(金天海) 등을 중심으로 결성되었다는 점을 감안하면 놀라울 일이 아니다. 1945년 10월 공산주의 사상운동으로 투감되어 있던 김두용이 출감할 당시 조련의 결성 준비위원장은 학생 사회주의운동단체 도쿄대학 신인회 출신의 김두용이었음은 시사하는 바 크다.[19)]

【제3단계(1947.1-1947.10)】

이 단계는 초등학교 학년제 도입에 따른 학년별 교과서 편찬, 중학교 설치에 따른 중학교 교재 편찬, 청년 및 부녀 교육용 교재 개발 등 조련

18) 金德龍 앞책, pp.37-42 참조

19) 李修京(2008)「金斗鎔と新人会, その後の社会運動」‘『種まく人』·『文芸戦線』を読む会’ 編『「文芸戦線」とプロレタリア文学』龍書房, pp.97-128 참조

의 교재 편찬, 보급 활동이 가장 활발했던 시기이다.

이때, 교과서 편찬의 기본방침으로서, 민족교육의 이념과 실천을 매개할 수 있을 것이 강조되면서, 어린이의 흥미·관심을 충분히 배려할 것, 교사의 교수활동에 직접 활용할 수 있을 것이 강조되고 있었던 것은, 전후 미국의 경험주의 교육의 영향을 받고 있었던 일본 교육계의 전반적인 흐름의 반영으로 보인다.

그러한 방침에 따라 『초등국어(初等国語)』1· 2 ·3·4, 『초등산수(初等算数)』1, 『초등음악(初等音楽)』상·중, 『조련하기방학학습장(朝連夏季放学学習帳)』1·2, 『어린이과학이야기(子ども科学物語)』, 『소학생모범작문집(小学生模範作文集)』, 『중등문범(中等文範)』, 그 밖에 교육용 일반도서로서 『조선역사(朝鮮歴史)』, 『해방가요집(解放歌謡集)』, 『상허문학독본(尚虚文学読本)』, 『외국어표기법통일안(外国語表記法統一案)』, 『일반과학(一般科学)』 등이 출판되었다.

【제4단계(1947.11-1949.9)】

이 단계는 일본과 GHQ에 의해 조선학교에 대한 폐쇄령이 내려져 한신교육투쟁이 일어났고, 급기야 조련이 강제 해산된 시기이다. 조선민주주의인민공화국 정부가 성립된 이후 교과서 검열이 엄격해졌고, 일본 당국과 민단에 의해 조련의 활동이 방해를 받던 시기이기도 하다. 이렇게 어려운 여건 속에서도 조련은 교과서 개발에 진력했고, 중앙조직에 의한 각 지역의 교육 실천을 통제하는 수단의 하나로 전국적인 교재의 통일을 도모해갔다.

이때, 『초등국어(初等国語)』1·2·3·4·5학년용, 『초등산수(初等算数)』1학년용, 『초등음악(初等音楽)』상·중, 『초등습자장(初等習字帳)』전학

년용, 『조선사입문(朝鮮史入門)』상, 『소년소녀생활교실(少年少女·生活教室)』4·5·6학년용, 『조선어표준말(朝鮮語標準言葉)』,『이솝이야기(イソップ物語)』, 『여름방학(夏休み)』3·4·5·6학년용, 『조선 소 이야기(朝鮮牛物語)』 등이 출판되었다.

1948년 10월까지 조련이 편찬, 발행한 교과서를 비롯한 각종 교재는 93종류 120여만 부, 그밖에 24종류 30여만 부에 달했다.

3 조선학교의 커리큘럼과 교과서 개발

1) 조선학교의 위상

1946년부터 학교체제로 바꾸어 민족교육을 실시하기 시작하였고, 1947년 10월에 이르러서는 민족교육학교가 소학교 541(취학 어린이 56,961명), 중학교 7(취학 어린이 2791명), 청년학교 22, 고등학교8(취학자 358명) 개교로 늘어나 있었다.[20]

조선학교에 대한 탄압과 조련의 강제해산 등 우여곡절이 있었지만, 1955년 총련이 결성되자 155개교로 늘어난 조선학교는 모두 총련의 산하에 들어가게 된다. 그후, 총련계 동포의 현저한 인구감소와 의식의 변화 등으로 취학자가 감소해 통폐합하는 학교가 늘어 2018년 말 현재,

---

20) 李修京·権五定(2018)「在日コリアンの'共生に生きる'という主体的選択(1)－在日コリアンの民族教育の変遷過程を辿って－」『東京学芸大学紀要人文社会科学系Ⅰ』第69集, pp.113-125 참조

조선대학교를 포함해 66개교(그 중 5개교 휴교)의 조선학교가 전국에 산재하고 있다.[21]

조선학교는 지방자치단체장이 인가하는 각종(各種)학교이다. 각종학교란 일본의 학교교육법 제1조에 열거되어있는 학교(1조 학교) 및 전수학교 이외에 학교교육에 준하는 교육을 행하는 시설을 총칭하는 것이다.

각종학교인 조선학교도 일본 당국의 인가를 받아 운영하는 만큼 일본의 법령을 따라야 한다. 학교 시스템도 일본의 일반학교와 같이, 취학 전교육(유치반)·초등교육 6년(초급학교)·중등교육 6년(중급학교 3년, 고급학교 3년)·고등교육 4년(대학)으로 체계화되어 있고, 커리큘럼의 기본 골격도 일본의 학습지도요령과 같다.

조선학교는 「학교법인 도쿄조선학원」과 같이, 총련 산하의 학교법인에 의해 운영되고 있다. 총련과 조선과의 관계에서 보자면, 조선학교는 총련의 학교이고, 따라서 조선민주주의인민공화국의 교육시설인 것이다. 이러한 관계를 다음과 같은 총련의 정규교육체계의 최종 단계인 조선대학교에 대한 진술에서 확인할 수 있다.[22]

> (민족교육의 정점인) 고등교육은 공화국(조선)의 권위 있는 해외 대학인 조선대학교에서 이루어진다. 조선대학교는 공화국의 유일한 해외 대학이며 민족교육의 최고학부이다. 해외 교포교육의 역사상 하나의 해외 교포조직이 대학을 직접 창립하고 운영하는 예는 총련 조직 이외에는 찾아볼 수 없다. 조선대학교의 존재는 총련과 재일동포들이 민족사에 쌓아올린 자랑찬 업적이며 재부이다. (중략)
>
> 조선대학교는 1975년 우리나라 최고 훈장인 김일성 훈장을 수여받았다.

---

21) 총련 공식 웹사이트. http://www.chongryon.com/j/cr/link3.html(2018.12.1)

22) 총련 웹사이트. http://www.chongryon.com/k/edu/index.html(2018.11.26) 및 『학교법인 도쿄조선학교 2018』

조선학교는 최근 일본의 고등학교 무상화 정책 시행 대상에서 제외되어 문제가 되고 있기는 하지만, 기본적으로 지방자치단체의 보조를 받아왔다. 동시에, 조선학교는 총련 내지 조선민주주의인민공화국의 교육기관으로서 교육계획의 수립이나 교재 개발 등 모든 운영은 조선과의 협의를 거쳐 총련에 의해 이루어지고 있다.

2) 조선학교의 커리큘럼

조선학교의 성문화된 국가 차원의 커리큘럼은 존재하지 않는다. 조선의 커리큘럼을 적용하는 것도 이치에 맞지 않는다. 조선학교는 기본적으로 일본의 법령에 따라 설치된 (각종)학교이기 때문이다.

조선학교는 법령적 형식의 커리큘럼은 갖고 있지 않지만 총련에서 정하는 교육계획에 따라 민족교육을 실시한다. 총련은 민족교육계획으로서의 커리큘럼을 각 도도후켄(都道府県)의 학교법인에 하달하고 학교법인은 지역 특성에 맞추어 계획을 조정하여 법인 산하의 조선학교에서 실천하는 수순을 밟고 있다. 그러한 총련의 교육계획(교육목표·교육의 기본방침 및 지도내용·각급학교의 교과목)을 총련의 웹사이트 및 『학교법인도쿄조선학원 2018』에 의해 살피면 다음과 같다.

(1) 교육목표

민족의 마음과 주체성, 인간의 존엄과 자주성을 기르며 풍요로운 인간성 확립을 지향하여, 지·덕·체를 겸비한 조선인으로서 조국의 통일 번영과 재일동포사회의 발전에 공헌할 수 있는 유능한 인재를 육성한다. 또한, 21세기의 새로운 시대의 요구에 답하기 위하여, 일본은 물론 세계 각 나라를 깊이 이해하고, 국제사회를 무대로 활략하는 인재를 육성한다.

조선학교의 교육목표는 매우 포괄적으로 기술되어있으나 이를 나누어보면 다음과 같은 인간으로의 발달을 추구하고 있음을 알 수 있다.

① 민족의 정서와 주체성을 갖춘 사람
② 인간의 존엄과 자주성을 중시하는 풍요로운 인간성을 확립하려는 사람
③ 재일동포사회의 발전에 공헌할 수 있는 사람
④ 조국의 통일과 번영에 공헌할 수 있는 사람
⑤ 세계의 각 나라를 이해하고, 국제사회에서 활약할 수 있는 사람

조선학교의 커리큘럼에 제시되고 있는 교육목표는 도달 여부를 평가할 수 없는 지극히 추상화된 이념적, 정신주의적 요구이다. 교육목표를 구성하고 있는 민족·동포·조국·조직·통일·세계·인간성이라는 개념들은 범할 수 없는 성역(聖域)을 가리키는 것들이고 직접적으로 평가의 대상이 될 수 없다. 이러한 교육목표 아래 이루어지는 교육실천은 절대로 올바른 이념이나 가치의 강압적 교화로 이어질 가능성이 높다.

고정된 **성역으로서의 민족교육을 전제로 한 교육목표**라고 볼 수 있다.

(2) 교육의 기본 방침과 지도 내용

민족적 주체성의 확립
○ 모국어와 민족과목에 중점을 두고, 민족적 요소를 습득하는 교육
○ 민족의 아이덴티티를 확실히 확립하고, 인간으로서의 존엄과 자주성을 갖고, 국제사회에서 살아갈 수 있는 교육

풍요로운 인간성의 육성
○ 친구를 깊이 생각하고 윗사람을 공경하는 마음과 서로 돕고 스스로 봉사하는 건전한 마음을 기르는 교육
○ 조선민족 고유의 전통과 문화·생활습관 등을 소중히 하고, 일본과 세계의 문화나 풍습 등을 바르게 이해하여 차별이나 편견을 갖지 않고 서로 인정하고 공생하는 인간을 기르는 교육
의욕과 실천력의 육성
○ 학습의 기초·기본을 습득하고, 스스로 창의적으로 궁리할 수 있는 능력을 기르는 교육
○ 한 사람 한 사람 학습에 대한 관심과 의욕을 높이고, 실천력을 발휘할 수 있도록 지도하는 교육
○ 21세기의 과학과 정보화 시대에 대응할 수 있는 지식과 기능을 습득시키는 교육

조선학교 교육의 기본방침은 민족주체성, 풍요로운 인간성, 실천적 능력을 조화롭게 육성한다는데 있다. 이는 이데올로기·덕목·과학의 조화를 꾀하는 것으로 교육이라는 구체적인 실천의 장에서 구현되기 어려운 주문이다.

(3) 각급 학교의 교과목

【유치반】

유치반은 기본적으로 교육보다는 보육에 중점을 두지만 다음과 같은 교육적 목적을 설정하고 있다.

① 유아기부터 감성 풍부한 민족적 정서를 기른다.

② 원내 생활이나 원외 활동의 체험과 놀이를 통하여 자립심과 과학적 지식의 기초를 기른다.

③ 풍부한 감성과 표현력을 길러, 마음과 몸의 건전한 발육을 꾀한다.

④ 바른 생활습관을 익히고 건전한 도덕관념의 기초를 닦는다.

유치반의 보육영역으로는 사회, 우리말(언어), 자연, 건강, 음악, 조형으로 나뉘어져 있는데 이는 일본의 유치원의 그것과 별 다름이 없다.

【초급부】

초급부에서는 지(배움의 즐거움을 알고 목표를 세워 의욕적으로 학습에 매진)·덕(예의 바르고 규칙적 생활 습관을 갖고 친구를 걱정하며 돕는 정신)·체(즐겁게 여러 운동에 도전하여 건전한 몸과 체력을 기르고 자신을 갖음)의 삼위일체교육을 지향한다.

초급부의 교과 배열은 기본적으로 일본의 학습지도요령에 따라 일본어, 사회, 산수, 이과(자연), 보건체육, 음악, 도화공작(미술), 영어를 두고 있다. 그밖에, 국어(조선어), 조선역사, 조선지리를 두어 민족교육기관으로서의 성격을 부각시키고 있다.

초급부에서는 정규 교과 이외에, 축구부·농구부·배구부·음악부·민족악기부·민족무용부·미술부·악기부 등의 클럽에 소속하여 활동하도록 준비되어 있다.

【중급부】

중급부 역시 일본의 학습지도요령에 따라 일본어, 사회, 수학, 이과, 보건체육, 음악, 미술, 가정, 정보 등의 교과를 배열하고 있으며, 민족학교로서 국어(조선어), 조선역사, 조선지리를 가르치고 있다. 민족학교의 특색을 살리기 위하여 일본의 학습지도요령을 그대로 답습하지 않는 부분도 눈에 띈다. 예컨대, 조선역사, 조선지리를 가르치기 위하여,

사회과의 내용 배열을 현행 학습지도요령이 택하고 있는 π형(1·2학년에서 역사, 지리를 동시에 학습한 후 3학년에서 공민 영역을 학습하도록 한 배열 방법)을 따르지 않고, 이전과 같이 지리, 역사, 공민의 순으로 학습하는 방석형을 택하고 있다. 이는 조선의 역사, 지리를 별도로 학습하는데 편리하기 때문이다. 또 사회과의 역사영역에 세계사만을 넣어 조선역사를 독립교과로 취급하고 있다.

중급부도 초급부와 같이 정규교과 이외에 클럽활동을 하고 있으며 다음과 같은 교육을 지향하고 있다.

① 다문화공생사회 속의 자신을 돌아보고, 민족적 자각과 긍지를 확립하여, 동포사회에는 물론 국제사회에도 공헌할 수 있으며, 세계에서 활약할 수 있는 자질과 능력의 기초를 양성하는 교육
② 지식경제시대의 흐름에 맞추어 이수교육을 중시하고, 컴퓨터 교육, 교육의 ICT화를 적극적으로 추진
③ 일본을 위시하여 세계의 역사와 사회에 대한 폭넓은 지식을 갖고 세계를 향한 시야를 넓히는 교육
④ 일본 학교와 외국인 학생과의 국제교류를 적극적으로 추진하여 이문화 이해를 심화시키는 교육

【고급부】

고급부는 인문계, 이수계, 상업계로 나누어 교과목을 배열하고 있다. 공통 교과목으로는 국어(조선어), 조선역사, 현대사, 세계역사, 세계지리, 수학, 이과, 일본어, 영어, 보건체육, 음악, 정보를 배열하고, 선택과목으로 인문계는 음악, 미술, 서예, 중국어, 전공일본어, 전공영어를, 이수계는 수학, 물리, 화학, 생물을, 상업계는 정보이론, 정보실기, 정보회

계, 계산실무, 부기를 두고 있다.

고급부도 정규 교과목의 수업 이외에 다양한 클럽활동을 실시하고 있으며 고급부는 일반교육과정의 마지막 단계이기 때문에 조선어·조선사·조선지리·조선음악·조선미술 등 민족교육 관련 교육내용과 외국어(일본어·영어·중국어 등)·고졸인정 시험·TOEIC 등 자격 취득이나 취직 관련 교육내용을 동시에 중시하고 있다.

조선학교는 구속력이 강한 총련의 교육계획 아래 학사 운영을 하고 있다. 일본의 법령에 따라야 한다고는 하지만 직접적으로 일본의 통제를 받지 않고 자율적으로 교육활동을 할 수 있는 입장인 조선학교는 실질적으로「공화국(조선)과 직결되는」 커리큘럼에 따라 교육해온 것이다.

총련(조선학교)의 커리큘럼은 커리큘럼 사조(思潮) 상의「교과중심 교육과정(Subject Centered Curriculum)」의 범주에 들어간다고 볼 수 있다. 교과중심교육과정은 체제(국가나 지배세력)가 필요하다고 생각하는 지식과 가치·이념을 교육내용으로 선정, 이를 학습자에게 주입(indoctrination)하여 바르게 생각하고 선택할 수 있는 사고의 틀을 형성시키고 인격도야를 기대하려 한다.[23] 이러한 생각이 총련의 커리큘럼 상의 교육목표, 내용 선정에 그대로 투영되고 있는 것이다.

---

23) 교과중심 교육과정의 생각은 반드시 총련의 커리큘럼에서만 볼 수 있는 것은 아니다. 이 생각은 한국과 일본을 포함한 세계의 교육을 리드해왔다. 다만, 한국과 일본에 한해서 보면, 해방 이후 듀이(John Dewey) 등 진보적인 교육학자들을 중심으로 확립된 경험주의 교육관에 입각해 개발되는 어린이중심교육과정(Child Centered Curriculum)의 영향을 받으면서 일정한 변화의 성과를 보여왔다. 이경섭(1982)『교육과정』교육과학사 및 권오정·김영석(2006)『사회과교육학의 구조와 쟁점』교육과학사 참조

교과중심 교육과정에서는 교육의 주체(학습자)보다 교육의 객체(학습 대상·내용)가 우선된다. 학습자의 발달보다 학습의 대상인 내용을 선정하는 체제의 요구가 중시되고 그 요구는 교육방침 등의 형식으로 교육현장을 구속하며, 학습자의 발달과 상관없이 설정된 교육목표에 맞추어 선정된 교육내용은 체제가 만드는 교과서 등으로 교재화되어 학습자에게 주입되어온 것이다. 총련의 커리큘럼은 바로 이러한 절차에 따라 운용되고 있다.

3) 조선학교의 교과서 개발 시스템

조선학교는 조련의 교과서 개발 경험을 계승하고 있다. 교과서 개발 시스템도 조련 시절과 기본적으로 달라진 게 없다. 지금도 교과서의 개발·제작은 총련 안에 설치되어있는 교과서편찬위원회가 중심이 되어 이루어지고 있으며, 집필진은 조선대학교의 교수를 중심으로, 현장의 교사들이 참여하여 구성된다.

교과서의 편찬자는 총련중앙상임위원회 교과서편찬위원회며 판권도 총련이 갖고 있다. 발행자 학우서방도 총련의 기관임이 교과서 등에 명시되어있다.

교과서의 개발 과정에는, 총련의 편찬위원회가 집필한 내용을 휴대하고 평양에 가 김일성종합대학과 김형직사범대학의 교수들과 수차에 걸쳐 협의하는 절차가 들어있다. 국가체제의 통제 안에서 교가서가 개발되고 있는 것이다.

조선학교의 교과 중에서 직접적으로 민족교육과 관련되는 내용을 다루고 있는 것은 국어, 사회, 역사, 지리, 음악, 일본어 등이고, 특히, 사회, 역사에 주목할 필요가 있다. 재일동포의 민족교육이 국어교육에서 부터 시작되었다고는 하지만 그후 민족교육의 방향이나 성격 혹은 구조(내용·형식)에 결정적인 영향을 끼친 것은 체제 이데올로기였고 이 것들을 주로 가르치는 교과가 사회, 역사이기 때문이다. 교육 연구의 영역에서 볼 때 마이너리티의 민족교육이란 cohesive group(밀착집단)의 아이덴티티 형성과 변화를 주제로 연구 실천되어온 시민교육에 포함된다고 하겠는데 그 시민교육을 담당해온 것이 사회, 역사이기도 하다.[24] 사회, 역사 교과서 외에 일본어 학습을 통해 민족의 역사를 기억시키려고도 하고, 음악과에서는 체제와 영도자를 위한 정서적 충성을 강화하려는 의도도 보인다.

4 조선학교 교과서의 기술 내용

1) 개괄

조선학교의 교과서 중에서도 『현대조선력사』 고급1·2·3은 조선학교 민족교육의 의도를 가장 잘 읽을 수 있다고 주목을 끌어왔다. 여기서도 우선 이 교과서를 중심으로 조선학교 민족교육의 성격과 구조를 살피기로 한다.

---

24) 사회(Social Studies), 역사를 시민교육의 주역으로 보거나 시민교육이 cohesive group의 자질형성을 목적해 왔다는 점에 대해서는, Heater, Derek(2004) *A History of Education for Citizenship* Routledge Falmer, 권오정·김영석 앞 책 참조

교과서를 살피는 작업은 앞에서 말한 ① 교육의 주체와 객체 어느쪽에 중점을 두고 있는가, ② 학습대상을 파악하는 시점이 동태적인가 정체적인가, ③ 기술 내용의 추상화의 논리는 무엇인가 등의 준거를 염두에 두고 전체직관적인 방법에 따라 이루어진다.

먼저 『현대조선력사』의 목차를 통해 전체의 내용을 개관하기로 한다.

조선학교 『현대조선력사』 기술에서 눈에 띄는 점은 첫째, 역사인식의 기본적인 시점으로서 역사의 주체로 인민을 부각시키고 있다는 점을 들 수 있다. 교과서는 한(조선)반도의 주역을 크게 조선 인민, 공화국 인민, 남조선 인민, 재일동포로 보고 이들이 투쟁해온 과정을 곧 이 나라, 이 민족의 역사로 보고 있는 것이다. 둘째, 재일동포의 역사를 크게 다루면서 동시에 자이니치의 아이덴티티에 대해서는 부정적인 입장을 취하고 있다. 셋째, 거주국 일본의 역사를 비교적 상세히 기술하고 있다. 동포의 입장에서 보면 일본은 내 나라도 아니고 그렇다고 낯선 외국도 아니다. 이러한 애매한 입장에서 기술된 일본의 역사 내용이 주목된다. 넷째, 조선이 용납할 수 없는 체제와 인민의 갈등을 중심으로 한 것이기는 하지만 「남조선」(한국)의 민주화에 대한 상세한 기술이 역시 눈을 끈다.

『현대조선력사』 고급1(2004 초판 학우서방)

제1편 자주독립 국가건설을 위한 조선인민의 투쟁(1945.8-1950.6)

1. 광복후 새 조선이 나아갈 길
2. 새 조선건설
    1) 북조선에서 새 민주조선건설

2) 남조선에서 구국투쟁

3. 전 조선적인 통일정부수립을 위한 투쟁

1) 미국의 민족분렬책동

2) 4월남북련석회의와 단선단정반대투쟁

3) 통일정부수립

4. 광복후 재일동포의 처지와 애국애족운동

1) 광복직후 재일동포들의 지향과 처지

2) 재일본조선인련맹의 결성

3) 재일동포들의 권리쟁취투쟁

4) 민주주의적 민족교육을 지키기 위한 투쟁

5) 통일정부수립을 지지하는 투쟁

제2편 조국해방전쟁(1950.6-1953.7)

1. 전쟁전야의 정세

2. 조선전쟁의 개시와 확대

1) 전면전쟁으로 확대

2) 조선인민군의 전략적후퇴와 새로운 반공격

3) 적극적인 진지방어전

4) 미제와 남조선통치자들의 범죄행위

3. 전쟁시기 재일동포들의 처지와 투쟁

4. 조선인민의 위대한 승리

『현대조선력사』고급2(2007 재판 학우서방)

제3편 새로운 전쟁위험을 제거하며 공화국에서 사회주의 기초 건설과 남조선에서 민주화를 위한 투쟁

1. 조선에서 계속되는 전쟁위험

2. 사회주의기초건설을 위한 공화국인민들의 투쟁

1) 전후복구건설

2) 사회주의기초건설

3) 조국의 자주적평화통일을 위한 투쟁

3. 민주와 통일을 위한 남조선인민들의 투쟁

1) 미국의 〈경제원조〉와 독재정치

2) 민주와 통일을 위한 투쟁

4. 조선전쟁후 재일동포들의 애족애국운동

1) 조선전쟁후 일본의 형편과 재일동포들의 처지

2) 재일본조선인총연합회(총련)의 결성

3) 민족교육과 애국애족운동의 새로운 발전

제4편 외세의 압력과 재침책동을 물리치고 공화국에서 사회주의공업화를 실현하며 남조선에서 군사독재를 반대하는 투쟁(1961-1969)

1, 국제무대에서의 새로운 변화와 조선반도

2. 사회주의공업화를 실현하기 위한 공화국인민들의 투쟁

1) 경제건설과 국방건설의 병진

2) 자주로선견지

3) 사회주의공업화의 실현

3. 군사독재와 〈한일회담〉을 반대하는 남조선인민들의 투쟁

1) 군사독재〈정권〉과 〈한일회담〉

2) 〈한일회담〉과 장기집권반대투쟁

4. 1960년대 재일동포들의 애국애족운동

1) 1960년대 일본의 형편과 재일동포들의 처지

2) 〈한일회담〉반대투쟁

3) 민주주의적민족권리를 지키기 위한 투쟁

제5편 〈두개 조선〉조작책동을 반대하고 공화국에서 온 사회의 주체사상화를 실현하며 남조선에서 〈유신〉독재를 반대하는 투쟁(1970-1980)

1. 국제적인 〈긴장완화〉와 조선반도

2. 온 사회의 주체사상화를 실현하기 위한 공화국인민들의 투쟁

1) 혁명위업 계승

2) 3대혁명 적극 추진

3) 주체를 세우기 위한 사업에서 전환
4) 조국통일을 다그치기 위한 투쟁
3. 〈유신〉독재를 반대하는 남조선인민들의 투쟁
1) 〈유신〉독재와 〈중화학공업화〉
2) 〈유신〉독재반대와 사회의 민주화를 위한 투쟁
4. 1970년대 재일동포들의 애국애족운동
1) 1970년대 일본의 형편과 재일동포의 처지
2) 애국애족운동의 계승
3) 민주주의적민족권리의 확대와 조국통일운동

『현대조선력사』고급3(2008 재판 학우서방)

제6편 정치군사적 긴장 상태를 해소하며 공화국에서 조선식사회주의의 강화와 남조선에서 자주, 민주, 통일을 위한 투쟁(1980-1989)
1. 〈신랭전정책〉과 조선반도에 조성된 정세
2. 조선식사회주의를 강화하기 위한 공화국인민들의 투쟁
1) 1980년대전망목표
2) 〈80년대속도〉창조
3) 조선사회주의의 강화
3. 자주, 민주, 통일을 위한 남조선인민들의 투쟁
1) 군사〈정권〉의 종식과 민주화를 위한 투쟁
2) 자주, 민주, 통일을 위한 투쟁
4. 1980년대 재일동포들의 애국애족운동
1) 1980년대 재일동포들을 둘러싼 환경의 변화
2) 총련조직의 강화와 권리옹호투쟁
3) 애국애족운동의 새로운 전환
5. 련방제 통일을 실현하기 위한 투쟁
1) 통일방안의 전민족적합의를 이룩하기 위한 투쟁

2) 민족적 화해와 대단결을 실현하기 위한 투쟁

제7편 민족의 존엄과 자주권을 지키며 공화국에서 강성대국건설과 남조선에서 반미자주, 민주화를 위한 투쟁(1990-)

1. 〈랭전〉의 종식과 첨예한 대결장으로 된 조선반도
2. 강성대국건설을 위한 공화국인민들의 투쟁
   1) 사회주의가 나아갈 길
   2) 나라의 자주권 고수
   3) 〈총포성없는 전쟁〉
   4) 강성대국건설의 도약대 마련
3. 반미자주, 민주화를 위한 남조선인민들의 투쟁
   1) 〈문민정권〉반대투쟁
   2) 민족자주, 민주화를 위한 투쟁
4. 1990년이후 재일동포들의 애국애족운동
   1) 1990년대 재일동포를 둘러싼 환경의 급변
   2) 주체적해외교포운동의 선구자
   3) 애국애족운동의 새로운 발전을 위한 담보
   4) 새 세기 애국애족운동
5. 우리 민족끼리 조국통일을 이룩하기 위한 투쟁
   1) 조국통일의 새로운 국면을 열기 위한 투쟁
   2) 민족의 존엄을 지켜 조국통일의 유리한 환경 마련
   3) 우리 민족끼리 조국통일을 이룩하기 위한 투쟁

2) 교육객체-학습대상으로서의 인민

(1) 「인민집단」의 투쟁

교과서상의 인민은 문맥에 따라 남북의 조선인민, 공화국의 인민, 남조선의 인민, 재일동포로 단순화되어있으며 사회 구성의 주체적인 개체로서의 인민이 아니라 물리적으로 크게 분류된 “인민집단”이다.

【남북 조선인민의 투쟁】

인민들은 일제의 식민지통치를 짓부시고 일제소유의 공장, 기업소들을 빼앗아 자체의 힘으로 보위관리하였으며 친일파, 민족반역자들을 숙청하였다. (고급 1: 7)

인민들의 앙양된 기세에 눌리여 지주, 예속자본가, 친일파, 민족반역자들은 머리를 쳐들지 못하였으며 인민들로부터 완전히 고립되여갔다.

광복직후에 발휘된 우리 인민의 애국적열의는 조선사람자체의 힘으로 능히 자주독립국가를 건설해나갈수 있다는것을 뚜렷이 보여주었다.(고급 1: 8)

한편 당장 사회주의를 건설하여야 한다는 주장과 봉건사회를 되살려야 한다는 주장도 나왔다. (중략)

이러한 환경속에서 애국적인사들과 인민들은 평양과 서울 등지에서 〈김일성장군환영준비위원회〉를 뭇고 경애하는 김일성주석님께서 하루빨리 조국에 개선하시여 조선이 나아갈 길을 밝혀주실것을 념원하였다.(고급 1: 9)

【공화국 인민의 투쟁】

〈새 민주조선건설을 위한 투쟁: 고급 1〉

- ·북조선 공산당의 창건(1946년 조선신민당과 합당하여 북조선노동당 창립)
- ·김일성의 등장과 그를 중심으로 한 새 조국건설에의 적극적 참여
- ·민족반역자와 반동분자를 내쫓는 사업

·조선인민군의 창설(1948.2.)

〈사회주의기초건설을 위한 투쟁: 고급 2〉

·전후(한국전쟁)복구건설을 위한 투쟁

·천리마운동

·청산리정신, 청산리방법의 보급

·조국의 자주적평화통일을 위한 투쟁

〈사회주의 공업화를 실현하기 위한 투쟁: 고급 2〉

·(1960년대)경제건설과 국방건설의 병진-"한손에는 총을, 다른 한 손에는 낫과 마치를!"

·반제자주로선 천명-꾸바(쿠바), 웰남(베트남) 등과의 연대와 지지 성원

·사회주의 공업화

〈주체사상화를 실현하기 위한 투쟁: 고급 2〉

·주체사상화 강령에 기초한 혁명의 완성

·대를 이은 혁명의 계속-김정일 장군님의 추대

·3대혁명 붉은기 쟁취운동-「사상도 기술도 문화도 주체의 요구대로!」

〈조선식사회주의를 강화하기 위한 투쟁: 고급 3〉

·1980년대 사회주의 경제건설

·고려민주련방공화국 창립

·김정일 장군 높이 모시기

〈강성대국건설을 위한 투쟁: 고급 3〉

·〈당의 결심에 우리(인민)는 따른다.〉의 실천

·〈주체사상을 구현한 우리식 사회주의〉의 실현

·나라의 자주권 고수(핵무기를 위요한 국제 마찰)
·강성대국의 건설

【남조선 인민의 투쟁】
·미국의 소비재 중심의 〈군사원조〉와 원조체제 안에서의 독점재벌의 성장과 빈민층의 확대
·이승만 정권의 독재체제 구축을 위한 불법행위와 반공체제의 강화
·〈4·19인민봉기〉와 〈민족자주통일을 위한 투쟁〉
·5·16〈군사정변〉과 〈제3공화국〉의 출현
·한일회담과 월남파병의 반대투쟁-(한미일)〈삼각군사동맹〉
·〈경제개발-신흥재벌〉의 출현, 민족자본의 파산몰락, 노동착취
·박정희장기집권-유신독재체제 반대투쟁
·〈중화학공업화〉와 〈새마을운동〉
·광주인민봉기
·〈제5공화국〉의 출현과 민주화운동의 새로운 발전
·6월 인민항쟁과 〈직선제개헌〉
·〈문민정권〉의 독재에 대한 투쟁
·〈국민의 정부〉 수립과 민족자주, 민주화운동

【재일동포의 투쟁】
·귀국을 위한 투쟁
·재일본조선인련맹의 결성과 민족교육의 시작, 4·24교육투쟁
·〈공화국에 직결하자!〉의 고수
·(한국전쟁시) 조국(조선)보위를 위한 투쟁-〈조선민주주의인민공

화국의 사수〉

·재일본조선인총련합회(총련)의 결성

·민족교육의 새로운 발전-조선대학교 창립·(조선으로부터의) 교육원조비와 장학금 수령

·귀국의 권리 획득(1959년12월14일 첫 귀국선 출발)

·〈한일회담〉 반대투쟁

·조국왕래, 여행의 자유 실현

·조선의 자주적평화통일 지지-7·4공동성명의 실현

(2) 교육의 객체-체제지향적 인민의 상징성 주입

위에서 본 교과서의 인민은 물리적 공간 혹은 체제를 전제로 하여 단순화한 4개의 집단일 뿐이며, 근대적인 시민과는 다른 의미와 구조를 가지고 있다. 교과서의 인민은 근대적인 시민과 달리 개인적 주체성보다 집단적 속성이 강하고, 개개인의 주체적 선택보다 선택제한적 통제하에 놓여있으며, 다양성보다 일률적으로 단순화되어있다. 그리고 이상적 인민집단이란 영웅적 리더십 아래 집단적 이념 구현을 위해 노력하거나 투쟁하는 존재이다. 사회적 기능의 분화가 이루어진 가운데 각 개개인의 인민이 제각각의 다양한 역할을 분담해 생각하고 행동하는 모습은 상상할 수 없으며 통제된 단순한 집단이 부각된다. 예컨대, 다음과 같은 김일성의 등장 장면을 보면 교과서상의 인민의 성격이나 위상을 쉽게 이해할 수 있다.

> 경애하는 주석님의 조국개선을 환영하는 평양시군중대회가 1945년 10월 14일 모란봉기슭에 자리잡은 평양공설운동장(오늘의 김일성경기장)에

서 열리였다.

대회장인 평양시는 물론 북과 남의 각지에서 모여온 수많은 군중들로 차고넘치였다.

百戰老將이 나올줄로만 알았던 군중들은 30대 청년장군이신 경애하는 김일성주석님께서 연단에 나오시자 경탄의 환호성을 올리였다.

경애하는 주석님께서는 인민들의 열렬한 환호에 답례하시고 〈모든 힘을 새 민주조선건설을 위하여〉라는 력사적인 개선연설을 하시였다. (『현대조선력사』 고급 1: 12-13)

인민의 주체적 선택이나 행동은 보이지 않고 영웅적 리더가 군림하여 인민의 나아갈 방향을 제시하고 인민은 그에 감동하고 따를 뿐이다. 본래, 인민을 축으로 한 역사의 기술이란 인민이 역사의 중심에 있고 권력의 주체가 인민임을 의미한다면 조선학교의 역사 교과서는 이와는 문맥을 달리하는 기준에 의거하여 기술되고 있다. 교과서상의 인민의 투쟁은 권력의 통제 아래 체제유용성(体制有用性)의 시점 혹은 논리에 충실하게 기술되어 있는 것이다.

인민의 투쟁의 대상은 크게 둘로 나뉘어진다. 하나는, 잘못이나 틀림이 있을 수 없는 이념적으로나 규범적으로 완벽하게 정당성이 확보되어 있는 조선민주주의인민공화국 체제이고, 또 하나는, 부조리·독재·인민의 착취·침략적 군국주의 등 악의 요소로 충만되어 있어 정당성이 확보될 수 없는 한국의 독재정권, 제국주의 일본, 미국, 재벌이나 지주와 같이 인민을 착취하고 빈부의 격차를 만들어가는 자본주의 체제다. 따라서 정당성이 확보되어있는 체제를 향한 투쟁과 정당성이 확보되지 못한 체제에 대한 투쟁은 본질적으로 달라질 수밖에 없다. 정당성이 확보되지 못한 체제에 대한 투쟁은 저항적이고 파괴적인 성격의 투쟁이다. 그러나, 정당성이 확보된 체제를 향한 투쟁은 그 체제로의 귀속과정으로서 거기에서 저항이나 파괴적 성격은 찾아볼 수 없다. 그 투쟁이란 실존적인 “사랑의 싸움(der liebende Kampf)”과 같은 의미를 갖는 것으로 “최선의 충성”으로 번역하는 것이 타당할 것이다.

여기서 주목하고 싶은 것은, 체제에 충성을 바치는 인민을 학습시키고 있다는 사실이다. 인민을 축으로 한 역사인식에 토대하여 교과서를 기술하고 있는 것처럼 보이지만, 교과서 기술상의 역사의 축은 체제이고 그 체제에 충성하는 인민을 가르침으로써 충성하는 인민의 자질을 육성하겠다는 것이 본래의 목적인 것이다. 충성하는 인민이라는 학습의 대상, 즉, 교육의 객체를 우선시키고 있을 뿐이다.

3) 정태적 역사 학습의 모순－재일동포의 「자기 역사(自分史)」 모색의 부정

(1) 민족찾기와 자기찾기의 사이

조선학교의 교과서는 재일동포의 역사를 대량으로 기술하고 있다. 단순히 교과서의 지면으로 재일동포의 역사 기술량을 가늠해 보면, 『현대조선력사』의 경우, 고급 1·2·3 총 440페이지 중 재일동포의 역사 기술이 94페이지(1: 23페이지, 2: 36페이지, 3: 35페이지)에 달하고 있다. 전체의 21.4%에 달하고 있는 것이다.

고급 『현대조선력사』는 앞에서 제시한 목차와 인민집단으로서의 「재일동포들의 애국애족운동」에서 보았듯이, 광복 후·조선전쟁 후·1960년대·1970년대·1980년대·1990년 이후까지 시대별로 1·2·3전체에 걸쳐 6장이나 재일동포에 관한 내용을 싣고 있다. “재일동포의 역사”로서 기억해두어야 중요한 대목의 기술을 추려 보면 다음과 같다.

재일동포들은 미일당국의 탄압을 무릅쓰고 민주주의 민족교육을 지키기 위한 투쟁을 더욱 힘있게 벌려나갔다. (1948년) 4월 24일 효고현의 3만여명의 재일동포들은 군중집회를 가지고 대중적인 투쟁을 벌림으로써 현지사로부터 〈학교폐쇄령〉을 철회하고 동포들의 요구조건을 받아들이게 하는 성과를 거두었다.

그러나 미점령군은 〈학교폐쇄령〉철회를 무효로 선포하고 효고지구에 〈非常事態〉를 선포하였으며 수천명의 일본무장경관과 미군헌병들을 내몰아 동포들을 탄압하였다.(중략)

재일동포들은 〈피흘리며 쓰러진 동포들의 원쑤를 갚자!〉고 웨치면서 맨손으로 헌병, 경찰들과 용감하게 싸웠다.

조국인민들은 물론 일본을 비롯한 세계각국의 진보적인민들도 민족교육을 지키기 위한 재일동포들의 투쟁을 적극 지지고무하고 아낌없는 성원을 보내였다.

이에 고무된 재일동포들은 더욱 굳게 뭉쳐 대중적인 투쟁을 치열하게 벌렸다. 민족교육을 지키기 위한 투쟁에 의하여 일본당국은 1948년 5월 5일 〈조선인의 독자적인 교육을 실시 할 것〉을 밝힌 覚書에 서명하지 않을 수 없었다.

이리하여 해외교포교육력사상 류례없는 4.24教育闘争(阪神教育闘争)은 빛나는 승리를 이룩하였다.(고급 1: 69-70)

미일당국의 탄압과 박해 속에서도 재일동포들은 경애하는 김일성주석님의 1950년 6월 26일 방송연설을 높이 받들고 공화국을 사수하기 위한 투쟁에 떨쳐나섰다. 재일조선인 활동가들은 전쟁직후 조국방위위원회를 내오고 전체 동포들을 구국성전에로 부르는 호소문을 채택하였으며 뒤이어 祖国防衛隊(조방대)를 조직하였다.(고급 1: 104)

일본당국의 직업차별, 취직차별 등 민족차별정책으로 하여 동포들의 기업활동은 급속히 파탄되어갔으며 〈조선인〉은 대학을 졸업하여도 취직을 할 수 없었다.(고급 2: 38-39)

공화국의 해외교포조직인 在日本朝鮮人総連合会(총련)의 결성을 선포하였다. 경애하는 김일성주석님께서는 다음과 같이 교시하시였다.

〈1955년 5월 25일은 재일동포들에게 있어서 잊을 수 없는 력사적인 날입니다. 바로 이날에 총련이 결성됨으로써 재일동포들의 운명과 재일조선인운동발전에서 근본적인 전환을 가져오게 되였습니다.〉(고급 2: 41)

재일동포들속에서는 세대교체가 급속히 이루어지기 시작하였으며 동포들이 종사하는 직종이 확대되고 일정한 경제생활기반이 마련되여 상공인화가 이루어짐에 따라 일본定住化 경향이 나타나기 시작하였다. (중략)

경애하는 김일성주석님께서는 재일조선인운동의 실태를 통찰하시고 …조선사람 되찾기 운동을 벌릴데 대하여 가르치시였다.(고급 2: 137-138)

일본당국의 탄압과 〈동화〉정책이 강화되는 속에서 1980년대에 들어와 일본국적으로 〈귀화〉하는 재일동포들의 수가 해마다 늘어나게 되었다. (중략)

일부 동포들속에서는 사회주의조국과 총련조직을 멀리하는 〈재일론〉까지 나타나게 되었다.(고급 3: 40-41)

이상의 기술 내용의 흐름에서 알 수 있듯이, 교과서는 재일동포들이 일본의 동화정책-민족말살정책에 맞서 조선민족의 아이덴티티를 지키기 위하여 필사적으로 저항하고 투쟁해왔음을 가르치고 기억하는 보고로서의 역할을 수행하고 있다. 특히, 한일국교정상화 이후 한일의 연대에 의한 총련계 동포사회의 약체화를 획책한 협정영주권 신청과 한국국적 취득의 권유과정에서는 조선민주주의인민공화국의 인민으로서의 입장을 더욱 선명히 하고 있다.

세대교체와 함께 재일동포사회는 눈에 띄게 변화하기 시작했다. 무엇보다도 자신들의 독자적인 아이덴티티에 대해 적극적으로 생각하고 표현하기 시작했다. 선택제한상황 속에서 주체적인 선택을 하지 못하고 일본·미국·한국·조선 및 동서대립체제의 역학관계에 자신들의 운명을 맡겨올 수밖에 없었던 재일동포들이 스스로를 위한 스스로의 선택을 추구하기 시작한 것이다. 「통명(通名·일본식 이름)」 대신 「본명(本名·조선·한국식 이름)」을 사용하는 동포가 늘어났고 일본으로 국적을 바꾸는 사람, 일본인과 국제 결혼하는 사람도 늘었다.[25]

역사 학습에 대한 요구도 변했다. 조국의 역사학습은 곧 조국찾기였다. 교토대학 교육학부 비교교육연구실의 조사에 따르면 1979년만 해도 조국의 역사 학습을 바라는 동포가 65.4%였고 재일동포 자신의 역사 학습을 바라는 동포는 34.6%였다. 그런데, 1989년의 조사에서는 조국의 역사 학습을 바라는 동포는 35.8%로 줄었고 재일동포 자신의 역사 학습을 바라는 동포가 64.2%로 늘었다.[26] 1970년대 말에서 1980년대 말까지의 10년 사이에 동포들의 인식, 의식이 크게 바뀌었음을 엿볼 수 있다.

조선학교 교과서도 동포들의 이와같은 변화를 기술하고 있다. 다만, 교과서는, 재일동포들의 자기찾기로의 변화를 사회주의 조국과 총련을 멀리하는, 민족성이 희박해지는 현상으로 받아들이면서 이를 부정하는 입장을 취하고 있다. 교과서는 재일동포사회에서 일고 있는 자이니치(在日)로서의 아이덴티티 추구 현상을 「〈재일론〉까지 나타나게 되였다」는 본문 기술 외에 다음과 같이 부정적인 시각의 주까지 달아 비판하고 있는 것이다.

---

25) 일본인과 결혼하는 재일동포가 1955년에는 결혼자의 30.5%, 1975년에는 48.9%, 2013년에는 87.7%로 증가하고 있다.
민단중앙본부웹사이트 통계(2018.11.17.) http://www.mindan.org/shokai/toukei.html#04

26) 京都大学教育学部比較教育研究室(1990) 『在日韓国朝鮮人の民族教育意識』、pp.28-29

〈재일론〉: 〈재일〉이라는 조건, 〈국제화시대〉를 운운하면서 재일동포들을 일본사회의 구성원으로 보고 조국과 조직을 멀리하면서 일본사회와의 관계속에서 共生의 길을 찾아야 한다는 주장을 말한다.(고급 3: 41)

위의 기술에서 보는 한, 조선학교의 교과서(조선 및 총련)는 재일동포의 주체적 자이니치의 성립을 조선과 총련으로부터의 이탈로 보고 있다. 오랜 선택제한조건을 극복하고 어렵게 모색해온 자이니치의 아이덴티티를 부정하고 있는 것이다. 국가(조선)와 조직(총련)에 대한 변함없는 충성을 확보하기 위서는 정태적인 역사인식을 고수할 필요가 있기 때문이다. 물론, 이는 그들이 강조하는 주체적인 인민이나 주체사상과도 모순된 논리이다.

재일동포의 삶의 터전, 활동의 무대인 일본의 역사, 사회에 대한 인식의 폭을 넓히고 심화하지 않고는 그들의 생활 자체가 이루어지기 어렵다. 이러한 현실적인 필요에 따라 풍부할 만큼 일본에 대한 학습량을 확보하고 있다. 예컨대, 세계사를 다루는『사회』중급 2(학우서방 발행 2017 재판)는 고대에서 현대에 이르기까지 일본의 역사를 통사적으로 "완벽하게" 기술하고 있다. 재일동포의 자이니치화를 부정하면서, 일본에 대한 학습량을 늘려 확보해야 하는 딜렘머를 안고 있는 것이다. 그러나, 조선학교의 교과서는 결국 국가와 조직에의 귀속을 설교하는 기술을 선택하고 있다.

> 오늘 재일동포사회에서는 민족성을 지키는 것이 무엇보다도 중요한 과제로 나서고 있습니다.
>
> 그것은 세대가 교체되여 새 세대들속에서 民族性이 점차 희박해지고있기 때문입니다.

비록 일본에 살지만 재일동포들은 민족성을 굳건히 지켜야 합니다.

조선사람의 성과 이름을 귀중히 하고 우리말과 글, 자기 민족의 력사를 더 잘 알며 노래와 춤을 비롯한 민족문화를 습득하기 위한 다양한 활동을 널리 벌리는 것은 민족성을 지키는 데서 중요한 일로 나섭니다.(『사회』 초급 6: 97-99)

4) 이데올로기에 토대한 학습내용의 선정·구조화－「남조선」에서의 민주화 운동

조선학교의 교과서는 「남조선」에서의 인민의 투쟁을 상세히 기술하고 있다. 해방 후 통일정부 수립을 위한 투쟁에서부터 군사독재와 한일회담을 반대하는 투쟁, 유신 독재를 반대하는 투쟁, 반미 자주와 민주화를 위한 투쟁, 조국 통일을 위한 투쟁에 이르기까지, 고급 『현대조선력사』는 1·2·3 합하여 73페이지를 할애하여 기술하고 있다. 단순히 페이지 수만으로 보았을 때 이 부분에 대한 한국의 고등학교 『한국사』의 기술보다 훨씬 많다.[27)]

여기에서는 한국의 민주화 운동과 관련된 사실 중 4·19혁명과 6월 민주항쟁의 기술 내용만을 고급 『현대조선력사』를 중심으로 검토하기로 한다.

(1) 4·19 혁명

4·19 혁명은 한국의 발전 과정에서 가장 중요한 출발점의 하나였다.

---

27) 한국 고등학교 교과서의 기술량은 21(비상교육사), 22(리베르스쿨사)페이지 정도이다. 교과서의 사이즈, 활자 크기, 편집 방법이 달라 페이지 수만으로 기술량을 헤아려 비교할 수는 없지만 교과서상의 페이지 수의 다과는 기사가 차지하는 비중을 가늠하는 중요한 척도일 수 있다고 본다.

한국의 발전을 조선학교 교과서가 어떻게 기술하고 있는가. 여기서는 첫째, 사회를 특정한 규범이나 이데올로기적 정당성이 지배하는 고정된 것으로 볼 것인가 변화-발전하는 동적인 것으로 볼 것인가? 둘째, 사회의 변화-발전을 견인하는 것은 사회구성원 전체인가 특정 집단인가? 셋째, 4·19와 같은 역사적 사실·현상을 법칙적으로 설명하는가 규범적 정형에 따라 진술하는가? 에 주목하면서 보고 싶다.

먼저 교과서(『현대조선력사』 고급 2: 27-36)의 기술 내용을 다음과 같이 정리한다.

【배경】

① 미국의 〈군사〉원조로 리승만 독재정권의 지지기반인 강력한 군부세력의 형성

② 미국 원조에 편승해 성장한 독점재벌의 리승만 정권 안받침

③ 농민 노동자의 생활고(〈4천년래의 民生苦〉)

④ (부적절한 수법에 의한) 리승만의 장기집권체제의 고정화

·경찰의 증강과 〈대한청년단〉의 무장화

·재벌과 유착된 〈자유당〉세력의 강화

·(대통령 직선제를 위한)〈四捨五入改憲〉

·야당 탄압과 〈保安法波動(2·4파동)〉(조봉암을 위시한 진보당재판)

·거듭된 부정선거(제3대,제4대 정부통령 선거 등)

【경과】

① (3·15부정선거를 계기로) 학생들의 민주화, 반정부 투쟁의 전국적 확대

② 김주열 학생의 시체 발견과 학생들의 재봉기

③ 4월 19일 서울시 안의 학생과 인민의 대규모 항쟁

④ 非常戒厳令의 선포와 시위자에 대한 무차별 진압(186명이 사살되는 〈피의 화요일〉 참사)

⑤ 4월 25일 대학교수의 시위

⑥ 투쟁의 창끝이 자기들에게 돌아올 것을 두려워한 미국의 리승만 정권 지지철회

⑦ 리승만 독재〈정권〉의 붕괴

【결과】

① 미국에 의한 허정 〈과도정부〉 수립

② 〈内閣責任制개헌〉에 따라 〈7·29선거〉를 거쳐 장면을 〈국무총리〉로 하는 〈제2공화국〉 수립

③ 친일관료들로 구성된 장면 〈정권〉의 리승만 정책의 답습

④ 일시적인 민주화 공간을 이용한 남조선 인민들의 투쟁 고조
  ·학생들의 학원민주화운동, 신생활계몽운동
  ·진보적정치세력들의 정당, 단체의 재건(〈사회대중당〉 결성 등)
  ·노동자들의 투쟁 활발화(〈全国労働組合総連盟〉)

⑤ 장면〈정권〉에 의한 민주세력의 탄압-5·16 이후 제정되는 〈2대악법〉(〈반공법〉과 〈데모규제법〉) 조작

⑥ 통일운동의 활성화
  ·民族自主統一中央協議会(民自統)의 결성과 〈民族日報〉의 창간
  ·〈민자통〉의 통일 요구 시위 계속
  ·학생들의 남북학생회담개최 요구

(〈민족통일전국학생련맹발기인대회〉 개최)

⑦ 미국의 〈아시아정책〉과 남조선에 대한 식민지통치체제의 동요

이상의 조선학교 교과서의 4·19에 관한 기술이 한국의 검인정 교과서의 기술보다 상세하다는 것이 우선 눈에 띈다. 특히, ① 미국의 사주 내지 식민지체제 속에서 4·19의 원인인 이승만 독재정권이 지속되었고, 미국에 의해 4·19의 진행과 결말이 컨트롤되었다는 기술, ② 재벌과 정권이 유착되어 독재체제가 강화됨으로써 중소기업이 몰락하고 농민의 빈민화가 가속되어 이것이 4·19의 발생 배경이 되었다는 기술, ③ 4·19를 계기로 학생, 인민-노동자들의 투쟁이 활발히 전개되었다는 기술은 한국의 교과서에서는 거의 찾아보기 어렵다. 바꾸어 말하자면, 이러한 기술이 조선학교 교과서의 4·19에 대한 시점이고 평가라고 볼 수 있다.

이와 같은 4·19에 대한 조선학교 교과서의 시점과 평가를 앞에서 말한 주목점과 관련지어 보자면, 첫째, 이데올로기적 정당성을 전제로 한국의 민주화 운동을 보고 있다는 점을 들 수 있다. 이데올로기적 정당성을 확보하고 있는 체제는 고정된 안정성을 유지하지만 정당성을 확보하지 못하고 있는 체제는 불안정할 수밖에 없고 인민의 투쟁에 의해 붕괴될 수 있다는 것이다. 한국의 민주화 운동을 한국 사회의 발전 과정으로 파악하지 않고 다만 정당성 부재로 인한 붕괴 과정으로 보고 있는 것이다. 둘째, 붕괴 과정으로서의 변화를 견인하는 사회적 에너지원을 빈민화된 노동자로 보고 있다. 국가 사회가 발전하는 과정에서 사회적 기능이 분화되어가면서 성숙하는 다양한 에너지가 새로운 발전을 모색하고 견인하는 민주화라는 사회 발전의 측면은 보지 않고 있는 것이다. 따라서 셋째, 한국의 민주화라는 변화-발전을 단순화된 「프롤레타리아

혁명」 논리에 따라 진술하고 있다. 4·19 당시의 한국을 미 제국주의의 식민지 체제하에서 자본주의적 부조리로 충만된 사회로 보고, 그러한 부조리에 항거하여 노동자와 프롤레타리아적 성향의 학생이 일어나 체제 붕괴라는 성과를 거두었다는 것이다.

학습자의 발달을 돕는 사회적 행위가 교육이라고 한다면, 학습자에게 가르쳐야 할 것은 영원히 변하지 않는 「절대로 정의로운」 체제가 아니라 「정의롭지 못함을 최소화하기 위하여」 구성원 모두가 노력할 수 있는 기회를 보장하는 동태적인 체제일 것이다. 이런 시점에서 한국의 민주화 노력도 평가되어야 한다고 본다.

(2) 6월 항쟁

민주화운동은 정치 경제 사회 문화 모든 영역에서의 민주주의의 실현을 위해 계속되는 노력의 과정이기 때문에 그 시작과 끝을 설정한다는 것은 불가능하고 위험한 발상이기도 하다. 다만 한 시점에서 얻은 성과를 기준으로 볼 때, 4·19가 한국 민주화운동의 시발이었다고 한다면 6월 항쟁은 그 당시까지 성취한 한국 민주화운동의 마무리였다고 볼 수 있다.

【배경】

① 광주 인민봉기를 류혈적으로 탄압한 전두한, ＜国家保衛非常対策委員会＞(〈국보위〉)를 내오고 군사파쑈체제 수립

② 〈국보위〉(별도 상자 기사), 〈김대중내란음모사건〉을 날조하여 민주인사와 학생을 체포하고, 공무원, 언론인, 언론기관을 탄압했을 뿐만 아니라 무고한 사람을 〈삼청교육대〉로 끌어감

③ 전두환, 개정한 〈헌법〉에 따라 〈간접선거〉로 〈대통령〉에 〈선출〉 되고 〈제5공화국〉출현

④ 미국과 일본 전두환 〈정권〉 지지 표명

⑤ 전두환 〈정권〉의 정경유착 촉진, 부정사건 표출

【경과】

① 부산〈米国文化院〉放火事件을 계기로 반미운동 시작(반미투쟁 별도 상자 기사)

② 대학생, 지식인 노동자 속에 들어가 학생운동과 로동운동 결합

③ 1985년 〈서울로동자운동련합〉(서로련) 조직

④ 1985년 〈전국학생총련합회〉 결성, 3民理念(민족통일, 민주쟁취, 민중해방) 아래 운동 전개

⑤ 서울〈미국문화원〉점거사건

⑥ 〈민주통일민중운동련합〉(민통련) 결성(재야운동단체의 결성 내용 별도 상자 기사)

⑦ 〈신한민주당〉(신민당)의 〈1천만명개헌서명운동〉전개

⑧ 〈신한당〉의 〈3비선언〉으로 재야세력과 〈신민당〉의 련대 깨여짐

⑨ 〈부천경찰서성고문사건〉, 〈박종철拷問致死事件〉, 시위 중의 이한렬 사망 등의 사건이 터져 투쟁 고조

⑩ 〈민주헌법쟁취국민운동본부〉결성, 〈6·10국민대회〉, 〈6·26민주헌법쟁취 국민평화대행진〉(180여만 행진 참가)

【결과】

① 〈6·29특별선언〉

② 〈直選制改憲〉 요구 실현
③ 7월 이후 전국적인 로동자대투쟁
④ 〈남조선려객기실종사건〉(별도 상자 기사)을 조작하여 로태우 대통령 당선
⑤ 〈전국로동조합협의회〉(전로협), 〈전국농민회총련맹〉(전농), 〈전국대학생대표자협의회〉(전대협) 등이 결성되고 민주화 대중운동의 전개
⑥ 1988년 이후 민주화운동의 통일운동으로의 발전

이상의 6월 항쟁에 대한 기술도 기본적으로 4·19의 기술과 같은 맥락에서 이루어지고 있다.

첫째, 6월 항쟁과 관련된 사실을 대단히 상세하게 기술하고 있다. 이와 같은 상세한 기술이 재일동포의 입장에서 보는 또하나의 조국 한국의 민주화 내지 정치, 사회의 발전에 대한 관심에서 온 것인지, 적대적인 체제의 모순과 부조리를 밝히려는 의도에서 온 것인지는 전체적인 문맥에서 판단할 일이다.

둘째, 상세한 기술 중에서 특히 눈에 띄는 것은 4·19 기술과 마찬가지로 반미와 노동자의 투쟁이다. 미제국주의 체제로부터의 이탈, 노동자의 요구 실현이 곧 국가 사회의 발전이라는 이념, 가치가 반영된 기술이라고 볼 수 있다. 그와 같은 이념이나 가치가 교과서 내지 학습을 구속하고 있다는 점을 지적하지 않을 수 없다. 교과서가 체제의 이념, 가치를 강제적으로 교화하려 할 때, 교과서는 그 자체 성전이 되거나 체제의 메신저가 될 수밖에 없다.

5) 제3자의 비판에 답할 수 있는 학문적 · 과학적 타당성과 적절성을 갖춘 교과서의 요건

교육내용의 선정, 기술(제시)은 학문의 성과에 토대한 객관성과 지식의 성장과정(사실의 개념적 구조화·일반화)에 충실해야 한다. 그러나, 조선학교의 교과서 내용의 선정과 기술은 체제 이데올로기의 논리에 따르고 있음이 두드러지게 눈에 띈다. 이러한 경향은 제3자의 비판의 대상이 되고도 있다.

예컨대, 도쿄토(東京都)의 『조선학교조사보고서』(2013년 11월 공표)[28]에서 문제시하고 있는 조선학교 교과서의 내용을 들어 그 사정을 확인할 수 있다. 도쿄토는 조선학교에 대한 보조금 교부의 적절성 여부를 판단하기 위하여 조선학교의 실태를 조사하고, 그 결과 보고서에서 교과서의 기술내용을 문제 삼고 있다. 특히, 고급부 『현대조선력사』에는 「경애하는 김일성 주석님」, 「경애하는 김정일 장군님」이라는 기술이 409페이지 중 353 회, 김일성·김정일의 사진이 43회 등장한다는 개괄적 진술에 이어 다음과 같은 교과서의 「특징적」 내용의 예를 들고 있다.[29]

> 전세계의 진보적 인민은, 세계 역사상 처음으로 미제를 쳐부수고, 조국해방전선을 승리로 이끄신 경애하는 주석님을 「위대한 군사전략가」 「반제 투쟁의 상징」으로 높이 받들고, 우리 인민을 영웅적 인민이라고 칭송

---

28) 東京都(2013.11) 『朝鮮学校調査報告書』 東京都生活文化局私学部私学行政課調整担当

29) 여기에 열거하는 「조선학교 교과서 내용의 특징적 예」는 도쿄토의 보고서를 충실히 전하기 위하여 보고서의 "일본어" 문장을 "한국어"로 번역한 것임을 밝혀둔다.

했다.(고급부 1년『현대조선역사』)

일제와의 최종 결전을 위한 준비가 성공적으로 추진되고 있던 시기인 1942년 2월 16일, 경애하는 김정일 장군님께서는 백두산 밀영(密営)에서 탄생하셨다. 조선 인민혁명군의 대원들은, 나무와 바위에「아아 조선이여, 동포들이여, 백두광명성(白頭光明星)의 탄생을 알린다」,「이천만 동포여, 백두산에 백두광명성이 독립 천출용마(天出龍馬)를 타고 나타났다」 등의 글을 새겨, 장군님의 탄생을 알렸다.(중급부 3년『조선역사』)

주석님의 의지를 받들어, 존경하는 김정숙 어머님께서도, 매일같이 아드님이신 경애하는 김정일 장군님과 함께, 아침 일찍부터 공사현장에 나오셔서, 건설자들의 일을 도우셨다. 이 소식은 벌써 공사현장에 널리 알려져, 건설자들을 한층 고무시켰다. 그리하여 일제가 10년을 걸려서도 이룰 수 없었던 방대한 공사를 그 해 7월 15일까지, 불과 55일이라는 짧은 기간에 끝내는 기적을 이루었다.(고급부 1년『현대조선역사』)

「한일회담」과 베트남 파병을 통하여, 동북아시아에서는 미일「한」의 삼각군사동맹 체제가 형성 강화되어, 자주의 길을 가는 공화국을 압살하기 위한 태세가 정비되었고, "남조선"은 미국과 일본의 이중의 식민지로 전락해갔다.(고급 2『현대조선역사』)

(주체사상에 대하여)

주체사상은, 위대하신 김일성 주석님이 창시하시고, 경애하는 김정일 장군님이 발전-풍부화하셨다, 인간해방을 위한 새로운 사상이다. (중략)

인민 대중의 선진 분자의 조직이 곧 당이다. 인민 대중의 의식화, 조직화를 위해서는 많은 사람들의 요구를 하나로 통합하고, 그것을 실현하기 위하여 사람들의 힘을 하나로 결속시키는 중심이 있어야 한다. 인민 대중의 자주적 요구와 창조적 힘을 통일시키는 중심이 수령이다. 사회주의의 주체는 결국, 의식화, 조직화된 인민 대중이고, 그것이 수령, 당, 대중의 통일체를 만들어낸다.(고급부 1년 『사회』)

「김일성 장군의 노래」(중급부 3년『음악』)
장백산 줄기줄기 피물든 흔적 압록강 구비구비 피물든 흔적
오늘도 자유 조선 꽃다발 위에 총총히 비치는 성스러운 곳
아아 그 이름도 그리운 우리들의 장군 아아 그 이름도 빛나는 김일성 장군 (하략)

「김정일 장군의 노래」(고급부 1년『음악』)
백두산 줄기 내려 금수강산 삼천리 장군님 높이 받들고 환호의 소리 울려퍼져라
태양의 위업 빛나시는 인민의 영도자 만세만세 김정일 장군 (하략)

위의「특징적」내용을 보면, 조선학교 교과서가 공교육기관의 교재로서의 기본적인 요건을 갖추고 있는지 의심하지 않을 수 없다.

6 맺음말

재일동포의「민족교육」은 특별한 역사적 맥락에서 전개되어왔다. 그런 이유로 민족 내지 민족교육을 보편선(普遍善)으로 고정시키고, 그에 대한 비판이나 새로운 시각의 제언조차 그것이 지니고 있는 정당성을 훼손하는 것처럼 금기시하는 당위론적 방어논리가 통용되어왔다. 그러나 민족교육의 역사적 맥락을 소중히 한다는 것은 새로운 차원의 민족교육의 지평을 열어가기 위한 가치를 보존하고 개발하는 것이며, 그러기 위해서 오늘 이루어지고 있는 민족교육의 실상을 우선 정확히 진단

할 필요가 있다. 이런 관점에서 조선학교의 교과서(개발 과정과 내용)를 검토했고, 그 결과 다음과 같은 사실을 확인할 수 있었다.

첫째, 복잡한 우여곡절을 단순화시켜 본다면, 조선학교의 역사는 곧 재일동포 민족교육의 역사 그 자체이다. 특히, 민족교육의 초기, 조련이 주도하는 교재 편찬 활동은 괄목할 만한 것이었고, 그러한 노력의 축적 위에 오늘의 민족교육이 존재한다고 볼 수 있다.

둘째, 조선학교의 민족교육은 국가(조선)와 조직(총련)이 추구하는 이념적 요구의 틀 안에서 이루어지고 있다. 체제유용성(体制有用性)을 만족시키는 것이 민족교육의 목적이고 교육내용의 선정이나 기술의 기준이 되어온 것이다. 이로 인해 민족교육과 학습자의 발달, 학습자의 요구나 변화 사이에 괴리 혹은 모순이 나타나고 있다.

셋째, 고정된 체제 이데올로기에 맞추어 교과서 내용을 기술하고 있다. 4·19를 프롤레타리아 혁명으로, 한국을 미국의 식민지로 단언하는 것과 같이, 사실관계의 과학적, 인과적 설명이 부족하고, 지식의 구조화나 성장논리를 찾기 어려우며,이데올로기의 논리에 따른 사실의 진술이나 추상화가 교과서 기술의 중심이 되어있다.

넷째, 보편성을 요구하는 교과서의 기술에서 보편적 합의와는 거리가 먼 지나치게 단순화, 추상화된 개념으로 특수한 상황을 진술하는 예가 많다.

「인민의 열망에 위대한 …장군의 등장」 같은 표기는 현대 교과서 기술로서 받아들이기 어렵고, 이런 표기들이 조선학교의 교육에 대한 오해 또는 불신을 부르고 있다.

다섯째, 커리큘럼 안에서의 정합성(整合性)이 유지되지 않고 있다. 예컨대, 교육의 기본방침에서는 공생(共生)을 강조하면서 교과서 안에서의 기술에서는 공생을 추구하는 재일론(在日論)을 극구 부정하는 모순이 발견되고 있는 것이다. 이는 조선학교의 민족교육이 동포사회의 변화를 따라가지 못하는 단면이기도 하다.

또 조선학교의 교육목표나 기본방침에서는 풍요로운 인간성을 갖춘 창의적인 인간육성을 내걸고 있지만 교과서의 내용이나 기술 방법에서 보는 한, 풍요롭고 창의적인 학습자의 참여활동은 기대할 수 없다는 모순도 보인다. 조선학교의 교과서는 단 한 줄도 학습자에 의해 다시 쓰여질 수 없는 성전이다. 이는 조선학교의 민족교육이 교육의 주체(학습자)보다 밖으로부터 주어지는 교육의 객체(교육내용·교과서)를 우선시키고 있다는 증거이기도 하다.

재일동포는 자신(자식)을 위하여 민족교육을 시작하였다. 이야말로 교육 본래의 모습이다. 교육주체로서의 스스로의 발달(조국의 언어와 역사의 학습)을 위한 것이었고, 그 발달이 조국에의 귀속을 약속한다고 믿었다. 그들이 간직했던 것은 언어 이전의 향수와 같은 원초적이고 정서적인 조국지향 의식이었다. 그러나 오늘날 이루어지고 있는 민족교육은 국가나 권력조직이 요구하는 체제유용성을 추구하고 있다. 그리고 그 민족교육을 통해 정치적 내셔널리즘을 주입하고 있다.

동아시아연구총서 제6권

동아시아 마이너리티 사회와 타자표상

미군정기 재일조선인 발행의 신문기사

—한신교육투쟁 관련기사를 중심으로—

이경규(李京珪)

일본 도카이대학에서 문학박사를 받았으며 도카이대학 외국어교육센터 전임강사를 거쳐 현재 동의대학교 일본어학과 교수로 재직 중이다. 한국일본근대학회 회장, 동의대학교 인문사회연구소 소장, 인문대학 학장 등을 역임하였으며, 현재, 동의대학교 동아시아연구소 소장, 중앙도서관 관장을 맡고 있다. 관심 연구 분야는 근대번역과 한자어이며, 『중세기 일본 한자어 연구』, 『근대번역과 동아시아』 (공저), 「일본 자음어 연구의 한 시점」, 「명치기 번역소설에 나타나는 한자표기와 후리가나에 관한 연구」 등 다수의 논저가 있다.

1 들어가며

제2차 세계대전의 연합국 승리와 더불어 일본이 패전하고 그 때까지 피지배 민족이었던 조선은 해방을 맞이했다. 그러나 미군정 체제[1]의 일본에 남게 된 재일조선인은 패전국 일본인의 처지에 비해 전혀 나을 바 없는 애매한 처지에 놓여 있었다. 게다가 일본 사회의 조선인 멸시 또한 전전이나 전후나 별로 달라진 게 없었다. 재일조선인이 일자리나 주거공간을 찾아보는데도 일본인에 비해 늘 배제당하거나 힘든 일자리만 남아 있을 뿐이었다. 일본의 패전 직후 일본에 있던 약 200만 명의 조선인은 140만이 귀국하고 60만이 일본에 남게 된다. 귀국하지 않고 잔류를 선택하게 된 60만의 재일조선인들에게는 그들 나름의 이유가 있었다. 도일 후의 생활이 오래 되다보니 조선에서의 생활 기반이 빈약하여 선뜻 귀국을 선택할 수 없는 불안 요인이 존재했다. 게다가 재일조선인들이 어렵사리 모은 재산을 반출할 수 없도록 한 미군정의 자본반출 제한 정책이 더 큰 문제인 경우도 있었다.[2] 비록 조국이 해방되었다고 하지만 그들에게는 곧장 조국으로 돌아갈 여건이 마련되어 있지 않았다. 이러한 전후의 어수선한 상황 속에서 일본에 남을 수밖에 없었던 조선인들은 자신들을 지켜내고 대변할 수 있는 조직을 결성해

---

1) 여기에서 미군정기는 1945년 8월부터 1952년 4월까지 연합국 최고사령부(GHQ)가 일본을 점령한 시기를 가리킨다.

2) 김태기(1999) 「GHQ/SCAP의 對 재일한국인정책」『국제정치논총』제38권 제3호, 한국국제정치학회, p.251 한반도의 불안한 정세가 귀국을 주저하는 원인이기도 하였지만, 자본 반출을 제한하는 GHQ의 귀환정책이 실제적인 원인이었다. GHQ는 조선으로 인계하는 귀환자는 지참금 1,000엔 이하와 휴대할 수 있는 동산을 250파운드로 제한하였다.

야 했다.

좌파 성향의 재일본조선인연맹(조련)과 우파 성향의 재일조선거류민단(민단)이 그 대표적인 조직이다. 해방 직후 미·소 군정 하의 분할 주둔으로 신탁통치에 대한 좌우익간의 찬반 갈등을 비롯한 한반도의 혼란스러운 상황 못지않게, 재일조선인 사회도 좌파 성향과 우파 성향으로 양분되어 서로 첨예하게 대립하게 된다.[3] 이러한 상황 속에서 조선학교 폐쇄령, 대한민국 단독정부 수립, 재일본조선인연맹 해산 등 재일조선인 사회에서는 충격적으로 받아들일 수밖에 없는 여러 사건들이 연이어 발생했다. 이에 당시의 미디어에서는 이들 사건에 대해 어떻게 보도되고 어떠한 관점에서 기사화되었는지를 살펴보는 것도 당시의 재일조선인 사회를 이해하는데 있어서 매우 의미 있는 일이라 생각된다. 이번 연구에서는 한신교육투쟁에 관한 재일조선인 관련 미디어 기사를 중심으로 살펴보고자 한다. 당시의 신문 기사 수집과 검색에는 동의대 동아시아연구소 편『전후 재일조선인 마이너리티 미디어 해제 및 기사명 색인』을 활용하기로 한다.[4] 한신교육투쟁에 관련한 선행연구에는 김경해(2006)[5], 최영호(2007)[6], 김인덕(2008)[7] 등을 들 수 있는데, 대부분 민족교육이나 역사교육의 관점에서 다루고 있으며「해방신문」등

---

3) 이경규(2019)「미군정기 재일조선인 발행 신문의 문화 기사 고찰」『일본근대학연구』제63집, p.104

4) 이경규 외(2018)『전후 재일조선인 마이너리티 미디어 해제 및 기사명 색인 1』박문사

5) 김경해(2006)『1948년 한신 교육 투쟁－재일조선인 민족교육의 원점－』경인문화사

6) 최영호(2007)「재일한인 민족교육운동에 나타난 대외연대·네트워크」『한일민족문제연구』제13집, 한일민족문제학회
______(2008)「해방직후 재일한인 민족교육의 특징과 한계」『한일민족문제연구』제15집, 한일민족문제학회

7) 김인덕(2008)「1948년 한신교육투쟁과 재일조선인 역사교육」『한일민족문제연구』제15집, 한일민족문제학회

조련 계열의 미디어 기사 내용을 주로 활용하고 있다는 공통점이 있다. 본 연구에서는 「조련중앙시보(朝連中央時報)」, 「문교신문(文教新聞)」, 「민주신문(民主新聞)」 등의 재일조선인 관련 마이너리티 신문에 등장하는 한신교육투쟁 관련 기사를 수집하여 이들 미디어 기사의 내용 분석과 각 미디어 간의 기사화 관점 등을 살펴보고자 한다.

2 조선학교 폐쇄와 한신교육투쟁

미군정의 전후계획의 목표가 일본의 경우에는 군국주의와 국가주의, 신도주의의 해체 및 민주주의화였으며, 조선의 경우에는 식민지 잔재 청산과 민주주의화였다. 그러나 조선인에 있어서 식민지 잔재 청산은 한민족의 고유문화와 역사의 회복을 의미하는 것이었지만, 미군정은 식민지 잔재 청산의 의미가 일본의 경우와 같이 군국주의와 국가주의, 신도주의 해체를 의미하는 것이었으며 한민족 고유문화와 역사의 회복을 의미하지 않았다.[8] 일본에 대한 점령 정책의 기본적인 목표는 군국주의와 국가주의를 해체하고 민주주의 수립인데 반해, 조선에 대해서는 신탁통치를 통한 민주주의적 독립정부 수립이라는 기본적인 원칙만 있었기 때문에 조선인에 대한 일관성 있고 체계적인 정책을 마련하지 못했던 것이다. 이러한 미군정의 전후 정책이 재일조선인에게는 더욱 애매한 상황을 만들었을 것이다.[9] 미군정과 일본정부는 식민지 기간

8) 김인용(2008) 「해방 전후 한국과 일본에 대한 미국의 교육정책」『교육사상연구』제22권 제3호, 한국교육사상학회, p.16

9) 박창건(2018) 「GHQ 점령기 일본의 재일조선인 정책」『한국정치외교사논총』제39

동안에 억압당했던 사회 개혁을 요구하는 민족주의 계열 재일조선인들의 강력한 반발에 직면하게 되었다.[10)]

미군정기인 1945년 8월부터 1952년 4월까지 일본정부는 때로는 미군정과 함께, 때로는 미군정을 대신해서 재일조선인을 통제하고 행정권을 행사하는 이중적인 지배구조를 형성하고 있었다.[11)] 그리고 이러한 상황에서 좌파 성향의 조련은 황민화 정책과 동화정책의 지배를 받아온 재일조선인에게 민족성, 즉 그들의 정체성을 되찾는 것은 바로 우리말을 되찾는 것에서 비롯된다고 보았다. 재일조선인들은 즉시 조선학교를 설립하고 그 자녀들에게 조선어와 조선의 역사와 문화를 가르쳤다. 일제강점기에 억압받아왔던 민족교육에 대한 재일조선인들의 에너지가 일거에 분출한 것이다. 이처럼 조선어 교육이 무엇보다 중요하다고 판단하여 일본 전국에 500개가 넘는 조선학교를 설립하게 된다. 그러나 조선학교가 일본 정부의 간섭 없이 민족교육을 자유롭게 할 수 있었던 것도 겨우 2년 정도에 머물러야 했으며 1948년 1월부터는 미군정과 일본정부의 탄압이 시작되었다.

제2차 세계대전이 끝난 지 얼마 되지 않아 미국과 소련의 양 진영을 중심으로 동서냉전이 격화되기 시작하였는데, 일본정부는 미군정에 적극적으로 협력하게 되면서 미국 진영에 앞장섰다. 이에 따라 재일조선인들과 그들의 민족교육 문제에 대해 자본주의 진영의 입장에서 평가

집, 한국정치외교사학회, p.147 연합국 최고사령부(GHQ)는 재일조선인 문제를 전후 처리의 부수적인 문제로 취급하여 대일점령정책의 일환으로 진행했다. 따라서 GHQ는 재일조선인을 일본 식민지 유산에서 파생된 소수민족으로서의 특수한 역사적 형성과정을 무시하고 문제로 파악하지 않고 다른 외국인 문제와 동일선상에서 재일난민 정책을 입안했다.

10) 사회주의와 공산주의는 1920년 이후 알려지기 시작하여 재일조선인들의 민족주의와 무정부주의 운동과 밀접한 관계를 가지고 있다.

11) 윤희상(2006) 『그들만의 언론』 천년의시작, p.13

하게 된다. 그러면서 재일조선인의 민족교육은 자본주의 진영과 일본정부를 비판하는 것으로 비쳐졌고 미군정과 일본정부는 검열과 폐지를 시도하기에 이르렀다. 1948년 미군정의 지시 아래 일본정부는 재일조선인들의 민족교육을 단속하는 정책을 실시하게 되는데 이 정책에는 일제강점기의 동화교육정책을 모델로 삼았다. 일본정부는 미군정과 사전에 의논하여 조선학교에 대해 일본의 교육법령에 따라 교육할 것을 지시하고 재일조선인 자녀들을 일본학교로 전학하도록 통지했다. 일본의 교육법령은 일본 국민의 육성을 목적으로 일본인 교사가 일본어 교과서를 사용해서 일본어로 교육하는 것을 규정하고 있다. 이것은 말할 것도 없이 일본 국민을 육성하는 교육인 것이었다. 재일조선인의 민족주의가 기존 통제시스템에 대한 정치적 반항의 거점이 될 수 있고 바로 일본의 공산주의와 연결될 수 있다는 판단에서 비롯되었다. 미군정은 일본정부를 통하여 지방 행정당국에 통달을 내려 보내도록 하는데 조선학교의 폐쇄 명령이었다.[12] 조선학교 폐쇄 명령은 재일조선인들의 엄청난 반발을 촉발하였고 전국적인 투쟁으로 이어지는 상황을 초래하였다.

재일조선인들이 조선학교를 설립하여 민족교육이 시작되었는데, 이

12) 金慶海編(1988)「學校教育局長通達:朝鮮人設立學校の取扱いについて」『在日朝鮮人民族教育擁護闘争資料集』(I), 明石書店, p.450 학교폐쇄령에 따르면,「일본에 잔류하는 조선인은 일본의 법률에 복종하도록 되어 있다. 1947년 4월 1일부터 시행된 학교교육법(1947년 3월 31일 법률 제26호) 및 동일부터 적용되는 동법 시행규칙(1947년 5월 23일 문부성령 제11호)의 제조건에 매우 부적합하기 때문에 더 이상 학교를 계속 경영하는 것은 불가하다고 판단한다. 그리고 학령아동의 보호자는 아동을 정규학교(일본의 소학교를 일컬음)에 취학시킬 의무가 있기 때문에 4월 8일까지 반드시 입학 절차를 진행하도록 명령한다. 학교폐쇄 명령을 위반한 자는 6개월 이하의 징역 또는 금고, 1만엔 이하의 벌금에 처한다. 그리고 취학 의무를 이행하지 않은 보호자는 1천엔 이하의 벌금에 처한다」고 되어 있다.

들 민족교육의 현장인 조선학교의 폐쇄에 대해 처음으로 반대투쟁에 돌입한 곳이 야마구치현(山口縣)이다. 그 당시 야마구치현에는 귀환하려는 조선인 1만 명 이상이 모여 있었는데, 야마구치현 지사가 조선학교를 폐쇄한다고 통고했다. 이에 대해 1만 명이 넘는 조선인이 현청에 집결하여 교섭하면서 철야시위를 전개했다. 그 결과 현 당국은 조선학교 폐쇄 통첩의 철회를 인정하게 된다. 이후 4월에 들어서는 히로시마(廣島), 오카야마(岡山), 효고(兵庫), 오사카(大阪) 등지로 투쟁이 확산되었다. 가장 격렬한 투쟁이 있었던 곳이 바로 오사카와 고베(神戸)이다. 이를 「한신(阪神)교육투쟁」이라고 부른다. 오사카에서는 조선인 집회 군중들에게 발포하여 소년 김태일(金太一)이 사망하였고, 고베에서는 지사에게 폐쇄명령 철회각서를 요구하는 투쟁이 벌어졌는데 4월 24일이 가장 격렬한 투쟁이 벌어진 날이라는 점에서 「4·24 한신교육투쟁」이라고 부르기도 한다.

오사카에서는 1948년 4월 23일 부청 앞의 오테마에(大手前)공원에서 조선학교 폐쇄 반대 및 교육 자주권 옹호를 위한 인민대회가 개최되어 3만여 명이 집결했다. 무장 경관에 의한 탄압으로 23명이 중상을 입고, 200여 명이 검거되었다. 4월 26일에도 조선학교 폐쇄 반대 인민대회가 열렸다. 이 집회 과정에서 일본 경관의 발포로 소년 김태일이 죽었고, 검거자는 군사재판에 회부되었다.

그리고 고베에서는 4월 7일 조선학교 폐쇄 명령을 발령하고 집행하고자 했다. 이에 반발해 재일조선인 학부모와 학생들의 저항이 나타났는데, 니시고베(西神戸) 조선인소학교에서는 학부형들이 온몸으로 교문을 막고 저항했다. 이 사건은 이후 주요 투쟁으로 이어지는 계기를 만들었다. 그 이후에도 고베에서는 저항과 투쟁이 계속되었는데, 특히

4월 24일 조선학교 폐쇄에 항의하는 조선인들이 효고 현청 앞에 집결하여 조선학교 폐쇄 명령의 철회를 요구하는 것으로 발전하게 되었다.

결과적으로 효고현과 고베시 당국은 학교폐쇄 명령을 철회한다는 문서에 조인하고 서명했다. 그러나 그날 밤 효고현 군정부가 전후(戰後) 유일한 「비상사태 선언」을 발표하고 지사가 서약한 사항에 대해서 모두 무효라고 밝히면서 미군정과 일본정부는 경찰을 통해 조선인 및 일본인 관련자를 무차별적으로 검거하기 시작했다. 한신교육투쟁의 빌미가 되었던 미군정과 일본정부의 재일조선인 민족학교 탄압은 이미 예견된 일이었다고 할 수 있다. 이에 대해 재일본조선인연맹은 조직적으로 대응했고, 재일조선인은 일본 전역에서 전면적인 반대 투쟁에 돌입했다.[13]

3 한신교육투쟁 관련 신문 기사

미군정과 일본정부에 의한 조선학교 폐쇄 결정, 그리고 이에 대한 재일조선인들의 강력하고 조직적인 반발과 저항이 이루어지는 일련의 과정에 대해 재일조선인 관련 마이너리티 신문에서는 어떠한 내용의 보도가 이루어지고 있었는지, 「조련중앙시보」, 「민주신문(민단신문)」, 「문교신문」 등에 실린 보도 기사를 살펴보기로 한다.

---

13) 김경해(2006) 『1948년 한신 교육 투쟁－재일조선인 민족교육의 원점－』 경인문화사, pp.49-56

〈표 1〉 조련중앙시보

발행일	권호	지면정보	기사제목(원문)
1948.04.30	第33·34号	01頁01段	救国運動と教育斗争
1948.04.30	第33·34号	01頁07段	日本政府の頑迷さ　神戸事件に対し朝連中総声明
1948.04.30	第33·34号	01頁07段	在日各団体に招請状　救国斗争に参加を要請
1948.04.30	第33·34号	02頁01段	老若男女民族を問わず獄内外相互応して-兵庫県の例
1948.04.30	第33·34号	02頁01段	各方面理解を深くす　中央の交渉経過
1948.04.30	第33·34号	02頁03段	強力な斗争に知事屈す　岡山県斗争経過
1948.04.30	第33·34号	02頁04段	成果をあげた京都　部分的闘争に終らすな
1948.04.30	第33·34号	02頁05段	神戸事件　調査団派遣
1948.04.30	第33·34号	03頁08段	教育自主性を認めよ　不当弾圧反対大会開かる
1948.04.30	第33·34号	04頁01段	日政、朝鮮人弾圧を企図
1948.04.30	第33·34号	04頁05段	在日朝鮮人教育の実情(2) その過去と現在 日本に来た朝鮮人
1948.04.30	第33·34号	04頁09段	朝鮮人教育問題に関し　日本の人民に訴う!
1948.05.14	第35号	01頁03段	民族文化の危機
1948.05.14	第35号	02頁01段	朝鮮人教育問題一応協定成立　私立学校の自主性で朝鮮人独自の教育 日本法令に従い認可申請
1948.05.14	第35号	02頁01段	＜教育問題＞覚書細目決定　文部省各地方長官あて指令発す
1948.05.14	第35号	02頁04段	教育問題に対する中央の交渉経過
1948.05.14	第35号	03頁01段	神戸·大阪事件の責任は誰にあるか?
1948.05.14	第35号	03頁01段	〈神戸事件〉大衆の圧力に逃げ回る知事ら　反動を利用して挑発
1948.05.14	第35号	03頁03段	教育問題解決に際し 朝連中総声明書発表
1948.05.14	第35号	03頁05段	北平在留朝鮮人 日本政府の指令に抗議
1948.05.14	第35号	03頁07段	〈大阪事件〉見よ! この陰謀と無誠意　戦犯、特高を横縦に駆使
1948.05.14	第35号	03頁09段	在米朝鮮人委員会声明 実情を調査せよ 神戸事件は虐殺の結果
1948.05.14	第35号	03頁09段	文教部長 会議召集
1948.05.14	第35号	04頁01段	〈神戸事件〉日本民主団体調査団声明　世界平和に関連する重大問題なり
1948.05.14	第35号	04頁02段	〈神戸事件〉日本民主団体代表と共同調査団出発
1948.05.14	第35号	04頁05段	不当弾圧に共に斗おう 金薫氏祝辞

1948.05.14	第35号	04頁06段	神戸·大阪事件 公判斗争 準備進む
1948.05.14	第35号	04頁08段	日本政府に抗議 少年射殺の責任追及
1948.05.21	第36号	01頁01段	教育弾圧に抗して
1948.05.21	第36号	02頁01段	在日朝鮮人学校事件 真相調査団報告会ひらく
1948.05.21	第36号	02頁01段	こもごもさけぶ反動政策 五百聴衆の胸を打つ
1948.05.21	第36号	02頁03段	神戸事件その後 組織は急速に再建中 中総派遣調査団の活動成果上る
1948.05.21	第36号	02頁04段	教育斗争先進のため 第五回全国文化部長会議
1948.05.21	第36号	02頁07段	火事泥で一もうけ 阪神事件における建青の背族行為
1948.05.21	第36号	02頁08段	朝鮮教育者協会より激 民族の言語は不滅 民族の生命守れ!
1948.05.21	第36号	02頁10段	大阪事件起訴拘禁者名 起訴65名 拘禁35名
1948.05.21	第36号	03頁01段	在日朝鮮人学校事件真相調査団　みて来た阪神学校事件 渡邊三知夫氏の報告(1)
1948.05.21	第36号	03頁04段	さながら「朝鮮人狩り」の神戸 ー九日間の獄中記(上)-
1948.05.21	第36号	03頁06段	教育問題犠牲者を救おう 解放運動救援会動く
1948.05.21	第36号	03頁08段	救援基金取扱いに就て
1948.05.21	第36号	04頁01段	在日朝鮮人教育の実情(3) その過去と現在 弾圧と文盲が最大のはなむけ
1948.05.21	第36号	04頁07段	教育弾圧の発端は建青の密告から
1948.06.04	第38号	02頁01段	〈大阪事件公判〉解放の歌声も高く 朝鮮語使用を主張 武装警官の出動は何故?
1948.06.04	第38号	02頁04段	〈大阪地方〉出張を終えて(中) 中総派遣団一同
1948.06.04	第38号	03頁01段	在日朝鮮人学校事件真相調査団　みて来た阪神学校事件 渡邊三知夫氏の報告(完)

〈표 1〉의 기사목록을 통해서 알 수 있는 바와 같이 조련중앙시보에서는 고베와 오사카 일대에서 대대적으로 펼쳐지고 있던 재일조선인의 교육투쟁에 관한 기사 내용이 신문의 지면 대부분을 차지하고 있다. 당시의 한신교육투쟁의 진행 상황에 대해 생생하고 현장감 있게 다양한 기사 내용으로 보도하고 있다. 미군정과 일본정부에 의해 자행되고 있는 조선학교 폐쇄의 부당성에 대해 펼쳐지고 있는 대대적인 저항 운동

과 투쟁 과정, 한신교육사건 진상조사단의 활동 보고, 그리고 재일조선인들의 교육문제 해결과 자주권 쟁취를 위한 지속적인 교섭 활동에 대해서 매우 구체적으로 보도하고 있음을 확인할 수 있을 것이다.

> 朝鮮人教育問題に関し 日本の人民に訴う!
>
> 朝鮮人教育問題はいよいよ重大化して来ました。終戦後始めての非常事態宣言が発令され一日に一千名以上が検束されたと云う歴史的なレコードを作り上げました。そしてこれは神戸又は大阪のみの問題でなく、その火の手は東京に飛び且つ全国的に拡大されんとしております。いな、政府はわざと拡大しようとつとめているようにも思えます。われわれの要求はこうであります。
>
> 一、朝鮮人学校に於ての教授用語は朝鮮語を用いる。
>
> 一、朝鮮人学校に於て使用する教科書は朝鮮初等教材編纂委員会によって編纂され総司令部民間情報教育局の検閲をえて発行したものを用いる。
>
> 一、朝鮮人学校の経営管理は学校単位にその学父兄が中心となって民主的に組織した自主的な学校管理組合がこれをなす。
>
> 一、日本語を正科として教える。
>
> 以上の要求(朝鮮人の自主性)を認めればわれわれは教育基本法のわくの中で認可を受け、私立学校として再出発するというのであります。[14]
>
> 教育問題に対する中央の交渉経過
>
> 教育問題に関し中央では連日文部当局及び司令部当局と交渉を続けているが、交渉は続々として進まず、その前途には困難が予想される。
>
> 1、文部当局関係
>
> 四月二十七日首相官邸を訪問し首相の面会を要請したが、首相不在の

---

14) 「朝鮮人教育問題に関し日本の人民に訴う!」『朝連中央時報』第33·34合併号, 1948.04.30

ため有田官房長官に面会、四月二十二日に提出した六項目の要求案件に対し交渉を進めたが何等発表見ることが出来ず、関係責任者と連絡し同日内再度会議することを約し一日引き上げたが同日午後五時四十分より約三時間に亘って交渉した結果次の如き第一次会議の回答書を提示した。〈中略〉

2、司令部関係

四月二十八日午前十時司令部民間情報教育局責任者オア氏を訪問した。氏の態度は好転した感じがあった。彼は最後までわが要求を否認する言辞はなかったが、教科書問題において先日参考に提供した教科書を指摘し「この立派な教材をそのまま文相の認定を受け使用すればよいではないか」といった。そして氏は明二十九日直接文部大臣とたびたびあうよう語り、文部大臣と面会した後また会うよう約束して別れたが彼は特に兵庫、大阪事件に対し遺憾の意を表した。

3、参議院衆議院議会関係

参議院、衆議院各文教委員会を訪問して意見書と参考書類を提出し、議会でもこの問題を提起して円満な解決をし得るよう要請した。〈以下、省略〉[15]

재일조선인의 교육문제는 단순히 고베나 오사카 지역에 국한된 문제가 아니라 도쿄를 비롯하여 일본 전국으로 확대되고 있다고 전하면서 조선인학교에서의 교수용어나 교과서 문제, 학교경영 주체에 관한 사항 등의 기본적인 요구조건을 일본당국에 제시하고 조선인 교육 자주권의 관철을 위해 호소하는 내용의 기사이다. 그리고 문부성, 미군정, 참의원과 중의원의 문교위원회와의 그 동안의 부단한 교섭 과정을 전하며 조선인의 독자적인 교육 실현을 위해 얼마나 조직적으로 대응하고 있는지를 확인할 수 있는 기사 내용이다. 다시 조련중앙시보의 사설

15) 「教育問題に対する中央の交渉経過」『朝連中央時報』第35号, 1948.05.14

의 일부를 살펴보기로 한다.

〈主張〉民族文化の危機

神戸事件およびその他の事件は以上の意図による日政の挑発に対し、在日同胞が民族の　自主を守るため、全く自発的に立ち上ったものであり、一部の扇動によって、躍らされたものでは断じてない。これを共産主義者が扇動したと、吠え立てる民団や建青の諸君は日政のわが民族抹殺政策に服従するものであり、民族自主性を死守すべく起き上った大衆の人格を侮辱し、自らは朝鮮民族ではく、日本天皇の忠臣であることを暴露しているにすぎない。〈中略〉最後に反動当局と結託して朝鮮民族文化を抹殺しようとする朴烈一派、天皇の忠臣に対し日本に帰化するよう勧告するものである。[16)]

〈主張〉教育弾圧に抗して

決してわれら朝鮮人は日本の法律を拒否または無視するものではなく、むしろ法の根本精神を尊重すればこそ朝鮮人児童に朝鮮の言語による自主教育をさせるのが自然であり、もっとも正しい道であることを主張した。しかるに日本政府は、われらのこのような誠意や努力に対してなんといったか、朝鮮人の主張は特権を要求するものであり特権を主張することは治外法権を要求するものである、朝鮮人が日本にいるということは日本の国籍を保持することになるから、日本人と同様日本の法律に従わなければならない、そして治外法権は許さないというのである。〈中略〉われらはもっとも広汎な世界の良識にわれらの正当な要求を訴えると同時に対抗して人間の基本権和を承認させる時まで世界人民と共に闘うであろう。[17)]

---

16) 「〈主張〉民族文化の危機」『朝連中央時報』第35号, 1948.05.14
17) 「〈主張〉教育弾圧に抗して」『朝連中央時報』第36号, 1948.05.21

위의 사설을 살펴보면, 한신교육사건은 재일조선인들의 민족 자주성을 진정으로 지켜내기 위해 비롯된 투쟁이었다는 점을 강조하고 있다. 특히, 일본정부의 민족말살정책을 극복하고 조선인의 자주성을 되찾기 위해서는 조선인 아동 교육이 우리말인 조선어를 통해서만 이루어져야 한다는 당위성과 필연성을 주장하고 있다. 일본정부의 조선학교 폐쇄령의 근거로 들고 있는 학교교육법 적용에 대해서도 조목조목 비판하면서 재일조선인의 민족교육은 일본의 법률 위반도 아니며 특권으로서의 치외법권을 요구하는 것도 아니라는 주장을 펼치고 있다. 그리고 이러한 투쟁에 대해 소극적인 입장을 취하고 있는 민단과 건청 등 우파적 성향의 재일조선인 단체에 대해서 신랄하게 비판하고 있다.[18] 이러한 조련과 민단 사이의 첨예한 대립은 학교폐쇄령에 대한 입장 차이를 통해서도 확인할 수 있다.

〈표 2〉 민주신문(민단신문)

발행일	권호	지면정보	기사제목(원문)
1948.04.24	第42号	01頁02段	朝鮮人学校閉鎖指令について
1948.05.01	第43号	01頁02段	朝鮮人学校閉鎖指令問題 居留民団中央総本部で声明 張本人は共産党員 死して同胞に罪を謝せ
1948.05.01	第43号	01頁02段	学校閉鎖指令と共産主義
1948.05.01	第43号	01頁07段	授業はなお断続 不当な弾圧にはイデオロギーを捨て闘争へ
1948.05.08	第44号	02頁03段	閉鎖指令もなく 有為な二世教育に専念

18) 박열은 해방을 맞이하여 1945년 10월 27일 아키타형무소에서 석방되는데, 복역하는 동안 무정부주의에서 우파적 성향으로 전향하여 공개적으로 반공주의 노선을 천명하게 된다. 그리고 이강훈, 원심창 등과 함께 1946년 1월 20일 신조선건설동맹(건동)을 결성하고, 같은 해 10월 3일 대한민국임시정부를 지지하는 재일조선건국촉진동맹(건청) 등과 통합하여 재일본조선거류민단(민단)을 결성하여 초대 단장에 취임하게 된다.

1948.05.08	第44号	02頁07段	阪神事件の導火線は 未だ醒めぬ排他的な日政、大衆の犠牲を要求する朝連
1948.05.08	第44号	04頁08段	阪神事件も両国民の理解が不足
1948.05.15	第45号	03頁01段	朝鮮人学校問題その後 被告の釈放を懇請 民団中総ア中将に陳情書を送る
1948.05.15	第45号	03頁02段	閉鎖は堪えられず 朴烈民団団長芦田氏に書簡送る
1948.05.15	第45号	03頁06段	学校の問題は解決 民団文相今後の方針を懇談
1948.05.15	第45号	03頁07段	自主性は認める 文部省、地方官庁に通牒

우선, 민주신문의 경우에는 조련중앙시보에 비해 학교폐쇄령 관련 기사의 분량이 적으며 내용면에 있어서도 사실 중심의 단편적인 입장을 밝히는 정도의 보도가 대부분이다. 그리고 조선학교 폐쇄 명령에서 비롯된 첨예한 갈등의 해결 방안을 찾기 위해서 민단이 미군정 및 일본 당국과의 적극적인 교섭 활동을 벌이고 있다는 점을 알리고 있다. 그러면서 한신교육사건 발생 원인은 지나치게 배타적인 일본 정부와 대중의 희생을 통해서 무리하게 문제를 해결하고자 하는 조련이 도화선을 제공했다고 보고 있다.

朝鮮人学校閉鎖指令について

東京都教育局が三月二十四日付の文部省通達「朝鮮人学校取扱いについて」にもとづいて、学校教育法十三条に違反する朝鮮人学校に、十九日までに学校教育法による私立中学校としての設立手続きをとらぬときは学校閉鎖を命ずると通知を発し、1)朝鮮人学校が日本の教科書を使用すること、2)日本語を国語として教えること、3)朝鮮語その他は課外授業として教えることを指示しているが、これは明らかに不当なる弾圧である。〈中略〉 教育の自主性と、市民の自主性とは異なる。吾々が日本の一市民として生活する上においては日本の社会規範を守るのが当然であるにしても、民族文化、教育の上にまで、日本の法的規律を押し付けられるということは心外に耐えぬ。[19]

自主性は認める 文部省、地方官庁に通牒

文部省学校教育局長の名で各都道府県知事宛に発した「朝鮮人学校問題について」という通牒の内容要旨は次の通り、この際過去の日本政府が朝鮮人の教育及びに取扱について遺憾な点の多々あったことを深く反省改正し、今後の処理に当っては善意と親切とを旨とし両民族の将来の親善に寄与するよう取り計われたいなむ今後の処理に当っては左記事項に留意の遺憾なきよう取り計われたい。一)覚書中の「私立学校として自主性が認められる範囲内」とは次の二つを意味する。(イ)朝鮮人自身で私立の小学校中学校を設置し義務教育としての最小限度の用件を有し、その上は法令に許された範囲内において標準教材自由研究及び課外の時間に朝鮮語で朝鮮語、歴史、文学、文化等朝鮮人独自の教育を行うことができる。但し、この場合教科書については連合国軍総司令部情報教育部の検閲をうけたものを用いる。〈中略〉 六)今後朝鮮語教育問題については各地方庁は朝鮮人の学校責任者及び文教責任者の意見を充分聴取した上解決に努力されたい。[20]

위의 인용문을 살펴보면, 학교폐쇄령의 통지 내용을 알리고 조선학교가 일본 교과서 사용, 일본어를 국어로 사용, 조선어는 과외수업으로 해야 한다는 지령에 대해서 조선인의 민족 문화나 교육마저도 일본의 사회규범이나 법적규율을 따르라는 것은 조선인의 자주성을 심하게 흔드는 처사라는 점을 지적하고 있다. 그러나 전체적으로 학교폐쇄령에 관련된 기사 내용이 그다지 많지 않은 가운데, 미군정이나 일본당국의 발표 내용을 사실 그대로 알리고 있는 점, 그리고 감정적인 표현이 그다

19) 「朝鮮人学校閉鎖指令について」『民主新聞』第42号, 1948.04.24
20) 「自主性は認める 文部省、地方官庁に通牒」『民主新聞』第45号, 1948.05.15

지 눈에 띄지 않는 점 등이 앞서 살펴본 조련중앙시보의 기사 내용과는 묘한 대조를 이룬다.

〈표 3〉 문교신문

발행일	권호	지면정보	기사제목(원문)
1948.04.05	第29号	01頁01段	学校閉鎖の悪令を即時撤回せよ
1948.04.05	第29号	02頁01段	本会山口県支部に学園朝連の集団暴力に脅さる -崔鄭·兩調查員の報告書
1948.04.26	第31号	01頁01段	学校閉鎖令に再警告す
1948.04.26	第31号	02頁02段	〈決然立って教育の自由権を戦取せよ!〉さらに新たなる試練 在日児童教育問題いまや重大化
1948.04.26	第31号	02頁05段	在日同胞教育問題は 米人顧問とも協議し本国政府で -呉文化部長談
1948.04.26	第31号	02頁05段	本国の文化団体総けつ起-在日同胞教育護委員会設置
1948.04.26	第31号	02頁08段	在日同胞の教育は本国教育令によって-安, 民政長官談
1948.04.26	第31号	02頁08段	民族文化を抹殺する日本-南鮮女同抗議文
1948.04.26	第31号	02頁08段	学校閉鎖の波に抗し検束あるも授業を断続-東京における闘争
1948.04.26	第31号	03頁02段	日政同胞子弟教育問題干渉は「不完全な法律」が根拠だ
1948.05.03	第32号	02頁01段	〈朝鮮人学校問題〉教育を政治団体から切り離せ総司令部真意問題
1948.05.03	第32号	02頁05段	学校教育上の特権は認ねる 但し政治学校の存在は反対-東京軍政府声明発表

문교신문의 기사는 학교폐쇄령에 대해서 상당히 구체적으로 보도하고 있고 미군정과 일본정부에 대해 비판적인 기사가 주류를 이루고 있다는 점에서는 조련중앙시보와 유사하다고 생각된다. 그러나 민족 문화와 교육의 자주권 수호라는 측면을 강조한 기사 내용이 많고 민단이나 건청 등 우파 성향의 재일조선인 단체에 대해 대립적인 내용의 기사가 거의 없다는 점에서 조련중앙시보와는 차이를 보이고 있다.

〈主張〉学校閉鎖の悪令を即時撤回せよ

本会は四月四日特に第五回臨時総会を本部に召集して慎重なる討議を重ねた結果、文部省に対し当該命令書の撤回を要求する傍ら猛省を促すと同時に、万一我々の正当なる主義が受け入れざる場合に於て断固闘争に入るべきことを決議し、特設学校対策委員会を設置して本格的活動を開始したのである。我々は次の理由によって日本政府に我々の子弟を委託し得ざることを玆に声明する。〈中略〉自ら反省し斯る身の程知らぬ野望が早急に精算されざるべからざることを玆に厳粛に忠告するものである。[21]

〈主張〉学校閉鎖令に再警告す

戦勝国アメリカでさえも日本教育の自立性を容認し、アメリカ教育法や英語による教育を強制しないばかりか、反って日本民主化のために甚大な援助を惜しまないというのに、己が受けている恩恵に自慰し、いさゝか増長してきた日本が、敗戦国の分際で外国人に日本語を強要していることは身の程知らぬ愚か者というべきであり、愚昧極まる日本指導者の本質が、こゝにも遺憾なく暴露した好例として全世界にこれを紹介したいものである。日本政府はいつまでも反省もせず、野卑なる島国根性の奴隷となって朝鮮人の正当なる主張を無視するに於ては、近き日に必ずや正義の天誅が汝らの頭上に炸裂するであろうことを重ねて警告し敢えて猛省を促すものである。[22]

문교신문의 사설을 살펴보면, 일본정부에 대해 학교폐쇄령의 철회와 반성을 촉구하고 재일조선인의 아이들을 일본학교에는 절대로 맡길 수 없다는 결의와 동시에 받아들여지지 않을 경우에 강력한 투쟁에 돌입할 것이며 일본정부의 잘못된 조선인학교 폐쇄 결정에 대한 반성을 요

21) 「〈主張〉学校閉鎖の悪令を即時撤回せよ」『文教新聞』第29号, 1948.04.05
22) 「〈主張〉学校閉鎖令に再警告す」『文教新聞』第31号, 1948.04.26

구하고 충고하는 글의 사설이다. 그리고 학교폐쇄령에 대해 조직적이고 대규모의 교육투쟁이 벌어졌던 4월 24일 이후의 사설 내용은 일본정부에 대해 보다 더 자극적인 언어 표현을 통해 일본정부에 대해 강력한 항의의 메시지를 담고 있는 거의 조롱 수준의 사설이 등장하기도 한다.

4 나오며

지금까지 재일조선인 관련 마이너리티 신문에 등장하는 한신교육투쟁 관련 기사에 대해 대략적으로 살펴보았다.

우선, 조련중앙시보의 기사를 살펴보면, 고베와 오사카 일대에서 대대적으로 펼쳐지고 있던 재일조선인의 교육투쟁에 관한 기사 내용이 신문의 지면 대부분을 차지하고 있다. 당시의 한신교육투쟁의 상황에 대해 생생하고 현장감 있게 다양한 기사 내용으로 보도하고 있다. 미군정과 일본정부에 의해 자행되고 있는 조선학교 폐쇄의 부당성에 대한 대대적인 저항 운동과 투쟁 과정, 한신교육사건 진상조사단의 활동 보고, 그리고 재일조선인들의 교육문제 해결과 자주권 쟁취를 위한 지속적인 교섭 활동에 대해서 매우 구체적으로 보도하고 있음을 확인할 수 있었다.

민주신문의 경우에는 조련중앙시보에 비해 학교폐쇄령 관련 기사의 분량이 적고 내용면에 있어서도 사실 중심의 단편적인 입장을 밝히는 정도의 보도가 많았다. 그리고 조선학교 폐쇄 명령에서 비롯된 첨예한 갈등의 해결 방안을 찾기 위해서 민단이 미군정 및 일본 당국과의 적극적인 교섭 활동을 벌이고 있다는 점을 알리는 기사도 등장한다. 그러면서 한신교육사건 발생 원인에 대해 지나치게 배타적인 일본 정부와 대중의 희생을 통해서 무리하게 문제를 해결하고자 하는 조련이 도화선을 제공했다는 점을 강조하고 있다.

문교신문의 기사는 학교폐쇄령에 대해서 상당히 구체적으로 보도하고 있고 미군정과 일본정부에 대해 비판적인 기사가 주류를 이루고 있다는 점에서는 조련중앙시보와 유사하다고 볼 수 있겠다. 그러나 민족문화와 교육의 자주권 수호라는 측면을 강조한 기사 내용이 많고 민단이나 건청 등 우파 성향의 재일조선인 단체에 대해 대립적인 내용의 기사가 거의 없다는 점에서 조련중앙시보와는 차이를 보이고 있다.

전체적으로 좌파 성향의 「조련중앙시보」와 중도파 성향의 「문교신문」 기사는 한신교육투쟁을 둘러싼 해방된 민족으로서의 자주적인 민족교육을 옹호하는 내용이 주류를 이루고 있다. 좌파 성향의 「조련중앙시보」 기사 내용이 민족이라는 이념적 측면을 강조하고 있다면, 중도적 성향의 「문교신문」 기사는 교육의 자주권 수호라는 측면에서 좀 더 접근하고자 한 점에 차이가 있다고 볼 수 있을 것이다. 이에 반해 우파 성향의 「민주신문」 기사의 경우는 한신교육사건의 발생 원인을 배타적인 일본 정부와 극단적인 방법으로 문제를 해결하려는 조련의 태도에 있다고 비판하고 있다. 이와 같이 같은 민족의 재일조선인 마이너리티 집단 사이에서도 이데올로기 대립으로 인하여 서로 분열되고 극한 대립하는 혼란상을 이들 마이너리티 신문 기사를 통해서 확인할 수 있다.

이 글은 「미군정기의 재일조선인 관련 신문 기사와 이데올로기」(『일본근대학연구』 제64집, 한국일본근대학회, 2019)를 기초로 수정 보완하여 작성한 것이다.

일본 속의 마이너리티
-도쿄와 오사카 코리아타운의 공간적 특성 비교-

임영언(林永彦)

일본 조치대학(上智大学)에서 사회학박사를 받았으며, 전남대학교 세계한상문화연구단 연구교수를 거쳐 현재 한남대학교 사회적경제지원단 교수로 재직 중이다. 또한 현재 통일부장관 제21기 통일교육위원, 조선대학교『국제문화연구』편집위원장, 재외한인학회 총무이사로 활동하고 있다. 주요 연구분야로는 재일코리안 디아스포라, 일계인디아스포라 등 다문화와 디아스포라 문제에 지대한 관심을 가지고 있다. 특히 전 지구적 글로벌화 현상에 따른 사람들의 이동에 의해 형성된 디아스포라타운(일본, 미국, 브라질 등)의 현지조사를 통해 그들이 생산한 기록문화자원의 자료수집과 분석에 주력하고 있다. 저서로는『재일코리안 기업가』,『글로벌디아스포라와 세계의 한민족』(공저),『재일코리안 기업의 형성과 기업가정신』,『일계인디아스포라의 문화적응과 정착기제』(공저) 등 다수의 논저가 있다.

1 서론

글로벌시대 전 세계적인 교통과 정보통신기술의 발달로 인해 시공간적으로 국경을 초월하여 이주하는 사람들이 매우 증가하는 추세를 보여 왔다. 이들이 바로 최근 국경을 넘나드는 신디아스포라 집단이라 할 수 있다.[1] 초국가적 이동현상을 설명하는 중요한 개념 중의 하나가 디아스포라(Diaspora)라는 용어이다. 고대 유대인과 그리스의 역사에서 유래하고 있는 디아스포라(Diaspora)의 개념은 '민족 분산' 혹은 '민족 이산'으로 번역된다. 따라서 정확한 개념은 일국의 경계를 넘어 흩어진 민족이라는 뜻을 내포하고 있다. 현대적 의미의 디아스포라는 특히 국경을 넘어 거주하는 사람들의 이동에 초점을 맞추고 있다. 이러한 인간들의 전 세계적인 지역으로의 상호 이동은 국가 간 경제적 문화적 교류를 더욱 촉진시켜왔다. 동북아시아 지역 한국과 일본사회에서도 20세기 후반 무렵부터 이러한 초국가적 이동현상에 의한 이주민의 대거 유입으로 다문화사회 공동체의 특성이 뚜렷이 나타나고 있다. 특히 다양한 요인에 의한 인간의 지역에서 지역으로의 빈번한 이동은 이주국은 물론이고 이들이 정착하여 생활하고 있는 호스트국가의 지역사회에도 많은 변화를 초래하고 있다.

한국행정안전부가 발표한 '2017년 지방자치단체 외국인주민 현황'에 따르면 한국에 거주하는 외국인주민수는 186만 1,084명으로 나타났다. 외국인주민 총수는 한국인 총인구 대비 3.6%로 전년(176만 4,664명) 대비 9만 6,420명이 증가(5.5%)한 것으로 나타났다. 외국인의 거주 지

1) 임채완·전형권(2006) 『재외한인과 글로벌 네트워크』 도서출판 한울, pp.25-27

역별로 살펴보면 경기도가 60만 3,609명(32.4%), 서울시가 41만 3,943명(22.2%), 경상남도가 11만 6,379명(6.3%) 순으로 외국인주민이 많은 것으로 나타났다. 외국인거주지역의 특징은 수도권(서울·경기·인천 등)지역에 60.3%가 집중적으로 거주하고 있는 것으로 나타났다. 외국인주민을 거주 유형별로 구분하여 살펴보면, 장기체류 외국인(외국인근로자, 외국국적동포, 결혼이민자 등)이 147만 9,247명(79.5%), 귀화자가 16만 9,535명(9.1%), 외국인주민 자녀(출생)가 21만 2,302명(11.4%) 순으로 나타났다. 전국 시군구별로는 안산시(8만 2,242명)가 가장 많은 외국인주민이 거주하고 있는 것으로 나타났으며, 다음으로 경기도 수원시(5만 8,302명), 서울특별시 영등포구(5만 4,145명), 경기도 화성시(5만 1,928명) 순으로 나타났다. 국적별로는 국내 거주 외국인 중 절반 정도인 70만 9,728명(48%)이 중국 출신이었다. 중국출신자들은 중국(한국계)이 49만 7,656명(33.6%), 중국 국적자 21만 2,072명(14.3%)이 국내에서 거주하고 있는 것으로 나타났다. 다음으로 베트남이 14만 7,519명(10%), 태국이 9만3,077명(6.3%), 우즈베키스탄이 5만 1,117명(3.5%), 필리핀이 4만 8,033명(3.2%) 순이었다. 국내 거주 미국인은 4만 5,033명(3.0%)으로 국적별로는 8위에 해당되는 것으로 나타났다.[2)]

일본법무성출입국관리국은 2018년 6월 말 기준으로 체류외국인 수를 263만 7,251명으로 발표하였다. 이들 외국인 수는 일본 총인구의 2% 정도에 해당된다. 체류자격별 내역을 살펴보면 영주자가 75만 9,139명,

2) 국내 거주 외국인: http://news.kmib.co.kr/article/view.asp?arcid=0924028012&code=11131100&cp=du (검색일: 2018.11.27.).

특별영주자가 326,190명, 유학생이 324,245명, 기능실습자가 285,776명의 순서로 많았다. 기능실습자의 경우 2017년 11월 대상 직종에 '개호복지(요양)' 분야가 포함되어 4%정도 외국인의 수가 증가하였다.[3] 국적별 체류자는 중국이 741,656명으로 전체의 28%, 한국이 452,701명, 베트남이 291,494명으로 전체적으로 베트남과 네팔출신자의 증가가 현저한 것으로 나타났다. 전반적으로 일본입국 외국인들은 경영관리나 기술인문지식과 국제 업무 등 보다 전문성이 필요한 고도전문직 등의 체류자격으로 취업목적의 입국자가 많았고 관광 등 단체체류자도 증가한 것으로 나타났다.[4]

이상에서 살펴본 바와 같이 글로벌시대 초국가적 이주자들의 일본 내 유입이 크게 증가함에 따라 이들이 정착한 지역사회의 공간적 변화도 가시화되고 있다. 따라서 이에 따른 사회적 통합시스템의 필요성은 점점 커지고 있다. 일본의 경우, 1990년대 이후 급증하기 시작한 다문화, 다민족의 유입에 따른 사회적 혼란을 겪었으며 그 수가 앞으로 더욱 증가할 것으로 전망되는 가운데 다문화사회 통합을 통한 사회적 안전시스템구축은 필수 과제라고 하겠다. 왜냐하면 거주국에서 이주자는 문화적 충격과 적응 및 동화현상을 경험하게 되지만, 이주자를 수용하는 지역사회는 그들의 갈등과 융합을 조절해야하는 문제가 발생하기 때문이다. 다문화시대 인간의 이동과 지역의 유입은 많은 변화를 초래하게 되었는데 그 중에서도 부정적인 측면에서는 갈등과 마찰로 인한

---

3) 日本法務省出入国管理局統計：http://www.immi-moj.go.jp/toukei/index.html(검색일:2015.07.02).

4) 日本経済新聞　2018年9月19日：
https://www.nikkei.com/article/DGXMZO35519950Z10C18A9PP8000/(검색일:2018.11.27).

이주민들에 대한 위협성이 증가하고 긍정적인 측면에서는 상호 문화적 교류에 의한 다양성의 출현을 주장할 수 있을 것이다.

이에 이 연구는 한국과 일본이 비슷한 이주자에 대한 사회적 문제에 직면하고 있다는 가정에서 도쿄 신오쿠보 코리아타운과 오사카 코리아타운에서 이주민들의 지역사회 정착에 따른 공간의 안정성을 고찰하고자 한다. 이를 위해 본 연구에서는 이주자의 유입에 따른 코리아타운의 지역적 특성과 조건, 업종별 특징과 분포, 단체 조직의 특성 등을 살펴보고 이러한 특징들이 지역사회에 공생하는 코리아타운의 공간적 변화에 어떤 영향을 미쳤는지에 대하여 살펴보고자 한다. 이 연구는 이러한 분석을 통해 초국가적 이주과정에서 코리아타운에 거주하는 재일동포들이 직면하고 있는 공동체 공간의 위협성을 살펴보고, 이주민과 타 문화에 대한 포용적 관점, 사회적 문화적 갈등 등을 극복하여 안정성 있는 코리아타운으로 발전하기 위한 정책적 시사점을 제공하고자 한다.

2 일본 속 코리아타운의 갈등과 공생이론

이 연구의 목적은 일본이 다문화사회로 진입하면서 이전과 달리 코리아타운에서 발생할 수 있는 다수집단인 호스트주민들이 느끼는 안정의 위협(갈등과 마찰)을 극복하고 소수민족집단인 이주민 공동체의 안정적 생활세계를 구축하는 방안을 제시하는 데 있다. 즉, 일본사회에서 코리아타운 이주민의 안정적 정착을 위한 시사점을 제공하는데 중점을 두고자 한다.

글로벌시대 다문화사회를 맞이하고 있는 일본은 외국인 대거 유입으로 내국인들이 낯선 이주민들과 같은 공간에 거주하게 되면서 지역사회의 물리적 환경뿐만 아니라 그 지역사회에 대한 내국인의 의식과 태도에도 많은 변화를 초래하였다. 이러한 이주민의 증가로 인한 내국인들이 외국인들로부터 느끼는 막연한 두려움을 극복하기 위해서는 외국인들이 근린지역(Neighborhood)에 존재한다는 '물리적 거리감'외에도 그들과의 사회적 관계(Social Network)를 통해 형성되는 외국인과의 '사회적 거리감'을 좁혀야 할 필요성이 있다. 이에 대해 윌리엄즈(Williams, 1947)의 접촉이론(Contact Theory)은 상호 이질적인 집단들이 우호적인 접촉을 통해 상대에 대한 편견과 오해를 해소하고 상호이해도를 높임으로서 그들에 대한 막연한 두려움을 해소시킬 수 있다고 주장한 바 있다.

이와 관련하여 콘 하우저(Kornhauser, 1978)는 사회생태학적 이론(Social-ecological Theory)을 주장하여 이주민의 유입은 지역사회의 구조적 변화, 이주민과 호스트사회 주민 사이의 갈등관계를 더욱 증폭시킨다고 주장한 바 있다. 또한 지역사회가 공동체 구성원의 일탈행위를 통제할 수 있는 기능이 약화될 때 범죄와 무질서가 증가하고 지역사회의 불안감이 높아질 수 있다고 주장하였다. 이와 같이 이주민에 대한 사회생태학(Ecology)적 입장은 개인이나 유기체가 경험하거나 혹은 개인과 직접·간접으로 연결되어 있는 이주민의 주변 환경적 상태를 의미한다.

이주민에 대한 사회생태학적 접근방법(Ecological Approach)은 가족, 지역사회, 문화 등 인간이 생활하고 있는 생태환경을 보다 체계적으로 구조화하고 이들 환경체계와 개인 간의 관계를 이해하는 것을 인간 발달의 주요 과제로 삼았다. 즉, 인간 발달에 초점을 두고 있는 사회생태학적 입장은 역동적으로 이동하는 인간이 어떻게 환경과 직접 관련되어 있는지를 이해하는 방법 중의 하나라고 할 수 있다. 사회생태학적 이론에서 인간과 환경은 결코 분리될 수 없는 존재이며 지속적인 상호작용과 교환을 통해 상호 생물학적으로 영향을 미치고 지역공동체 형성에 이바지하며 상호 사회에 적응하는 과정에서 호혜적 관계를 유지한다고 보았다.

이와는 반대로 블레록(Blalock, 1967)은 이주민의 대량 유입에 대해 호스트사회 주민의 집단위협이론을 주장한 바 있다. 블레록이 주장하는 이주민 집단위협론은 원주민 사회의 다수집단이 새로 유입된 소수민족에 의해 막연히 그들의 이익을 위협받는다고 가정할 때 자신들의 기득권을 지키기 위해 취하는 대응방법 중의 하나라고 주장한다. 이러한 사회적 「집단위협론」의 관점은 기존의 다수집단(Majority)이 독점적으로 지배하고 있는 정치적 경제적 자원을 외부에서 유입된 소수집단(Minority)들이 위협하고 있는 것으로 간주하고 있다. 결국 외부 소수민족집단의 유입된 수적증가로 인한 이들에 대한 적대감 및 편견이 팽배해지게 되면서 이주민에 대한 거주국 사회의 사회통제수단을 강화시키는 요인으로 제도적 「엄벌주의(혹은 분리주의)」가 등장하게 된다. 이것은 소수민족집단의 존재와 수적증가로 야기되는 내국인들의 감정적 또는 인지적 반응의 결과로 해석할 수 있다.

이상의 내용을 간단히 정리하면, 집단위협이론(Group Threat Theory)은 이질적인 집단의 증가로 인한 잦은 접촉이 적대감과 갈등을 더욱 유발할 수 있다는 주장이고, 이와는 반대로 접촉이론은 이주민과 호스트사회 주민 집단 간의 접촉을 통해 우호적 관계를 경험함으로써 기존의 고정관념, 편견, 적대감을 해소할 수 있다(Williams, 1947)는 주장이다. 집단위협이론에 의하면 소수민족집단의 존재는 다수민족집단으로 하여금 범죄에 대한 두려움을 증폭시키지만 이러한 두려움과 위협성은 접촉이론이 주장하는 집단 간의 접촉과 교류에 의해 조절할 수 있다는 가능성을 제시하고 있다.

이러한 이주민 집단의 갈등과 해소이론의 발전적 차원에서 테일러와 헤일(Taylor & Hale, 1986)은 「지역사회 관심모델(Community Concern Model)」을 발표한 바 있다. 이 이론에 따르면, 그는 지역사회공동체에서 위협요인을 효과적으로 통제할 수 있는 신뢰가 지역주민들 사이에 형성되어 있다면 이주민에 대한 위협성을 해소할 수 있다고 주장하였다. 즉 이주민과 호스트사회 주민들 간의 친밀감, 인적교류, 네트워크 등이 구축되면 지역유대 관계의 밀착정도가 높아지고 비공식적 사회통제기능에 대한 신뢰도 높아져 범죄에 대한 위협성을 해소시킬 수 있다는 주장이다.

이 연구는 위협이론이 주장하는 소수민족집단의 존재가 때로는 적대감과 편견을 유발할 수 있지만, 접촉이론의 핵심인 인종 간 민족 간의 긍정적인 교류접촉을 통해 부정적 인식을 불식시키고 편견과 차별 극복이 가능하다는 가정에서 출발하고 있다. 따라서 일본 내 코리아타운 역시 이들 두 집단위협이론과 접촉이론이 상호 보완적일 때 이주민에 대한 막연한 위협성을 극복할 수 있고 안정성 있는 공동체 공간을 형성하는데 도움이 될 것으로 생각된다. 이 연구는 글로벌시대 다문화사회의 지속적인 이주민의 유입에 대해 호스트사회 주민들이 느끼는 두려움을 내국인과 외국인 집단 간의 갈등과 접촉이라는 차원에서 접근하여 지역사회의 통제 메커니즘(Mechanism)을 효과적으로 유지하면서 이주민과 더불어 살아가는 다민족다문화 공동체 건설에 대한 대안을 제시하는데 있다.

글로벌시대 지속적인 외국인 유입으로 형성되고 있는 소수민족에 대한 위협성은 그들에 대한 일본사회의 전반적 인식과 시각이 개인적 경험에 바탕을 둔 인식은 물론이고 집단적 인식에 의해 영향을 주고받아 형성된다는 주장도 있다. 가령 일본사회에서 집단적 차원의 소수민족의 위협성에 대한 인식과 판단은 정치적 상황에 따른 대중매체를 통해 간접적으로 경험하게 되는 개별적 사례를 토대로 구축되는 경향도 있다. 즉 언론과 대중매체가 이들 소수민족집단의 위협성과 관련된 이미지를 구축하는데 상당한 영향을 미치고 있다는 주장이다.

이와는 반대로 개인적 경험차원에서 호스트사회(다수민족집단) 주민들이 소수민족집단들과의 개별적 접촉을 통해 위협적 경향에 대한 이미지를 구축하는 사례도 있다. 따라서 이러한 경우 호스트사회 주민들이 이웃관계, 직장관계, 가족관계 등을 통한 소수민족집단과의 잦은 접촉과 교류를 통해 이들에 대한 이해도를 높여 소수민족집단의 위협성에 대한 편견과 선입견을 해소시킬 수 있다는 주장이다.

이와 같이 소수민족집단에 대한 위협성은 단순히 대중매체에 의해 조장되는 측면도 있지만 집단적 차원과 개인적 차원에서 정부, 지방자치단체, 외국인 관련 민간기구들이 참여하는 접촉과 교류를 통해 해소시킬 수 있을 것으로 생각된다. 따라서 이 연구에서는 갈등과 공존의 도가니 속에 있는 도쿄 신오쿠보 코리아타운과 오사카 이쿠노쿠 코리아타운을 사례로 사회적 자본(Social Capital)의 역할측면에서 호스트사회 주민과 소수민족집단 사이에서 활동하는 민간단체(한인회, NGO단체 등)의 역할에 주목하고자 한다.[5] 와타나베(渡辺信編, 2008)의 연구에 따르면 사회적 자본은 네트워크로 관계를 형성하는 주변 행위자들이 공동으로 소유하는 것으로 간단히 정의하고 있다. 이러한 사회적 관계인 네트워크는 두 가지 형태가 있는데 하나는 폐쇄형 네트워크로 집단 내 신뢰, 연대감, 규범, 사회통제 등으로 내부 자원이 공동체 내에서 공유되어 재생산되기도 한다. 또 하나는 개방형 네트워크로 사회문화적 배경, 가치관, 행동양식이 다른 이질적인 집단과의 교류를 통한 가교 역할을 담당한다.

3 갈등과 공생모델

오늘날 일본사회는 문화적 다양성을 포용하는 다문화사회를 표방하고 있다. 글로벌시대 세계 각 지역의 다양한 국가로부터의 이주민의 유입에 따른 다양성 문화로 인한 생활양식의 변화를 경험하고 있는 「글로컬(Glocal) 생활세계로서 다문화사회」로 변해 왔다. 글로컬 생활세계는 소수민족집단인 이주민들의 일상적 생활공간으로서 개인과 사회의 상호작용이 일어나는 공간이며 개인의 행위와 목적이 실현되고 인간의 욕망이 교차되는 장소이기도 하다. 소수민족집단인 이주민들이 증가하고 있는 일본사회는 호스트사회주민과 이주민들 간의 고유한 가치들이 혼합되어 새로운 생활세계를 구축하고 있다. 그러나 이러한 과정은 미국사회에서 흑백갈등, 한인과 흑인갈등 등 호스트사회 다수집단과 소수민족인 이주민 간의 충돌과 같은 잠재적 위협성(威脅性, Threat)을

5) 渡辺信編(2008)『新しい経済社会学』上智大学出版, pp.20-21

동반하고 있다. 이러한 상호 충돌의 잠재적 위협성은 향후 소수민족집단인 이주민들이 일본사회에서 안정성 있는 생활세계를 구축하지 못할 경우 언제 발생할지 모르는 위협성에 노출되어 있다는 것을 의미한다. 전술한 바와 같이 집단위협이론은 이주민의 존재가 적대감과 편견을 조장하지만 접촉이론을 통해 이주민에 대한 부정적인 인식과 위협성을 해소시킬 수 있다는 주장이다.

이와는 반대로 접촉이론에 의하면 다문화시대 지방정부와 사회단체 및 이주민 상호간의 사회적 연결망이 강화되고, 지역사회 주민들과의 상호교류가 활기를 띄게 되면, 다문화사회는 보다 안정성(安定性, Stability) 있는 생활세계를 구축할 수 있다는 주장이다. 그러나 호스트사회 지역 주민들은 다문화수용의 필요성을 인정하면서도 여전히 자민족 우월중심주의라는 이중적 태도를 취하는 경향이 존재하고 있다.

따라서 다음 〈표 1〉에 제시하고 있는 바와 같이 이주민들뿐만 아니라 호스트사회 지역주민들에게도 변화하고 있는 글로벌시대의 사회문화적 공간의 환경변화에 상호 적응할 수 있는 다양한 정보를 제공해 줄 필요가 있다. 다문화사회 이주민의 안정성 있는 생활세계 구축은 이주민을 지원하기 위한 공동체 공간의 다양한 교류를 비롯한 지역주민들의 다문화사회 이해제고를 위한 각종 생활교육 프로그램 개발 등 상호 교류를 통해 달성될 수 있을 것이다.

〈표 1〉 코리아타운 공간의 안정성과 위협성 요인[6]

공동체 공간	주요 내용	목표
위협성 (갈등)	• 이주민과 호스트사회 주민 간의 접촉에 의해 발생되는 위협 요인 • 국가적 충돌(반국가적 충돌, 반한, 혐한, 배외주의, 반일, 개발도상국 차별 등) • 사회적 충돌(공동체 해체, 반사회적 행동 대응, 공동체 간 지역주민 간 충돌 등) • 개인적 충돌(가족해체, 세대 간 충돌-정체성, 부모세대와 차세대 갈등 등) • 법적/제도적 충돌(인권, 이중국적, 참정권, 국적취득, 불법체류 등) • 경제적 충돌(직업과 실업 등) • 교육적 차별(일조교와 각종학교 등) • 민족(인종)적 충돌(가령 백인과 흑인 등) • 종교적 충돌(기독교, 이슬람, 가톨릭 등) • 문화적 충돌(문화적 차이) - 사무엘 헌팅턴 “문명의 충돌”	사회적 위협요인 극복 해소
안정성 (공생)	• 상호 접촉과 교류 • 사회적 위협성 해소를 위한 각종 생활교육 프로 프로그램 • 외국인 이주노동자의 직종 다변화 • 이주민 교육지원 • 외국인 집거지역의 경제 활성화 지원 • 문화 공동체 건설 • 이주민의 안정적 정착 기반을 위한 현실적 대안 제시 • 이주민공동체 안정성 구축을 위한 플랜 제시	안정성 생활세계 구축
최종 목표	• 도쿄와 오사카 코리아타운의 공간적 위협성 해소와 안정성 있는 타운 구축	

다음 〈그림 1〉은 다문화 공동체 공간 내의 상호 공존할 수 있는 안정성(공생) 모델을 제시하고 있다. 코리아타운 거주 이주민들에게는 모국의 생활공간이 제1공간(한국)에 해당된다면 이주국에서의 생활공간은 제2의 공간(일본)에 해당된다고 볼 수 있다. 이주민의 생활은 이처럼 공간적 전이를 통해서 새로운 생활세계를 경험하게 되고 다문화공동체를 형성하게 된다. 이러한 경험은 제3의 공간(코리아타운)에서 상호 주

6) 이 표는 본문의 연구내용을 바탕으로 필자가 작성한 것임.

관적 영역을 구성하게 된다. 이 공간은 이주민들과 호스트사회 주민들 간의 접촉이 발생되고 융합되는 곳이며 타자 간의 인식과 소통이 가능한 영역(혹은 공간지역)이라 할 수 있다. 이러한 제3의 공간에서 이주자 개인은 자신의 개인적 경험과 집단의 경험, 그리고 이주국의 사회적 제도와 도덕, 윤리와 같은 행동의 방향을 수정할 수 있게 된다. 따라서 제3의 공간은 이주민과 호스트사회 주민 간의 상징적 공간이자, 생산적이며, 실천적 영역이고, 현실적으로 실현 가능한 의미의 재구성이 이루어지는 완전히 새로운 공간영역이라 할 수 있다. 또한 이주국의 새로운 다문화정책이 시도되거나 시행되는 공간이 형성되기도 하고 이주자와 사회구성원들 간의 사회적 행위가 조절되고 재구성되는 공간이기도 하다.

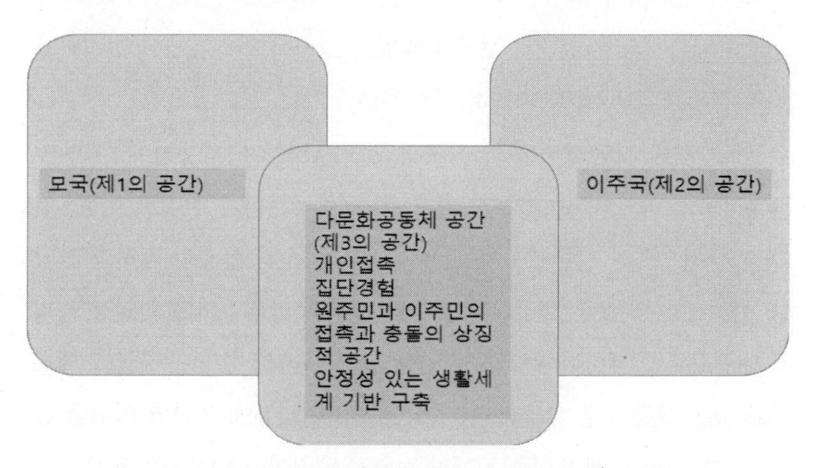

〈그림 1〉 코리아타운 공간의 공생 모델[7]

7) 이 모델은 기존내용을 바탕으로 필자가 도식화하여 작성한 것임.

4 코리아타운 공간, 업종, 조직의 특성 분석

1) 공간적 특성

먼저 이 연구는 한류가 일본에 전파되면서 일본사회에 미친 영향보다는 일본의 대표적인 한류타운인 오사카 쓰루하시 및 오사카 이쿠노쿠 코리아타운(大阪生野区コリアタウン)와 도쿄 신오쿠보 코리아타운(東京新大久保コリアタウン)을 대상으로 지역적 특성과 산업별 분포, 단체 및 조직의 특성, 그리고 마지막으로 코리아타운의 특성에 따른 갈등극복유형 등에 대하여 살펴보고자 한다. 이 연구에서는 가나가와현(神奈川県)에 있는 가와사키시 코리아타운(川崎市コリアタウン)에 대해서 언급하는 정도에서 그치고 도쿄와 오사카의 대표적인 코리아타운을 중심으로 논의를 전개하고자 한다.

글로벌시대 사람의 이동과 정보의 활발한 교류가 가능함에 따라 일본에서도 코리아타운이라는 공간을 통해 한국문화가 현지로 이동, 전파, 확산됨으로서 한류열풍이 2004년 이후 지속과 단절이 계속되고 있다. 즉, 코리아타운은 한류붐과 동시에 일본의 배외주의 움직임과 정치적 대립으로 그때마다 위기에 직면해 왔고 이러한 현상은 지금도 계속되고 있는 상황이다. 그러나 현지 상인들의 인터뷰에 의하면 이러한 한류위기에 대하여 한편으로는 한일 정치적 대립이나 일본인의 배외주의 인식에 따른 한류위기의식 고조보다는 한류문화 콘텐츠 자체의 빈약, 호스트사회 주민이나 코리아타운 상인 간의 교류 및 협력관계 부족, 상인 세대 간 계승과 지역적 애착도의 결여 등을 지적하기도 한다.

그러면 먼저 이들 대표적인 두 지역 코리아타운을 중심으로 어떤 지역적 특성이 코리아타운의 안정성에 영향을 미치는 살펴보고자 한다. 일본 내 코리아타운 중에서 가장 역사가 오래된 오사카코리아타운에 거주하는 재일코리안들은 주로 이쿠노쿠 미유키도오리, 주변지역인 쓰루하시, 이마자토신지를 중심으로 집거지를 형성하고 있다. 1945년 해방이전부터 형성되기 시작한 오사카코리아타운은 1980년대 이전까지만 해도 코리아타운 거주자의 약 80%가 제주도출신 이민1세대들이었다. 이들은 해방 전 노점상에서 시작하여 1980년대 후반까지 코리아타운 주변지역에서 주로 헤프샌달공장, 고무공장, 유리공장, 금속하청업, 폐품 및 고철수집업, 밀조(술)업 등에 종사해 왔다.

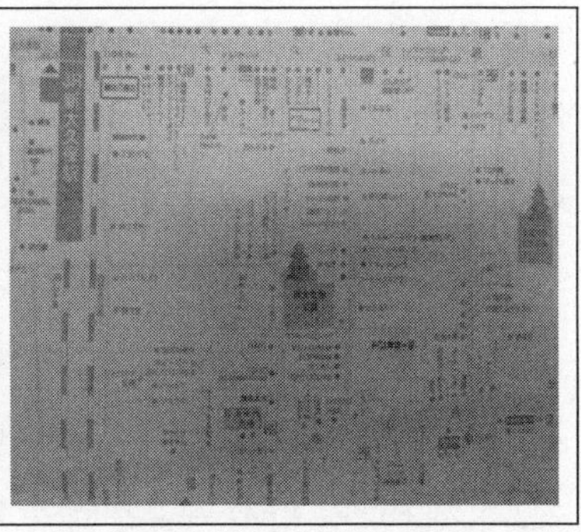

〈그림 2〉 오사카이쿠노쿠코리아타운과 도쿄 신오쿠보 코리아타운의 지역적 특성[8)]

그러나 1980년대 이후 글로벌시대의 도래와 1990년대 후반부터 불기 시작한 한류열풍은 오사카 코리아타운에도 많은 변화를 초래하였다. 이러한 가운데 오사카 코리아타운은 일본정부의 다문화공생정책의 영향

8) 이 지도는 일본 현지 코리타운에서 필자가 수집자료를 바탕으로 촬영한 것임.

으로 지역거주의 안정성은 이전보다 높아진 것으로 분석된다. 위의 〈그림 2〉에 제시한 바와 같이 오사카 코리아타운의 지역적인 특성은 쓰루하시 역에서 출발하여 5분-10분정도 걸어가야 하는 곳에 위치해 있다. 코리아타운의 접근성이나 발전적인 측면에서 고려해볼 때 쓰루하시 역 주변에 위치한 쓰루하시 국제시장의 입지조건이 훨씬 좋은 것으로 생각된다. 하지만 실제적으로 이쿠노쿠 코리아타운은 쓰루하시 역에서 상당히 떨어진 곳에 형성되어 있고 쓰루하시 국제시장보다 훨씬 번창하고 있다. 그 이유를 살펴보면 오사카 코리아타운이 거주민과 새로 유입된 이주민의 협력으로 특성화된 시장을 형성하는데 성공했기 때문이다. 과거 오사카코리아타운은 재일코리안들이 제사상에 올리는 삶은 돼지고기와 제사음식, 한국 식재료, 거기에다 한류상품 등이 가미되어 일본인들에게도 친숙한 거리를 형성할 수 있었다. 특히 코리아타운에 일본인이 경영하는 정육점이 많은 것을 보더라도 고객들이 민족성에 크게 좌우되지 않는 시장조건을 갖추고 있으며 거주민과 이주민의 협력관계는 일본태생의 1.5세나 2.5세들 간에 매우 두터운 것으로 나타났다.[9)]

일본 가나가와현(神奈川県)에 소재한 가와사키시(川崎市)는 일제강점기인 100년 전 부터 일본 게이힌 공업지대(京浜工業地帯)의 형성으로 제2차 세계대전 당시 군수산업의 확대, 그리고 2차 세계대전 후 일본고도경제성장에 따른 노동인력의 수요급증으로 많은 노동자들이 전국 각지에서 몰려들었다. 이 지역은 원래 공업지대로 인하여 공해 문제가 심각한 빈민지역으로 알려져 일본인거주자들의 유입은 상대적으로 적었

9) 이 연구에서 1.5세의 경우 한국에서 태어나 도일 후 일본에서 자란 경우, 2.5세는 부부 어느 한쪽이 일본인인 경우를 말한다. 현지 오사카 코리아타운에서 상인회의 부회장이나 임원을 맡은 경우 부부 어느 한쪽이 일본인인 경우가 많았음.

다. 특히 1970년대 이후 중화학공업의 정체로 공장노동자들이 격감하고 이에 따라 폐업하는 상점들이 속출하면서 인구도 급감하였다. 이런 가운데 가와사키시(川崎市)에 일제강점기 징용이나 징병, 구직 혹은 일본 내 차별을 피하여 이주해 온 한반도 출신자들이 대량 유입되기 시작하였다. 이에 따라 재일조선인을 대상으로 하는 상점과 식당이 생겨나기 시작하고 조선인들 사이에 소문이 파다하게 퍼지면서 한때 관동지방(関東地方) 최대의 재일코리안 집거지가 형성되었다. 이후 가와사키 사쿠라모토(川崎桜本)를 중심으로 형성된 상점가들이 코리아타운의 장점을 활용하여 다문화공생정책을 시도하거나 재일코리안을 비롯한 재일외국인과 일본인들이 공생하는 지역문화 창조를 목적으로 하는 가와사키 시 후레아이관(川崎ふれあい館)이 개관되어 코리아타운으로서의 입지를 굳히게 되었다. 가와사키 코리아타운은 1980-90년대 재일코리안 민족투쟁기를 거치면서 소수민족투쟁의 중심지에 서왔지만 2000년대 이후 한류붐과 더불어 상대적으로 다른 코리아타운과 상업적으로 약화된 특성을 보이면서 재일코리안 고령화와 더불어 코리아타운도 쇠퇴의 길을 걷기 시작했다. 그러나 과거 코리아타운의 번성의 역사적인 잔영은 여전히 건재하고 있다.

일본 동경 신주쿠에 위치한 신오쿠보(新大久保) 코리아타운은 1945년 해방 전후 빈민상업지역으로 1980년대까지만 해도 낙후된 환락가였다. 과거 신주쿠(新宿)지역 햐쿠닌초(百人町)를 중심으로 오쿠보지역(大久保)과 쇼쿠안도오리(職安通り)에 약 3,000명 정도의 올드커머들이 거주하고 있었다. 이곳에 뉴커머들이 본격적으로 정착하기 시작한 것은 1980년대 후반 무렵이며 1988년 서울올림픽 개최, 1989년도 한국정부의 여행자유화 이후 유학생들이 대거 유입되면서 활기 넘치는 코리아타운이 조성되기 시작하였다.

도쿄 신오쿠보 코리아타운 거주 한국인들은 80년대 전후 도일하여 주변에 일본어학교가 많고 아르바이트를 찾기 쉬운 이곳으로 몰려들기 시작했다. 그리고 일본에서 일본어학교, 일본 전문대학이나 대학, 대학원에 진학한 학생들이 대학졸업 후 이곳에서 자영업을 시작한 이들이 많았다. 처음에는 오직 일본에서의 도전정신과 헝그리정신 하나만 가지고 소자본으로 창업이 가능한 한국식당, 식료품, 송금, 풍속, 미장원, 비디오가게, 국제전화카드 등 주로 한국인 여성들을 상대로 영업을 시작하면서 코리아타운에서 에스닉 비즈니스(Ethnic Business)를 전개해 나갔다. 이러한 과정을 통해 한국인들을 중심으로 자영업이 크게 확대되면서 코리아타운이 탄생하게 되었고 글로벌시대 지금은 한류의 메카이자 한국문화의 전파의 산실로서 부르고 있다.

2004년 일본 NHK의「겨울연가」방영 이후 코리아타운에 일본인 고객들이 몰려들기 시작하면서 제1차 한류붐이 일어났다. 일본인들이 몰려들자 경제적인 파급효과로 더욱 많은 한국인들이 코리아타운에 거주하게 되었고「식당을 개업하면 성공한다」는 소문이 파다하게 퍼지면서 한국에서 직접 코리아타운 내 식당사업에 진출하는 사업가들도 생겨났다. 2008년-2009년 사이에는 제2차 한류붐이 일어났으며 동시에 신오쿠보 코리아타운에 중국조선족, 인도, 베트남, 필리핀 등 전 세계 약 150개국에서 새로운 이민자들이 몰려들어 그야말로 다양한 민족들이 공존하는「인종의 도가니(melting pot)」로 다문화다인종 사회의 전형적인 모델의 타운이 형성되기 시작했다. 그러나 혐한류 이후 오사카 코리아타운과 신오쿠보 코리아타운은 정치적인 외침에 따라 휘둘리는 코리아타운으로 변모되기 시작했다.

앞의 〈그림 2〉에서 제시하고 있는 바와 같이 현재 신오쿠보 코리아타운은 신오쿠보역에서 가까운 곳에 위치하고 있다. 과거 쇼쿠안도오리를 중심으로 형성되었던 코리아타운은 몇 년간에 걸쳐 천천히 신오쿠보역으로 이동하는 현상을 보여 왔다. 이러한 현상은 코리아타운의 접근성이나 2001년 유학생 이수현의 신오쿠보 사건이 어느 정도 영향을 미쳤을 것으로 생각된다.[10] 하지만 현지조사를 통해 살펴본 결과, 이러한 설명은 다소 설득력이 떨어진다. 분명 과거 코리아타운의 중심지였던 쇼쿠안도오리에서 한국인 상점은 눈에 띄게 감소하였다. 대신에 중국조선족, 타이, 몽골, 대만 등 타 민족의 식당요리점이나 마사지숍의 영업이 증가하고 있는 것으로 나타났다. 이러한 특정지역에서 민족 간의 업종증가나 지리적 계승은 미국의 에스닉 사회에서도 종종 나타나는 현상으로 기존연구에서는 유대인-한국인-중국인이라는 민족적 계승의 패턴을 입증해 왔다. 이러한 측면에서 신오쿠보의 지역적 특성은 지리적 접근성도 무시할 수 없지만 업종이나 타운입지의 민족적 계승 측면에서 설명하는 것이 타당하리라고 생각된다.

2) 업종별 특성

그러면 이들 두 지역 오사카 이쿠노쿠 코리아타운과 도쿄 신오쿠보 코리아타운의 업종별 특징에 대하여 살펴보고자 한다. 오사카 코리아

---

10) 2001년 당시 아카몬카이(赤門会) 일본어학교에 다니고 있던 이수현 학생이 신오쿠보역(新大久保)에서 선로에 떨어진 일본인 취객을 구하려다 희생된 사건으로 일본사회에서 큰 반향을 불러 일으켰으며 이후 일본인의 한국인에 대한 이미지를 제고시키는 계기가 되었다. 신오쿠보 역내에 사건 관련 동판이 설치되어 있으며 지금도 일본 내에서 현창사업으로 '이수현장학회'를 만들어 운영 중에 있음.

타운 사무국이 발행하고 있는 「KOREATOWN HIGHLIGHT MAP」과 2014년 2월 현지조사결과를 토대로 살펴보면 오사카코리아타운에서 영업하고 있는 한인업체는 총 154개로 파악되고 있다.[11] 상점의 업종별 분포를 살펴보면 한국 음식재료나 김치를 판매하는 도소매업이 23개로 가장 높은 비율인 14.9%를 차지하였다. 그리고 오사카 코리아타운의 발생적 기원과 같은 제사상에 올리는 삶은 돼지고기나 족발 등을 판매하는 정육점이 19개로 12.3%를 차지하였으며 그밖에 건어물이나 해산물 등 한국에서 수입해 온 식재료를 취급하는 상점이 10개로 전체에서 6.5%를 차지하였다.

전체적으로 살펴보면 오사카 코리아타운은 한인 상점의 약 33.7%가 김치와 같은 한국식재료 판매상이나 정육점 등 한국음식 관련 판매업종이 대부분으로 한류상품 관련 판매업은 4개 점포가 영업하고 있는 것으로 나타났다. 이러한 업종의 분포는 오사카 코리아타운의 내부 업종 변화가 거주민의 지역적 기반이 튼튼하기 때문에 한류 전후를 통해 이전과 크게 다르지 않다는 것을 보여주고 있다.

〈표 2〉 신오쿠보 코리아타운의 업종별 특성(2015년 6월 기준)[12]

업종별(대분류)	업종별(소분류)	점포 수(%)
식당, 음식업	한국요리, 야끼니쿠, 치킨	8(5.1)
	다방, 커피숍	1(0.6)
오락/문화산업	한류숍, CD/DVD, 선물가게	2(1.2)
도소매,	한국 식료품, 식재료, 김치	4(2.6)

11) 임영언외(2014)「오사카지역 코리안 커뮤니티의 형성과 문화적 변용 연구－이쿠노쿠(生野区) 코리아타운을 중심으로－」『日語日文学』64, pp.482-483

12) 이 표의 내용은 한국인생활정보신문『韓터』2015년 6월호를 중심으로 필자가 작성하였음. 기타 생활정보지에는『한인신문교차로』와『벼룩신문』등이 있음.

서비스업	한국 떡, 만두, 햄버거	5(3.2)
	화장품, 코스메 등	1(0.6)
	여행사, 유학	8(5.1)
	법률행정서사, 공인회계사	9(5.8)
	해외송금, 은행	3((1.9))
	국내외 이사, 운송, 택배	9(5.8)
	컴퓨터 판매수리, 프로그래머	3(1.9)
	전기전자제품 판매	2(1.2)
	병원, 클리닉, 한방, 마사지	6(3.8)
	자동차 관련	2(1.2)
	디자인, 인테리어, 광고	12((7.7))
	방송, 인터넷, 전화 렌탈, 전화카드, PC방	12(7.7)
	일본어/영어/한국어어학원, 코칭 학습, 태권도, 영어, 장구교실	12(7.7)
	운동기구	2(1.2)
	에어컨 냉동, 설비	1(0.6)
	민박, 부동산 임대	36(23.1)
	사진스튜디오	1(0.6)
	리사이클 센터	3(1.9)
	직업소개, 취업	12(7.7)
	기타	2(1.2)
합계		156(100)

그러면 이번에는 신오쿠보 코리아타운의 한인업종의 특성에 대해서 살펴보자. 위의 〈표 2〉는 한국인생활정보신문 『韓터』 2015년 6월호를 중심으로 필자가 작성하였다. 생활정보지를 근거로 필자가 작성했기 때문에 실제와는 약간의 차이가 있겠지만 코리아타운의 전반적인 업종의 경향은 크게 다르지 않을 것으로 생각된다. 신오쿠보 코리아타운의 한인 상점은 대략 500여개로 대부분이 한국식당이다. 『韓터』 생활정보지에 나타난 한인상점은 총 156개로 업종의 비율이 가장 높은 것은 민박이나 부동산 임대업이 23.1%로 가장 높게 나타났다. 이는 미국의 한

인사회의 코리아타운과 비슷한 경향을 보이고 있는 것으로 향후 일본 내 코리아타운도 부동산거래에 대한 수요가 더욱 높아질 것으로 예상된다. 다음으로 업종의 비율이 높은 것은 디자인과 인테리어, 전화 인터넷, 어학원, 직업소개소 등이 7.7%를 각각 차지하였다. 계속해서 법률행정 관련, 이사운송업이 5.8%, 한국요리나 여행업이 5.1% 순이었다.

이상과 같이 코리아타운의 업종별 특성을 비교한 결과, 오사카 코리아타운은 이전과 크게 다르지 않은 정육점과 한국식재료 중심으로 영업이 유지되고 있는 것으로 나타났다. 그러나 신오쿠보 코리아타운의 한인 업종은 매우 유동적이며 전적으로 한인사회에 의존하고 있는 경향이 강한 것으로 나타났다.

3) 조직의 특성과 갈등 극복유형

일본에서 현재 재일코리안(올드커머와 뉴커머를 포함)들이 가장 크게 집거지를 유지하고 있는 대표적인 지역은 도쿄 신오쿠보 코리아타운, 가와사키 코리아타운, 오사카 코리아타운이라 할 수 있다. 먼저 도쿄 신오쿠보 코리아타운은 뉴커머 중심이고, 오사카 코리아타운(Koreatown)은 올드커머 중심이며, 가와사키 코리아타운은 올드커머와 뉴커머들이 혼재되어 있는 중간지점으로 생각된다. 이들 코리아타운은 한국요리나 식재료 등 한국관련 상품들을 판매하는 소규모 자영업들이 대부분을 차지하고 있다.

최근 이들 코리아타운도 지역적 특성에 따라 일본인의 혐한과 배외주의 영향 때문에 한류스타일이 변화되고 있다. 오사카 코리아타운의 경우 한류위기를 극복하여 세대 간의 계승으로 순조롭게 대체하고 있는 편이지만 가와사키의 경우 세대 간의 계승이 단절되고 있는 상황에서 정체되고 있고 후발주자인 신오쿠보 코리아타운은 이민1세대로서 현지사회의 두꺼운 벽을 깨지 못하는 상황이 연출되고 있다. 따라서 이러한 지역적 특성을 극복하기 위해서는 코리아타운이 올드커머에서 뉴커머에 이르기까지 세대 간의 계승이 현재 어떻게 이루어지고 있는지, 이민 선발자와 후발자의 사회적 자본(Social Capital)과 문화적 자본(Cultural Capital)의 차이 측면에서 접근하여 그 특성을 도출할 필요가 있다.[13)]

본 연구에서는 연구대상과 범위를 좁혀 도쿄와 오사카 코리아타운의 대표적인 지역단체의 사회적 자본의 형성(Social Capital)과 역할에 따른 갈등극복 유형을 살펴보고자 한다. 이는 코리아타운의 작금의 현상을 파악하고 지역에 부는 혐한류의 위기를 극복하여 코리아타운의 활성화를 도모하는 방안을 도출할 수 있을 것으로 생각된다.

그동안 일본에서 코리아타운 관련 연구는 수평적인 접근에서 한류붐에 따른 사회경제적 효과에 초점이 맞추어져 왔다. 코리아타운은 한류와 같은 문화활동이 국적을 초월하여 자유롭게 전개될 수 있는 탈문화, 탈경계, 탈민족적 디아스포라 문화공간이면서 정치적 역사적인 문제에서도 자유로운 탈국가적 공간으로 인해 한류붐이 발생한 곳으로 평가되기도 하지만 한일 간 정치적으로 가장 첨예하게 대립되는 장소로 이용되는 장소성이 특이한 지역으로 일반인들에게 이해되고 있다.

이 연구에서는 코리아타운의 한류붐이라는 수평적 관계의 연구가 아니라 수직적인 차원에서 접근하여 정치적 대립에 따른 코리아타운과

---

13) Coleman James S.,(1988) "Social Capital in the Creation of Human Capital" *American Journal of Sociology 94*, pp.95-121

한류 위기가 아니라 현지에서 자영업에 종사하는 타운의 주인인 자영업자(small business)들의 세대계승과 자발적 의지, 지역적 애착도 등 지역 거주민 간의 교류와 접촉이 타운의 성장발전에 직접적인 영향을 미친다는 가설에서 접근하고 있다.

필자가 2014년 2015년 두 번 실시한 코리아타운 현지조사와 필드워크를 통해 살펴본 결과, 사회적 자본 측면에서 거주민과 이주민 사이의 접촉빈도와 교류 여부정도에 따라 현지에서 코리아타운의 위치가 크게 좌우되고 있는 것으로 나타났다. 오사카 코리아타운의 경우 거주민과 이주민 사이에서 가장 큰 조정역할을 담당하고 있는 단체가 코리아 NGO센터였다. 이 단체에서는 상인회의 관리, 축제나 행사의 협력, 마찰과 갈등의 해소, 노인세대와 청년세대 사이의 갈등조정 등 상인회가 발전하기 위해서 필요한 협력방안을 중심으로 상인들과 주민들을 설득하여 공존과 상생의 타운을 만들어 가고 있다. 그러나 신오쿠보 코리아타운의 경우 한인회나 교주콘 등 많은 NGO단체들이 거주민과 이주민 사이의 공존을 위해 노력하고 있지만 아직까지 뚜렷한 협력성과는 보이지 않고 있다. 이들 코리아타운이 인구의 유동성이나 역사적 기원 등 다양한 특성에 따라 안정성 측면에서 큰 차이를 발생시키고 있지만 무엇보다도 근본적으로 거주민과 이주민의 관계를 구축하기 위해 협력하는 사회적 자본(조직단체)의 형성은 아직 미미한 것으로 나타났다.

다음 〈표 3〉은 코리아타운의 안정화를 위한 사회적 자본(단체 및 조직)의 역할과 갈등극복 유형을 비교하여 제시하였다. 아래 표에 제시한 바와 같이 코리아타운은 거주민과 상인의 완전일치형으로서 제1유형인 오사카 코리아타운, 중간 형태인 제2유형으로서 가와사키 코리아타운, 거주자와 상인이 불일치한 제3유형인 신오쿠보 코리아타운 등으로 구분할 수 있다. 코리아타운의 갈등극복 유형은 역사적 형성과정, 주민과의 협력을 통한 지속적인 타운성장, 타운의 지역적 특색, 배외주의와 한류붐의 붕괴 등을 고려하여 분류할 수 있지만 여기에서는 거주민간의 접촉과 교류 역할을 담당하는 사회적 자본의 형성정도에 중점을 두었다.

〈표 3〉 코리아타운의 조직특성과 갈등 극복유형[14)]

타운의 유형	지역적 특성		코리아타운의 갈등 극복유형
제1유형 (1920년대 이후)	오사카 쓰루미, 이쿠노쿠 코리아타운	안정적 (공생성 강함)	올드커머의 중심으로 거주자와 상인의 일치형, 젊은 세대 계승으로 뚜렷한 변화, 코리아NGO센터를 중심으로 접촉과 교류빈도 높아 타민족과 외부압력에 대한 내성이 강하고 이주민과 지역주민과의 마찰과 갈등 적음-갈등과 마찰 극복유형
제2유형 (1970년대 이후)	가와사키 코리아타운	정체적 (지역화)	올드커머 기반 위에 뉴커머 유입으로 중간유형, 동화가 진행되어 젊은 세대의 상권 계승이 이루어지지 않는 완전 쇠퇴유형-갈등과 마찰 소멸유형
제3유형 (1980년대 이후)	신오쿠보 코리아타운	유동적 (혐한성 강함)	1980년대 이후 뉴커머 중심의 코리아타운 형성, 세대교체보다는 젊은 상인 위주 상권 형성, 이동과 변화가 심하여 지역 발전에 대한 접촉과 교류빈도 낮고 이에 따른 지역주민과의 갈들과 마찰 증폭, 타민족과 외부압력에 대한 내성이 약함-갈등과 마찰 공존유형

위의 〈표 3〉에 제시한 바와 같이 사회적 자본 형성에 따른 이들 세 지역 코리아타운의 세대 간의 사업계승양상을 분석하면 재일코리안과 일본인의 타운 내 접촉유형, 지역에 따른 한류사업스타일의 특성 차이, 단체와 조직의 내부 특성을 통한 타운의 지속성장 모델 구축과 갈등대처방안 등을 도출할 수 있을 것으로 생각된다.

일반적으로 이들 세 지역의 코리아타운 상인들은 여느 일본 상점가

14) 이 표는 현지조사 내용을 바탕으로 연구자가 정리하여 작성한 것임.

들이 당면하고 있는 상업적 위기와 공통적으로 비슷한 문제에 직면하고 있다. 타운의 발생적 기원에서 살펴보면 지금까지 자영업자들은 거주지에서 저출산고령화로 폐점된 상점을 빌려 호스트사회 주민과 공생관계로 상점가의 활성화를 도모해 왔다. 이들 가운데 지속적인 성장과 거주민과의 안정적인 관계를 유지하고 있는 타운(시장)의 경우 사회적 자본 측면에서 상인들의 튼튼한 지역적 기반과 지역유지의 리더십, 전통과 현대의 조화, 그리고 신세대와 구세대, 이민자와 현지인의 조화로운 공존공생, 상점가의 상점회 결성과 상점회원의 협력유도, 상도덕으로서의 기업가정신 소유, 지역민이 주최하는 축제 공동참여, 이를 바탕으로 한 상인 문화공동체의 창출 등이었다. 즉 호스트사회 주민과 이주민과의 빈번과 접촉과 교류가 당면한 위기극복에 큰 역할을 담당하고 있는 것으로 볼 수 있다.

그러나 만일 거주민과 이주민 사이의 사회적 자본의 형성이 불완전하면 코리아타운은 시장 내부와 외부의 위기에 쉽게 흔들리게 되고 상권은 크게 위협받게 된다. 이러한 코리아타운 위기는 상인들에게 정확한 정보제공과 상인의 설득으로 타운의 활성화를 도모할 필요가 있다. 여기에서 무엇보다 중요한 것은 정부나 자치단체의 일방적인 지원정책은 일시적인 단발성 효과가 크기 때문에 상인들 스스로가 필요에 의해 자생단체를 만들고 기반을 더욱 튼튼히 하여 지속적으로 상호 협력하여 성장할 수 있도록 돕는 정책적 전략수단을 수립하는 것이 필요하다. 사회적 자본의 형성 측면에서 코리아타운의 전략적 발전단계를 살펴보면 크게 다음과 같이 네 가지로 정리할 수 있다.

첫째, 코리아타운의 상점 및 상점가의 발전 주체는 상인들 자신이라는 확고한 주인의식의 형성이 필요하다. 주인의식은 두 지역 코리아타운 마다 다르게 나타나고 있다. 코리아타운에 거주하는 상점가의 지역상인발전위원회 회원들은 주변지역을 기반으로 스스로가 코리아타운의 주인이라는 확고한 주인의식의 확립이 필요하다. 만약 코리아타운에서 정착하지 못하고 떠돌이 상인으로 취급받거나 적당히 돈만 벌고 떠나겠다는 상인들이 존재한다고 상호 인식하게 되면 코리아타운 상점가를 활성화 하기는 어려워진다. 왜냐하면 코리아타운 상점가의 경우 주인의식이 부재하면 외부의 위기나 유행에 쉽게 휩쓸리게 되고 특성화된 시장을 형성하기 어렵기 때문이다. 코리아타운 시장의 주인은 그곳에 거주하는 상인이고 이들이 특성화된 시장에 자부심을 갖도록 먼저 상인들의 의식개혁부터 앞장서야 한다.

둘째, 코리아타운의 내부적 갈등을 해결하기 위한 상인단체의 조직화와 NGO단체 역할이 매우 중요하다. 한마디로 코리아타운 시장은 다양한 수많은 사람들이 모여드는 곳이다. 따라서 거주 상인간의 갈등과 마찰은 항상 존재한다. 사회적 자본(Coleman, 1988) 측면에서 지역상인발전위원회가 결성되어 이러한 문제를 해결하면 좋지만 상호간의 해결이 어려운 경우도 있다. 코리아타운 상인회를 중심으로 한 자생단체인 지역상인발전위원회의 결성도 중요하지만 상인회와 지역주민들 간의 마찰과 갈등을 조정하는 제3의 NGO단체의 역할도 매우 중요하다. 실제로 코리아타운 상인이 상인회의 권고를 무시하였지만 지역 NGO단체의 설득을 받아들여 해결한 갈등사례도 적지 않게 존재하다. 코리아타운에서 가장 무난하게 손님을 끌어 모아 활성화되고 있는 시장을 보면 대개 이러한 단체의 활동이 암묵적으로 내부에 엄격히 작동되고 있다는 것을 알 수 있다. 결국 코리아타운 상인회의 회원에 대한 느슨한 규제도 중요하지만 그들 스스로를 규제하는 규칙의 작동이 타운의 활성화에 크게 기여할 수 있다는 사실을 인지할 필요가 있다.

셋째, 코리아타운 상점가의 활성화를 위해 적극적으로 젊은 인재를 육성해야 한다. 인적자본과 문화적 자본 측면에서 코리아타운의 젊은 인재들이 타운 활성화 교육을 통해 기업가정신과 그들만의 상인문화를 창출해 낼 수 있도록 도와야 한다. 현장조사를 통해 살펴보면, 코리아타운 상인들의 기업가정신은 상인 스스로가 원칙을 세우고 지킴으로서 다른 상인들을 배려하고 상호 이익을 도모하는 사회적 습관 혹은 도덕적 행위가 항상 존재하고 있다. 역사나 경험이 오래된 차이나타운(시장)이나 한국계 올드커머들이 형성한 오사카 코리아타운의 경우 가장 먼저 타운 사무국을 찾아가면 타운에 대한 정보를 쉽게 입수할 수 있다. 그만큼 지역적 기반이 튼튼하고 그들 상호간의 단결이나 협력시스템이 확실하게 수립되어 있어 자력으로 해마다 큰 축제를 개최할 수 있다는 것이다. 그러나 지역적 기반이 약한 도쿄 신오쿠보 코리아타운이나 군마 현 일계인 타운은 조그마한 갈등문제 하나도 그들 스스로 해결할 역량이 부족하고 동종업종의 경쟁과열, 외부압력이나 흔들기에 의한 시장기반의 타격, 상인자신들의 과욕으로 인한 시장 활성화에 대한 무관심 등 공통적인 현상이 난무하고 있다는 점이다.

넷째, 코리아타운 내 상인 육성과 시장 활성화를 위해서는 창의적인 교육프로그램 등을 지속적으로 개발하고 실행해야 한다. 글로벌시대 모든 학문은 사회과학과 자연과학의 융합 혹은 통섭의 시대를 주창하고 있다. 이제 상인교육도 가능한 모든 하드웨어와 소프트웨어를 총동원하여 최대의 성과를 발휘해야 하는 융합의 시대라고 할 수 있다. 현재 일본정부나 자치단체의 지원으로 추진되고 있는 코리아타운의 외부적인 하드웨어의 새로운 단장도 중요하지만 무엇보다도 중요한 것은 상인회와 상인들 스스로가 자생할 수 있도록 소프트웨어적인 측면의 교육을 강화할 필요가 있다. 더불어 젊은 인재육성으로 코리아타운 상인발전위원회 결성과 NGO 단체활동 촉진, 상인축제개최 등을 통해 상인 스스로가 역량 있는 주최가 되어 '코리아타운 만들기'에 활력을 불어넣을 수 있도록 노력해야 한다. 결국 코리아타운의 활성화는 일본정부의 단기적인 육성정책이 아니라 고도의 교육을 통한 젊은 인재육성 등으로 코리아타운 한국 상인들 스스로가 자립할 수 있는 사회적 자본을 형성하도록 돕는 것이 무엇보다도 중요하다. 결국 오사카와 신오쿠보 코리아타운의 안정성과 위협성의 차이는 사회적 자본(단체와 조직의 역할)의 구축의 유무에 달려있다고 생각된다.

5 결론

이 연구의 목적은 도쿄 신오쿠보 코리아타운과 오사카 이쿠노쿠 코리아타운 이주민들의 지역사회 정착에 따른 공간의 안정성과 위협성을 고찰하는데 있다. 연구의 분석대상은 코리아타운 내 이민자의 유입에 따른 공간지리적 특성과 조건, 업종별 특징과 분포, 사회적 자본 측면에서 코리아타운 내 단체 조직의 역할에서 등의 분석을 통해 이러한 특성들이 코리아타운의 공간지리적 변화와 안정성에 어떤 영향을 미쳤는지에 대하여 살펴보았다. 연구방법은 현지조사를 통해 수집한 사진자료와 인터뷰자료, 문헌자료 등을 참고하였다. 오사카 코리아타운과 신오쿠보 코리아타운의 안정성에 대한 연구결과를 정리하면 다음과 같다.

첫째, 일본 내 코리아타운의 지리적 특성을 고찰한 결과, 오사카 이쿠노쿠 코리아타운은 쓰루하시 역에서 5분-10분정도 걸어가야 하는 곳에 위치해 있다. 오사카 코리아타운의 접근성이나 발전적인 측면에서 고려해볼 때 쓰루하시 역 주변에 위치한 쓰루하시 국제시장의 입지조건이 훨씬 유리한 것으로 나타났다. 그러나 실제적으로는 쓰루하시 역에서 상당히 떨어진 곳에 오사카 코리아타운이 형성되어 있다. 그 이유는 오사카 코리아타운 내 거주민과 이주민의 협력으로 특성화된 시장을 형성할 수 있었기 때문에 가능했던 것으로 생각된다.

도쿄 신오쿠보 코리아타운은 신오쿠보역에서 가까운 곳에 위치하고 있다. 과거 쇼쿠안도오리를 중심으로 형성되었던 코리아타운은 몇 년간에 걸쳐 신오쿠보역으로 이동하는 현상을 보여 왔다. 이러한 현상은 타운의 접근성이나 2001년 유학생 이수현 사건이 어느 정도 타운형성에 영향을 미쳤을 것으로 생각된다. 그러나 신오쿠보 코리아타운의 중심지 이동은 이주지에서 소수민족 간의 업종이나 지리적 계승문제로 설명될 수 있을 것이다.

둘째, 코리아타운의 업종별 특성을 비교해보면 오사카 코리아타운은 이전과 크게 다르지 않게 일본인 고객에 의존하는 경향이 강하며 정육점과 한류붐에 의한 한국식재료 중심으로 영업이 활발하게 유지되고 있는 것으로 나타났다. 그러나 도쿄 코리아타운 내 한인 업종은 매우 유동적이며 전적으로 한인사회에 의존하고 있는 경향이 매우 높은 것으로 나타났다. 이는 신오쿠보 코리아타운이 일본사회 유행이나 외부압력에 민감하게 반응하는 사회구조를 반영하고 있는 것으로 생각된다.

셋째, 코리아타운 내 단체와 조직의 역할이라는 사회적 자본 측면에서 거주민과 이주민 간의 접촉과 교류정도에 따라 현지에서 코리아타운의 위치가 크게 좌우되고 있는 것으로 나타났다. 즉, 코리아타운 내 인구의 유동성이나 역사적 기원 등 다양한 요인들이 코리아타운의 안정성 측면에서 큰 차이를 발생시키고 있지만 근본적으로는 거주민과 이주민 간의 가교역할을 담당하는 사회적 자본(조직이나 단체의 영향력)의 존재유무가 무엇보다도 큰 영향을 미치고 있는 것으로 나타났다.

결론적으로 일본 다문화사회에서 코리아타운의 안정성(공생)을 높이는 요인은 주변 단체나 조직들이 호스트사회 주민과 이주민 간의 협력과 조정이라는 중개역할을 담당하는 사회적 자본(Social Capital)의 강도에 따라 결정되고 있음을 시사하고 있다. 향후 도쿄 신오쿠보 코리아타운은 오사카 이쿠노쿠 코리아타운의 공생모델을 토대로 지역거주 상인들과 공존하는 형태의 특성화된 코리아타운으로 계속해서 발전시켜 나갈 필요성이 있을 것이다.

동아시아연구총서 제6권

동아시아 마이너리티 사회와 타자표상

참고문헌

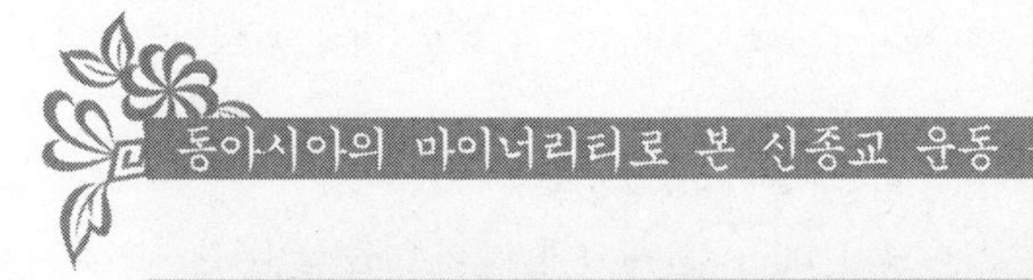

동아시아의 마이너리티로 본 신종교 운동 – 양은용

- 금장태(1993)『한국근대의 유교사상』 서울대학교출판부
- 김재엽(2006)『한국사-개항에서 한일합방까지』 살림출판사
- 김종서 외(1994)『현대 신종교의 이해』 한국정신문화연구원
- 김홍철(1989)『한국 신종교사상의 연구』 집문당
- ______(1977)「근대 한국종교사상에 있어서의 病觀연구」『원광대학교논문집』11
- ______(1980)『圓佛教思想論考』 원광대학교출판국
- 김홍철·류병덕·양은용(1997)『한국신종교실태조사보고서』 원광대학교 종교문제연구소
- 노길명 저(1996)『한국신흥종교연구』 경세원
- 류병덕·김홍철·양은용 저(1992)『한중일삼국 신종교실태의 비교연구』 원광대학교 종교문제연구소
- 류병덕(1987)「한말·일제시에 있어서의 민족사상」 한국철학회 편,『한국철학사』 하, 동명사
- 류병덕 편저(1985)『한국민중종교사상론』 시인사
- 문화(2009)「동학농민전쟁, 청일전쟁과 청중앙의 강경론 : 文廷式의『文廷式集』을 중심으로」『동학연구』27, 한국동학학회
- 소태산대종사탄생100주년기념사업회 편(1991)『인류문명과 원불교사상』하, 원불교출판사
- 송찬섭(2009)「민란과 농민항쟁-조선후기 농민운동에 관한 역사용어 검토」『통합인문학연구』1, 한국방송통신대학교 통합인문학연구소
- 양은용(2015)「대한국의 종교와 역사인식–한국 자생 신종교의 개벽사관을 중심으로–」『신종교연구』33, 한국신종교학회
- ______(2012)『한국근대사상사탐구』 논형

- ______(1996) 「한국도교의 근대적 변모」『한국종교사연구』5, 한국종교사학회
- 유홍열(1976) 「개항과 신교자유문제」『한국종교』3, 원광대학교 종교문제연구소
- 윤이흠(1998) 「한국민족종교의 역사적 실체」『한국종교』23, 원광대학교 종교문제연구소
- 이찬수(2009) 『한국 그리스도교 비평』 이화여대출판부
- 주명준(1984) 「천주교의 수난사」 숭산기념사업회 편, 『한국근대종교사상사』 원광대출판국
- 숭산박길진박사고희기념사업회 편(1984) 『한국근대종교사상사』 원광대학교출판국
- 조경달 저, 박맹수 옮김(2008) 『이단의 민중반란』 역사비평사
- 조용안(1975) 『신문화운동사』 정음사
- 한국정신문화연구원 편(1991) 『한국민족문화대백과사전』 한국정신문화연구원
- 梁銀容(2009) 「生命·霊性の問題と仏教」 實行委員會 編, 『生命論と霊性の問題』 思文閣
- 島薗 進(1995) 「民衆宗教か新宗教か-二つの立場の統合に向けて-」『江戸の思想』 ぺりかん社
- 李民勝 外編(1988) 『中國少數民族宗教總覽』 中央民族學院出版
- 鄭燦(1980) 『中國邪教禍源流考』 佛教出版社
- 村山智順(1936) 『朝鮮の類似宗教』 朝鮮總督府
- 『大巡典經』
- 『大宗經』展望品
- J. Coleman and C. Baum edis, New Religious Movement, N.Y. The Seaubury Press, 1983
- Nobert J. Rigali, A New Axis: Karl Jasper's Philosophy of History, International Philosophical Quarterly 10, 1970
- Hellmuth Kornmueller, Karl Jaspers' Philosophy of History, Morden Schoolman 42, 1965

- 강주원(2013) 『나는 오늘도 국경을 만들고 허문다』 글항아리
- 김명섭·오가타 요시히로(2007) 「'재일조선인'과 '재일한국인': 통합적 명명을 위한 기초연구」『21세기정치학회보』제17집 3호
- 김민경(2010) 「비정형건축의 열린계(Open System)로서의 도시지원 특성—Richard Sennett의 열린 도시 사유를 중심으로」『대한건축학회문집』제26권1호(통권255호)
- 김현선(2009) 「국적과 재일코리안의 정체성」『경제와 사회』제83호
- 남아공 가우텡 도시—지역연구소(2017) 「경계와 연결」 2017 서울도시건축비엔날레
- 베른트 비테 저, 윤미애 옮김(2001) 『발터 벤야민』 한길사
- 송미령(1999) 「영원한 도시 로마: 〈자전거도둑〉에서 〈비누도둑〉까지」『영원속의 도시』 한울
- 신기영(2013) 「마이너리티 이론의 탐색 : 비본질적·포괄적 연구를 위하여」『일본비평』제8호
- 유혁수(2014) 「재일한국/조선인 사회의 갈등과 과제 : 올드커머와 뉴커머 관계를 중심으로」『일본비평』제10호
- 윤인진(2012) 「디아스포라와 초국가주의의 고전 및 현대 연구검토」『재외한인연구』제28호
- 임영언(2009) 「재일한인의 민족정체성 유형에 관한 사례연구」『일본문화학보』제40호
- 임영언·허성태(2015) 「재일코리안의 정체성 기반의 상징문화 : 2·8 독립선언과 6·25전쟁 참전기념비를 중심으로」『Journal of International Culture』vol.8-1
- 정수복(2009) 『파리를 생각한다』 문학과 지성사
- 제임스 프록터저, 손유경 옮김(2006) 『지금 스튜어트 홀』 앨피
- 주하영(2016) 「이중의 디아스포라와 다중적 정체성: 자리나 빔지(Zarina Bhimji)와 에밀리 자시르(Emily Jacir)를 중심으로」『미술사논단』제42호
- 줌파 라히리 저, 이승수 옮김(2019) 『내가 있는 곳』 마음산책
- 최윤경·김민중(2006) 「리좀과 하이퍼텍스트 관점에서 본 도서관 공간구조의

이해」『한국실내디자인학회 논문집』제15권6호(통권59호)
• 테라 모리스-스즈키저, 임성모 옮김(2006)『변경에서 바라본 근대』산처럼
• Aksoy, A. and K. Robins (2010) 'Turkish Satellite Television; Toward the Demystification of Elsewhere', in C. Berry, S. Kim and L. Spigel (eds) Electronic Elsewheres: Media, Technology and the Experience of Social Space. Minneapolis and London: University of Minnesota Press
• Alison Blunt (2005) Domicile and Diaspora:Anglo-Indian Women and the Spatial Politics of Home. MA, Oxford and Victoria: Black Publishing
• Ahmed, S. (1999) 'Home and Away:Narratives of Migration and Estrangement', International Journal of Cultural Studies 2(3)
• Bhabha, H. K. (1994) Location of Culture. London and New York: Routledg
• Bhabha, H. K. (1990) 'The third space: interview with Homi Bhabha', in J. Rutherford(ed.) Identity, Community, Culture, Difference. London: Lawrence & Wishart
• Benjamin, W. and A. Lacis (2007) [1925]'Naples', in P. Demetz(ed.) Reflections: Essays, Aphorisms, Autobiographical Writings(translated by E. Jephcott). New York: Schocken Books
• Benjamin, A. (2009) 'Porosity at the edge: working through Walter Benjamin's 'Naples'', in G. Hartoonian (ed.) Walter Benjamin and Architecture. London and New York: Routledge
• Boym, S. (2007) 'Nosalgia and Its Discontents', The Hedgehog Review 9(2)
• Beck, U., A. Giddens and S. Lash (1994) Reflexive Modernisation, Cambridge: Polity Press
• Chapman, D. (2004) The third way and beyond: Zainichi Korean identity and the politics of belonging', Japanese Studies 24(1)
• Cohen, R. (1997) Global Diasporas. Seattle: University of Washington Press
• Chapman, D. (2004) 'The third way and beyond: Zainichi Korean identity and the politics of belonging', Japanese Studies 24(1)
• Deleuze, G. and F. Guattari (2004) A Thousand Plateaus: Capitalism and Schizophrenia. London: Continuum
• Fuentenebro de Diego, F. and C. Valiente Ots (2014) 'Nostalgia: a conceptual

history', History of Psychiatry 25(4)

- Hall, S. (1996) 'Introduction: who needs identity?', in S. Hall and P. du Gay (eds) Questions of Cultural identity. London: Sage
- Hall, S. (1988) 'New Ethnicities', in D. Morley and K. Chen(eds) Stuart Hall: Critical Dialogues in Cultural Studies. London: Routledge
- Kearney, M. (1998) 'Transnationalism in California and Mexico at the end of Empire', in H. Donnan and T. M. Wilson (eds) Border Identities: Nation and State at International Frontiers. Cambridge: Cambridge University Press
- Morley, D. (2017) Communications and Mobility: The Migrant, the Mobile Phone, and the Container Box. Wiley Blackwell
- Ryang, S. (2008) 'Introduction: The Sacred Text in the Making' in Writing Selves in Diaspora: Ethnography of Autobiographies of Korean Women in Japan and the United States. Lexington Books,
- Ryang, S. (2009) 'Introduction: Between the Nations: Diaspora and Koreans in Japan', in S. Ryang and J. Lie (eds) Diaspora without Homeland. University of California Press
- Said, E. W. (2003) 'Where I Am: Yael Bartana, Emily Jacir, Lee Miller', Grand Street 72 (Fall)
- Somaini, A. (2016) 'Walter Benjamin's Media Theory: The Medium and the Apparat', Grey Room 62 (Winter)
- Sennett, R (2011) 'Boundaries and Borders', in R. Burdett and D. Sudjic(eds) Living in the Endless City. London: Phaidon Press
- Şengün, S. (2001) 'Migration as a Transnational Space and Group Analysis', Group Analysis 34(1)
- Weeks, J. (1990) 'Mothers write Ikaino', in S. Ryang (ed.) Koreans in Japan: Critical Voices from the Margin. London: Routledge
- 宋基燦(2012) 『「語られないもの」としての 朝鮮学校ー在日民族教育 とアイデンティティ·ポリティクス』 岩波書店
- http://seoulbiennale.org/ko/exhibitions/cities-exhibition/world-cities/경계와-연결(검색: 2018.12.10.).

홋카이도와 아이누 민족 ― 구로타키 히데히사

- 榎本守恵·君尹彦(1970)『北海道の歴史』 山川出版社
- 海保嶺夫(1987)『中世の蝦夷地』 吉川弘文館
- 金治直美(2016)『知里幸恵物語 アイヌの「物語」を命がけで伝えた人』 PHP研究所
- 金田一京助(1942)『ユーカラ概説 アイヌ叙事詩』 青磁社
- 高倉新一郎(1942)『アイヌ政策史』 日本評論社
- 知里真志保(1955)『アイヌ文学』 元々社
- 知里幸恵(1978)『アイヌ神謡集』 岩波書店
- 勅使河原彰(2016)『縄文時代史』 新泉社
- 永井秀夫·大庭幸生編(1999)『北海道の百年』 山川出版社
- 野村崇·宇田川洋編(2003)『新北海道の古代2　続縄文·オホーツク文化』 北海道新聞社
- ＿＿＿＿＿＿＿(2003)『新北海道の古代3　擦文·アイヌ文化』 北海道新聞社
- 藤本強(1965)「オホーツク文化の葬制について」『物質文化』第6号
- 藤本強·宇田川洋(1988)「114　遺跡·遺物からみた常呂」『常呂町百年史』 常呂町
- 藤本英夫(1991)『銀のしずく降る降るまわりに　知里幸恵の生涯』 草風館
- ＿＿＿＿(1994)『知里真志保の生涯—アイヌ学復権の闘い』 草風館

오키나와 지역 마이너리티의 복잡성과 과제 ― 마키노 에이지

- 赤嶺守(2000)『琉球王国』 講談社
- 新崎盛暉(1993~2005)『沖縄同時代史』全10+1巻、凱風社
- ＿＿＿＿(2000)『ウチナーンチュは何処へ－沖縄大論争－』 実践社
- ＿＿＿＿(2001)『公正·平等な共生社会を－迫られる沖縄の選択－』 凱風社

- ________(2001)『現代日本と沖縄』山川出版社
- ________(2005)『戦後沖縄史 新版』岩波新書
- ________(2012)『新崎盛暉が説く構造的沖縄差別』高文研
- ________(2016)『日本にとって沖縄とは何か』岩波新書
- ______(2017)『私の沖縄現代史ー米国支配時代を日本で生きてー』岩波現代文庫
- 伊波普猷(1998)『沖縄歴史物語』平凡社ライブラリー
- 演劇人類館上映を実現させたい会編(2005)『人類館·封印された扉』アットワークス
- 大田昌秀(1972)『沖縄のこころー沖縄戦と私』岩波新書
- ________ 他(2013)『沖縄の自立と日本』岩波書店
- 大野隆之(2001)「滅びゆく琉球女の手記論」(沖縄国際大学文学部『日本語日本文学研究』2001年)
- 鹿野政直(1993)『沖縄の深淵 伊波普猷とその時代』岩波書店
- ________(2018)『沖縄の戦後思想を考える』岩波現代文庫
- 岸正彦(2018)『はじめての沖縄』新曜社
- 熊谷直(1993)『琉球·沖縄受難史』新人物往来社
- 小森陽一編(2012)『沖縄とヤマト』かもがわ出版
- 坂野徹·塚原東吾編(2018)『帝国日本の科学思想史』勁草書房
- 櫻澤誠(2015) 『沖縄現代史ー米国統治, 本土復帰から「オール沖縄」までー』中公新書
- 佐藤優(2016)『沖縄と差別』金曜日
- 佐野眞一(2011)『沖縄 だれにも書かれたくなかった戦後史(上·下)』集英社文庫
- 塩田潮(2019)『内閣総理大臣の沖縄問題』平凡社
- 高里鈴代(1996)『沖縄の女たちー女性の人権と基地·軍隊ー』明石書店
- 高良倉吉(2017)『沖縄問題 リアリズムの視点から』中公新書
- 中野好夫(1976)『沖縄戦後史』岩波新書
- 名越護(2006)『奄美の債務奴隷 ヤンチュ』南方新社
- 西成彦·原毅彦編(2003)『複数の沖縄 ディアスポラから希望へ』人文書院
- 西谷修·仲里効編(2008)『沖縄·暴力論』未來社
- 昇曙夢(1949)『復刻 大奄美史』南方新社
- ハント·リン(2016)『グローバル時代の歴史学』岩波新書, 長谷川貴彦訳

- 辺見庸·真取目俊(2017)『沖縄と国家』角川新書
- 外間守善(2001)『沖縄の歴史と文化』中公新書
- 牧野英二他編(2019)『哲学の変換と知の越境』法政大学出版局
- 又吉盛清(1990)『日本植民地化の台湾と沖縄』沖縄あき書房
- 松島泰勝(2014)『琉球独立論　琉球民族のマニフェスト』琉球企画
- ________(2015)『実現可能な五つの方法　琉球独立宣言』講談社文庫
- 松田京子(1996)「パビリオン学術人類館世紀転換期における『他者』表象をめぐる知」『日本学報』15号、大阪大学 文学部 日本学研究室
- 目取真俊(2001)『沖縄/草の声·根の意志』世織書房
- 屋嘉比収(2003)「近代沖縄におけるマイノリティ認識の変遷」『別冊環⑥一琉球文化圏とは何か』藤原書店
- 『大阪朝日新聞』「博覧会附録 場外余興」(1903年3月1日付)
- 『沖縄タイムス』「奄美大島の返還と琉球」1953年8月11付
- 『沖縄文化研究』法政大学沖縄文化研究所編, 第1号1974年6月-第45号2018年3月
- 『現代思想』12月号, 青土社、2012年11月
- 『現代思想の総展望2019 ポストヒューマニティーズ』青土社
- 『風俗画報』269号, 第5回内国勧業博覧会図解上編(1903)
- 『琉球新報』2018年12月25日付

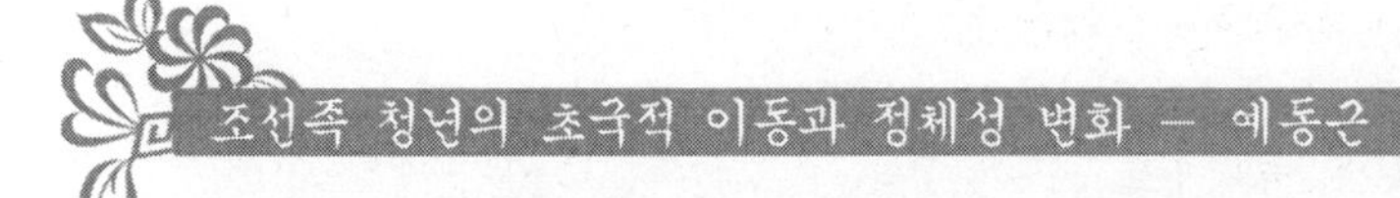

조선족 청년의 초국적 이동과 정체성 변화 — 예동근

- 길림신문사(2011)『꿈을 이룬 사람들』좋은 문학
- 서울연구원(2017)『서울 미래세대 인식조사』
- 연변대학 사회학과·서울대학 사회발전연구소(2016)『연변종합조사 사전조사』
- 예동근 외(2011)『조선족3세들의 서울이야기』백산서당
- 이삼식·방종서 외(2007)「국제결혼 이주여성의 결혼·출산 행태와 정책방향」한

국보건사회연구원 연구보고서
- 이화(2017.12.04.)「우리, 가족과 우리네 삶」『정음칼럼 90회』 인민넷
- 연합뉴스(2016)『인생을 바꾼 기차표 한 장 - 조선족31인의 성공이야기』
- 梁啟超(1989)「"少年中國說」『饮冰室合集』 中華書局
- Jimnez, Alberto Corsen, (2003)「On Space as Capacity」『Royal Anthropological Institute』9(1)

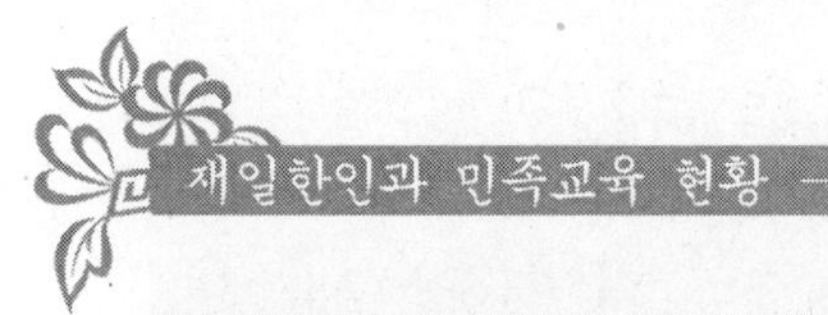

재일한인과 민족교육 현황 ― 이수경

- 김인덕 외(2013)『재일동포 민족교육 현황 조사』 재외동포재단
- 윤건차(2015)「'재일'의 정신사에 관해」『대한민국국가발전과재일코리안의역할』 동북아역사재단·청암대학교 재일코리안연구소
- 이민호(2014)『재일동포 모국 공헌의 발자취 민단은 대한민국과 하나이다』 MINDAN
- _____(2015)『신한은행을 설립한 자이니치리더』 통일일보사
- 이수경(2007)「김두용의 사상 형성과 반제국주의 사회운동(金斗鎔の思想形成と反帝國主義思想運動)」『일본어문학』제38권
- _____·권오정·김태기·김웅기·이민호(2016)『2015 재외동포재단 조사연구용역보고서 재일동포 민족교육실태 심화조사 및 정책방향 제시』 재외동포재단
- _____(2016)「재일동포사회의 갈등 기로에 섰던 박열과 김천해」『인물을 통해서 본 민단 70년사』 해외교포문제연구소
- _____(2017)「잡지『文友』와 송몽규(宋夢奎)·윤동주(尹東柱) 탄생 100주년, 그리고 일본의 현재」『학산문학』제96호 특집호, 학산문학사
- _____(2017)「재일한국인 민족교육 고찰-glocal citizenship 교육을 통한 차세대 육성-」『동아시아의 마이너리티와 日本研究』韓國日本學會(KAJA)第94回國際

學術大會
- ______(2018)「재일디아스포라 작가 김희명(金熙明)」『재외한인연구』제45호
- 이수경 외(2019)「관동지역 조선학교 방문 및 교과서 분석」『2018년 조선학교 실태 파악을 위한 기초 조사』(재외동포재단, 현재 미발간)
- 이토 히로코(2018)「조선학교 선택에 있어서 보이지 않는 경계선」『재외한인연구』제46회
- 외교부(2017)『재외동포현황2017』
- 청암대학교연구팀(2013)『재일동포민족교육현황조사』 재외동포재단
- 이수경「'재일동포교육'을 통한 '글로컬코리언' 육성 제안-(1)(2)」『세계한인신문』 2015년 6월 15일자
- MINDAN·재외동포재단(2016)『재일본 대한민국민단 창립 70주년 기념사진전』
- 『조선대학교』 2017년 학교팜프렛
- 民団新宿支部편(2009)『民団新宿60年の歩み－雑草の如く生き抜いた同胞の歴史－』東京、彩流社
- 内閣調査室『調査月報』1965年 7月號
- 日韓「女性」共同歴史教材編纂委員会 編(2005)『ジェンダーの視点からみる日韓近現代史』東京、梨の木舎
- 尹建次(2001)『もっと知ろう朝鮮』東京、岩波書店
- 水野直樹、文京洙(2015)『在日朝鮮人 歴史と現在』東京、岩波書店
- 金賛汀(2004)『朝鮮総連』東京、新潮社
- 外村大(2015)『朝鮮人強制連行』東京、岩波書店
- 「歴史教科書在日コリアンの歴史作成委員会」編(2006)『歴史教科書在日コリアンの歴史』東京、明石書]店
- 李修京(2005)『帝国の狭間に生きた日韓文学者』도쿄, 緑陰書房
- ______(2008)「金斗鎔と新人会、その後の社会運動」『種まく人』『文芸戦線』を読む會編『「文芸戦線」とプロレタリア文学』東京, 龍書房
- ______(2009)「Kim Dooyong & Takiji」『多喜二の視点から見た身体地域教育』北海道、小樽商科大学出版会, 紀伊国屋書店発売
- ______(2017)「日本の多文化共生社会化への先駆け·在日女性たちの戦後の生き様(下)：東京韓国学校の教師として43年·李和岐[『東京学芸大学紀要 人文社会科学系 I』제68권

- 金德龍(2004)『朝鮮学校の戦後史－1945~1972』(増補改訂版)、東京、社会評論社
- 藤島宇内·小沢有作(1966)『民族教育－日韓条約と在日朝鮮人の教育問題－』東京、青木書店
- 永野慎一郎(2010)「韓国経済発展に対する在日韓国人企業 家の役割」『経済研究』第23號
- 民族教育研究所編(1991)『資料集在日朝鮮人の民族教育の権利について－朝·日関係改善と国際化の流れの中で－』学友書房
- 「朴烈の釈放を要求」『朝日新聞』1945年 10月 16日字
  http://www.mindan.org/front/newsDetail.php?category=0&newsid=21353(2016년 11월 6일 열람)
- 2016년 1월 1일자『民団新聞』재일본민단중앙본부웹사이트
  http://www.mindan.org/front/newsDetail.php?category=0&newsid=21353
- 문부과학성통계「朝鮮学校無償化「母校が認められた」全面勝訴に大歓声」『毎日新聞』(2017년 7월 28일)
  https://mainichi.jp/articles/20170728/k00/00e/040/251000c
- 『学校法人 東京朝鮮学園 2018』도쿄, 학교법인 도쿄조선학원 팜플렛
- 사이타마 조선초중급학교 공식웹사이트 참조.
  http://saitamakoreanschool.ed.jp/phi.html
- 『조선신보』 2016년 4월 14일자.
  http://chosonsinbo.com/2016/04/kcna_160414-2/
- 연합뉴스, 2010년 4월 14일자.
  http://www.yonhapnews.co.kr/politics/2010/04/14/0505000000AKR20100414223700014.HTML
- 조선중앙통신발, 2010년 9월 1일.
  http://www.kcna.co.jp/calendar/2010/09/09-01/2010-0901-014.html
- 2019년 4월 22일 열람: http://keonguk.ac.jp/about/
- 2019년 4월 22일 열람:http://www.kongogakuen.ed.jp/
- 2019년 4월 22일 열람:https://kyoto-kokusai.ed.jp/kr/info
- 2019년 4월 22일 열람:http://www.tokos.ed.jp/smain.html
- 「2018 세계여권 경쟁력 1위 독일… 한국여권 경쟁력은?」『중앙일보』2018년 1월 23일 참조.

https://news.joins.com/article/22308922
- 「미국내 한인총 270만 명 달한다」『한국일보』2017년 9월 23일자 참조.
http://www.koreatimes.com/article/20170922/1077756
- 출입국 외국인정책 통계연보. 2018년 12월 6일 열람.
http://www.index.go.kr/potal/main/EachDtlPageDetail.do?idx_cd=2756
- 『朝日新聞』 2018년 8월 30일자
https://www.asahi.com/articles/ASL8Z5HRYL8ZUHBI02B.html

조선학교 교과서에서 보는 체제유용성 추구의 민족교육 ─ 권오정

- 권오정·김영석(2006)『사회과교육학의 구조와 쟁점』(증보판) 교육과학사
- 김인덕(2008)「재일조선인총연합회의 역사교재 서술체계에 대한 소고－조선역사(고급 3)를 중심으로－」『한일민족문제연구』14권
- 이경섭(1982)『교육과정』 교육과학사
- 이수경 외(2017)『2015재외동포재단조사 연구용역보고서－재일동포 민족교육의 실태 심화조사 및 정책방향 제시－』 재외동포재단
- 이토 히로코(2018)「조선학교 선택에 있어 보이지 않는 경계선」『재외한인연구』 제46호
- 李修京 編(2006)『韓国と日本の交流の記憶』白帝社
- 李修京(2008)「金斗鎔と新人会、その後の社会運動」'『種まく人』·『文芸戦線』を読む会' 編『「文芸戦線」とプロレタリア文学』龍書房
- 李修京編(2016)『誠心交隣に生きる』合同フォレスト
- 李修京·権五定(2018)「在日コリアンの'共生に生きる'という主体的選択(1)－在日コリアンの民族教育の変遷過程を辿って－」『東京学芸大学紀要人文社会科学系』第69集

- 学校法人東京朝鮮学園(2018)『学校法人東京朝鮮学園2018』
- 菊池一隆(2008)「在日朝鮮人学校における中等歴史教科書について」愛知学院大学紀要『人間文化』第27号
- 金徳龍(2004)『朝鮮学校の戦後史－1945~1972－』(増補改訂版)社会評論社
- 京都大学教育学部比較教育研究室(1990)『在日韓国朝鮮人の民族教育意識』
- 琴秉洞編(1996)『朝鮮人虐殺に関する植民地朝鮮の反応』緑蔭書房
- 崔紗華(2015)「占領期日本における朝鮮人学校ー学校の閉鎖と存続をめぐってー」『早稲田政治公法研究』第108号
- 文部科学省(2016)『平成28年度学校基本調査(確定値)の公表について』
- 東京都(2013)『朝鮮学校調査報告書』東京都生活文化局私学部私学行政課調整担当
- 内閣調査室『調査月報』(1956. 7)
- 藤島宇内·小沢有作(1966)『民族教育－日韓条約と在日朝鮮人の教育問題』青木新書
- 「4·24を記録する会」編(1988)『4·24民族教育を守った人々の記録－阪神教育闘争』ブレセンター
- Bruner, J.(1960) The Process of Education Havard University Press
- Heater, Derek(2004) A History of Education for Citizenship Routledge Falmer
- Okeeffe, Lisa(2013) "A Framework for Textbook Analysis" International Review of Contemporary Learning Research 2 No.1
- Schwab, J. J.(1964) "Structure of the Discipline: Meanings and Significances" G. W. Ford and L. Pugus ed. The Structure of Knowledge and the Curriculum Rand McNally & Co.
- Zimmer,O.(2003) Nationalism in Europe 1890-1940 Palgrave(福井憲彦 訳(2009)『ナショナリズム1890~1940』岩波書店)
- 東京朝鮮中高級学校ウエブサイト(www.t-korean.ed.jp/pg251.htm)
- 民団中央本部ウエブサイト統計(http://www.mindan.org/shokai/toukei.html)

- 강덕상 외(2007) 『재일한국인의 역사』 역사넷
- 김경해(2006) 『1948년 한신 교육 투쟁—재일조선인 민족교육의 원점—』 경인문화사
- ____(2008) 「1948년 한신교육투쟁은 우리말을 지키기 위한 투쟁」『한일민족문제연구』제15집, 한일민족문제학회
- 김인덕(2008) 「1948년 한신교육투쟁과 재일조선인 역사교육」『한일민족문제연구』제15집, 한일민족문제학회
- 김인용(2008) 「해방 전후 한국과 일본에 대한 미국의 교육정책」『교육사상연구』제22권 제3호, 한국교육사상학회
- 김태기(1999) 「GHQ/SCAP의 對 재일한국인정책」『국제정치논총』제38권 제3호, 한국국제정치학회
- 박창건(2018) 「GHQ 점령기 일본의 재일조선인 정책」『한국정치외교사논총』제39집, 한국정치외교사학회
- 윤희상(2006) 『그들만의 언론』 천년의 시작
- 이경규 외(2018) 『전후 재일조선인 마이너리티 미디어 해제 및 기사명 색인 1』 박문사
- ____(2019) 「미군정기 재일조선인 발행 신문의 문화 기사 고찰」『일본근대학연구』제63집, 한국일본근대학회
- 이행화·이경규(2018) 「미군정기 재일조선인 발행 신문의 사설 고찰—『민주신문』·『조련중앙시보』·『문교신문』—」『일본근대학연구』제60집, 한국일본근대학회
- 최영호(2007) 「재일한인 민족교육운동에 나타난 대외연대·네트워크」『한일민족문제연구』제13집, 한일민족문제학회
- ____(2008) 「해방직후 재일한인 민족교육의 특징과 한계」『한일민족문제연구』제15집, 한일민족문제학회
- 타케마에 에이지(2007) 『GHQ -연합국 최고사령관 총사령부-』 평사리
- 佐野通夫(2012) 『在日朝鮮人教育関係資料』(1), 明石書店

- ________(2012)『在日朝鮮人教育関係資料』(2), 明石書店
- 「〈主張〉学校閉鎖の悪令を即時撤回せよ」『文教新聞』第29号, 1948.04.05.
- 「朝鮮人学校閉鎖指令について」『民主新聞』第42号, 1948.04.24.
- 「〈主張〉学校閉鎖令に再警告す」『文教新聞』第31号, 1948.04.26
- 「朝鮮人教育問題に 関し 日本の 人民に 訴う!」『朝連中央時報』第33·34合併号, 1948.04.30
- 「教育問題に対する中央の交渉経過」『朝連中央時報』第35号, 1948.05.14
- 「〈主張〉民族文化の危機」『朝連中央時報』第35号, 1948.05.14.
- 「自主性は認める 文部省、地方官庁に通牒」『民主新聞』第45号, 1948.05.15
- 「〈主張〉教育弾圧に抗して」『朝連中央時報』第36号, 1948.05.21

일본 속의 마이너리티 – 임영언

- 고정자·손미경(2010)「한국문화 발신지로서의 오사카 이쿠노쿠코리아타운」『글로벌문화콘텐츠』5
- 김현선(2011)「재일 밀집지역과 축제, 아이덴티티: 오사카 '통일마당 이쿠노'를 중심으로」『국제지역연구』20(1)
- 문재원·박수경(2011)「'이카이노(猪飼野)'의 재현을 통해 본 재일코리안 디아스포라 공간의 로컬리티」『로컬리티 인문학』5
- 손미경(2013)『문화플랫폼으로서 도쿄·오사카 코리아타운』 한국외국어대학교 대학원 박사학위논문
- 선봉규(2010)「디아스포라 이주와 재영토화」『한국동북아논총』60
- 안미정(2010)「국경이 놓인 오사카 재일한인 여성의 가족과 친족」『지방사와 지방문화』20(2)
- 이윤경·윤인진(2013)「왕징 코리아타운 내 조선족과 한국인 간의 상호인식과

사회관계: 다자간 동족집단모델의 도입」『한국학연구』47
- 이상봉(2011)「오사카 조선시장의 공간정치: 글로벌화와 장소성의 변용」『한일민족문화』41
- 이호상(2011)「에스닉 커뮤니티 성장에 따른 지역사회의 변화: 도쿄 신오쿠보를 사례로」『한국도시지리학회지』14(2)
- 이희숙(2003)「재일 한인 축제를 통해서 본 장소의 정치」『한국지역지리학회지』9(3)
- 임승연·이영민(2011)「오사카 한인타운의 장소성과 재일한인 정체성의 관계적 특성 연구」『로컬리티인문학』5
- 임승연(2010)『재일 한인타운의 사회-공간적 재구성과 정체성의 정치 : 오사카 이쿠노쿠를 사례로』이화여자대학교 대학원 석사학위논문
- 임영상외(2012)『코리아타운과 한국문화』북코리아
- 임영상(2013)「코리아타운과 한류, 한국문화원」『역사문화연구』48
- 임영상(2015)「코리아타운 축제와 스토리텔링」『글로벌문화콘텐츠』20
- 임영언(2012)「도쿄(東京) 코리아타운 한류(韓流)확산과 영향에 관한 연구」『지역개발연구』44(1)
- 임영언·이석인(2013)「한류에 대한 일본인의 의식조사−신오쿠보 코리아타운 방문자를 대상으로−」『日語日文学』57
- 임영언외(2014)「오사카지역 코리안 커뮤니티의 형성과 문화적 변용 연구−이쿠노쿠(生野区) 코리아타 운을 중심으로−」『日語日文学』64
- 임채완·전형권(2006)『재외한인과 글로벌 네트워크』도서출판 한울
- 유연숙(2011)「동경의 코리아타운과 한류 : 오쿠보지역을 중심으로」『재외한인연구』25
- 지충남(2013)「재일한인 디아스포라 이주와 집거지 형성 비교 연구−올드커머와 뉴커머를 중심으로」『대한정치학회보』
- 조현미(2007)「재일한인 중소규모 자영업자의 직업과 민족 간의 유대관계−오사카 이쿠노쿠를 사례로−」『대한지리학회지』42(4)
- 장윤수(2004)「재일한인 집거지역 사회적 실태조사」『한국동북아논총』31
- 정진성(2011)「재일한국인 뉴커머 형성과정과 집주지역의 특징: 오쿠보 코리아타운을 중심으로」『사회와 역사』90

- 高賛侑(1996)『国際化時代の民族教育』 大阪：東方出版
- 康熙奉(2001)『日本のコリアン·ワールドが面白いほどわかる本』東京：樂書舘
- 金賛汀(1997)『在日コリアン百年史』 東京：三五舘
- 尹健次(1992)『在日を生きるとは』 東京：岩波書店
- 飯田剛史(2002)『在日コリアンの宗教と祭り：民族と宗教の社会学』 京都：世界思想社
- 佐々木衛(2007)「都市移住者の社会ネットワーク：青島市中国朝鮮族の事例から」『佐々木衛編『越境する移動とコミュニティの再構築』 東方書店.
- 谷富夫(1995)「在日韓国·朝鮮人社会の現在：地域社会に焦点をあてて」駒井洋編『定住化する外国人：講座外国人定住問題第2巻』 東京：明石書店
- 野村進(1997)『コリアン世界の旅』 東京：講談社
- 森田芳夫(1996)『数字が語る在日韓国·朝鮮人の歴史』 東京：明石書店
- 原尻英樹(1997)『日本定住コリアンの日常と生活：文化人類学的アプローチ』 東京：明石書店
- 原尻英樹(1989)『在日韓国人の生活世界』 東京：弘文堂
- 樋口雄一(2002)『日本の朝鮮·韓国人』 東京：同成社
- 平野健一郎(2000)『国際文化論』 東京大学出版会
- 福岡安則·金明秀(1997)『在日韓国人青年の生活と意識』 東京：明石書店
- 福岡安則(1998)『在日韓国·朝鮮人』 東京：中央公論社
- 渡辺信編(2008)『新しい経済社会学』 上智大学出版
- Blalock, H. (1967) Toward a Theory of Minority-Group Relations. New York: John Wiley.
- Blalock, H. (1989) Power and Conflict: Toward a General Theory. Newbury Park: Sage.
- Beck, Ulrich (1997) Was ist Globalisierung? Irrtuemer des Globalismus-Antworten auf Globalisierung, Suhrkamp Verlag Frankfurt am Main.
- Bourdieu, Pierre. (2001) The Forms of Capital. In the Sociology of Economic Life. Westview Press.
- Coleman James S.,(1988) "Social Capital in the Creation of Human Capital" American Journal of Sociology 94

- Kornhauser, R. R. (1978) Social Sources of Delinquency: An appraisal of Analytic Models. Chicago: University of Chicago Press.
- Gellner, Ernest (2000) Nations and Nationalism, Blackwell Publishers, Oxford.
- Redfield, Linton, R. & Herskovits, M. (1936) Insanity, Memorandum on the study of acculturation. American Anthropologist
- Smith, Anthony D.(1971). Theories of Nationalism, London: Duckworth.
- Taylor, R.B., and M. Hale. 1986. "Testing Alternative Models of Fear of Crime." Journal of Criminal Law and Criminology 77.
- Turner, J. C.,(1984) Social Identification and Psychological Group Formation, In H. Taifel(ed.), The Social Dimension: European Developments in Social Psychology, vol.1,2, Cambridge university Press, Cambridge.
- Williams, R. M., Jr. 1947. The reduction of intergroup tensions. NewYork: Social Science Research Council.
- 국내 거주 외국인: http://news.kmib.co.kr/article/view.asp?arcid=0924028012&code=11131100&cp=du (검색일: 2018.11.27.).
- 日本法務省出入国管理局統計： http://www.immi-moj.go.jp/toukei/index.html(검색일:2015.07.02.).
- 日本経済新聞 2018年9月19日： https://www.nikkei.com/article/DGXMZO35519950Z10C18A9PP8000/(검색일: 2018.11.27).

찾아보기

〈ㄱ〉
가야노 시게루 ··· 84
가와사키 ··· 294, 296, 297, 302, 303, 304, 305
가족주의 ··· 120, 121
가톨릭 ··· 13, 292
각종학교 ··· 174, 189, 224, 292
강일순 ··· 22, 23, 24, 25, 26
강제노동 ··· 110
강제이주 ··· 38, 110
개벽관 ··· 20
개벽사관 ··· 13
개신교 ··· 13
개척사 ··· 77, 78
개혁론 ··· 12
개화운동 ··· 13
거주국 ··· 33, 34, 35, 36, 37, 40, 41, 42, 44, 45, 46, 47, 50, 51, 54, 56, 58, 233, 284, 287
건동 ··· 153, 185, 274
건청 ··· 153, 185, 274, 277, 280
겨울연가 ··· 136, 298
결손가족 ··· 129
결일본 ··· 16
경유국 ··· 46
고베 ··· 267, 268, 270, 272, 279
고분시대 ··· 65
고샤마인 ··· 73
고탄모임 ··· 85, 87
공공영역 ··· 60
공생 ··· 51, 74, 84, 176, 203, 258, 259, 285, 292, 293, 297, 306, 311
공인종교제 ··· 19
공화사상 ··· 20
과학문명 ··· 12, 18
교과서편찬위원회 ··· 158, 219, 220, 231
교육법령 ··· 217, 266
교육투쟁 ··· 149, 154, 270, 279
교토국제학원 ··· 187, 194, 198
구석기시대 ··· 65, 66
구세이념 ··· 12, 14, 17, 20, 23, 27, 28
구세제인 ··· 14, 24
구시 후미코 ··· 93, 94
구신론 ··· 12
구토인 ··· 64, 78, 80
구토인학교 ··· 79
국가주의 ··· 202, 264
국민국가 ··· 33, 34, 92, 95, 139, 215
국어강습소 ··· 148, 172, 175, 214, 219
국제결혼 ··· 113, 115, 116, 218
군국주의 ··· 99, 242, 264
귀향창업 ··· 125

규슈 ································66, 67, 185
그리스도교 ··········12, 13, 17, 19, 22
근대 ·······12, 13, 14, 15, 19, 24, 26, 27, 28, 64, 65, 77, 90, 111, 136, 137, 139, 140, 161, 215, 241
근대교육 ···································139
근대제국주의 ·····························136
글로벌화 ···································125
글로컬 ················140, 201, 204, 290
금강학원 ·············187, 191, 193, 194
긴다이치 교스케 ·························80
김덕룡 ······································219
김두용 ·······················152, 153, 221
김일성 ·······156, 158, 161, 216, 221, 224, 238, 241, 242, 244, 245, 255, 256, 257
김일성종합대학 ···················182, 231
김천해 ·········151, 152, 153, 154, 221
김항 ···26
김형직사범대학 ·························231

〈ㄴ〉

나철 ·······························22, 23, 26
남경대학살 ································16
내국식민지 ································79
내셔널리즘 ·········138, 140, 147, 202, 204, 213, 215, 218, 259
네덜란드 ····································15
네트워크 ················40, 61, 288, 290
노무라 기이치 ····························82
뉴커머 ··197, 204, 297, 302, 303, 305

〈ㄷ〉

다문화 ·········130, 131, 177, 196, 292
다문화공동체 ····························292
다문화사회 ·········141, 200, 201, 282, 284, 285, 286, 288, 290, 291, 311
다문화시대 ·························284, 291
다수민족집단 ······················288, 289
다수집단 ·····················285, 287, 290
단일민족설 ·································64
대동아공영권 ······························16
대순철학 ····································26
대일강화조약 ·······························95
대종교 ································20, 22
도교 ································13, 19, 22
도쿄 ·····93, 148, 151, 157, 169, 175, 178, 180, 181, 200, 272, 281, 285, 289, 294, 298, 299, 302, 303, 308, 309, 310, 311
도쿄조선학교 ·······················177, 224
독립투쟁 ···································110
동아시아 ·······11, 12, 13, 14, 15, 17, 18, 27, 89, 90, 91, 101, 104, 105, 107, 110, 154, 182
동포청년 ····111, 112, 115, 116, 125, 126, 130, 131
동포타운 ···································117
동학 ····················14, 20, 22, 25, 26
동학농민혁명 ··························16, 17
동화정책 · 77, 79, 82, 149, 216, 245, 265
동화주의 ···································140

등소평 ……………………………………112
디아스포라 ………31, 34, 37, 38, 39, 40, 41, 42, 45, 47, 51, 54, 59, 110, 282, 303

〈ㄹ〉
러시아 …………………………15, 76, 80
류큐 ………………………90, 93, 97, 98
류큐 왕국 ‥90, 97, 99, 100, 104, 107
류큐 제도 ……………………………95
류큐독립론 …………………91, 107
류큐신보 ……………………96, 98, 100
류큐인 ……93, 95, 97, 98, 100, 104
류큐합병 ………………………………97

〈ㅁ〉
마이너리티 …11, 12, 14, 17, 19, 25, 26, 27, 28, 29, 33, 34, 35, 37, 38, 59, 64, 89, 90, 91, 92, 93, 94, 95, 96, 98, 99, 102, 104, 105, 106, 107, 232, 263, 264, 268, 279, 280, 281
마츠마에번 ……………72, 73, 74, 76
메이저리티 …92, 93, 94, 95, 98, 99, 105, 107
메이지유신 ……………………65, 77
메커니즘 ……………………………288
모국 ……33, 34, 35, 36, 37, 38, 39, 40, 41, 42, 44, 45, 46, 47, 48, 49, 50, 51, 54, 55, 56, 58, 59, 110, 111, 136, 138, 139, 140, 142, 143, 146, 147, 150, 163, 177, 186, 188, 192, 199, 201, 202, 204, 292
몰몬교 …………………………………18
무네타니해협 …………………………67
문교신문 ……264, 268, 277, 278, 280
문교위원회 ……………………………272
문부성 ……161, 174, 188, 189, 193, 195, 217, 272
문화브랜드 ……………………………118
문화연구모형 …………………………40
문화요인 ………………………………118
문화접변 …………………………………18
미군정 · 98, 199, 261, 262, 264, 265, 266, 268, 270, 272, 275, 276, 277, 279, 280
민간단체 ………………………………289
민단 …138, 139, 140, 150, 152, 153, 154, 156, 157, 185, 186, 187, 189, 196, 198, 199, 200, 202, 204, 205, 216, 217, 219, 222, 263, 274, 275, 277, 279, 280
민단신문 …………………………268, 274
민란 ……………………………14, 16, 17
민족 이산 ………………………………282
민족교육 ……135, 136, 139, 140, 141, 145, 147, 148, 149, 153, 154, 156, 157, 159, 162, 163, 164, 172, 173, 179, 182, 184, 185, 186, 187, 188, 189, 191, 192, 194, 198, 199, 200, 201, 202, 203, 205, 209, 210, 211, 212, 213, 214, 215, 216, 217, 218, 219, 220, 222, 223, 224, 225, 226,

228, 230, 231, 232, 234, 235, 240, 241, 244, 257, 258, 259, 263, 265, 266, 267, 274, 280
민족교육연구소 …154, 155, 157, 164
민족말살정책 ……245, 274
민족반역자 ……238
민족분산 ……38
민족이동 ……110
민족종교 ……25, 26
민족주체사상 ……21
민족학교 ……140, 141, 147, 149, 154, 166, 168, 171, 176, 177, 178, 185, 186, 187, 190, 195, 197, 216, 228, 268
민주신문 ……264, 268, 274, 275, 279, 280
민주주의 ……140, 147, 156, 173, 221, 252, 264
민중도교 ……13
민중사상 ……12, 13, 14, 21
민중종교 ……25, 26, 28

〈ㅂ〉

바운더리 ……60, 61
바하이교 ……18
박열 ……151, 152, 154, 185, 274
박중빈 ……22, 23, 24, 25, 26
반관숙정운동 ……16
반봉건 ……15
배외주의 ……292, 294, 302, 305
백련교 ……14
병인박해 ……13
보더 ……60, 61
북경아가씨 ……114, 115, 116, 123
불교 ……12, 17, 19, 22
불평등조약 ……15, 16
비류큐인 ……97, 103, 104

〈ㅅ〉

사이비종교 ……19
사이타마조선학교 ……173, 175
사적현대모형 ……40
사츠마번 ·90, 97, 100, 102, 104, 107
사츠몬 ……65, 69, 71, 72
사할린 ……66, 67, 69, 76, 80
사회공동체 ……32
사회생태학 ……286, 287
사회연결망 ……131
사회통제기능 ……288
삼교 ……12, 13, 22
삼교일리론 ……22
삼교회통사상 ……22
삼민주의 ……16
삼일철학 ……26
샌프란시스코강화조약 ……96, 97
생태환경 ……286
생활공간 ……46, 290, 292
샤쿠샤인 ……73
서구종교 ……27
서세동점 ……12
서울아가씨 ……115
선주권 ……64, 78, 85, 86

선주민족 ··············64, 83, 84, 85, 86
세계대전 ··64, 95, 107, 262, 265, 296
소수민족집단 ······285, 287, 288, 289, 290, 291
속조몬 ·····························65, 67, 71
수련도교 ···································13
시대사조 ···································14
시베리아 ···································66
식민지 ·····15, 28, 79, 103, 105, 143, 238, 251, 252, 256, 258, 264
신도주의 ··································264
신문화운동 ···························19, 25
신석기시대 ································65
신오쿠보 ····285, 289, 294, 297, 298, 299, 300, 301, 302, 303, 304, 305, 308, 309, 310, 311
신유박해 ···································13
신인철학 ···································26
신조선건국동맹 ··························185
신종교 ··12, 13, 14, 19, 20, 22, 23, 24, 25, 26, 27, 28
신종교 운동 ··11, 12, 13, 14, 17, 19, 20, 25, 27, 28
신흥종교 ···································19
쑨원 ···16

〈ㅇ〉

아나키즘 ··································151
아마미인 ·95, 98, 99, 100, 101, 102, 103, 104
아이누 ····63, 64, 66, 67, 72, 73, 74, 75, 76, 77, 78, 79, 80, 82, 83, 84, 85, 86, 87, 94, 100, 101
아이누문화시대 ·······················65, 73
아이누문화진흥법 ·············78, 83, 86
아이누민족문화재단 ······················84
아이누신법안 ······························86
아이누학교 ································79
아이덴티티 ········91, 92, 93, 94, 101, 105, 106, 107, 218, 219, 232, 233, 245, 246, 247
아편전쟁 ···································15
안정성 ·······251, 285, 288, 291, 292, 295, 296, 304, 309, 311
야요이시대 ···························65, 67
양계초 ····································110
에노모토 다케아키 ························80
에도시대 ··················73, 80, 90, 104
에미시 ·································66, 67
에사시 ······································73
에스닉 ·······················117, 298, 299
에조 ························66, 67, 76, 77
여래교 ······································15
역리 ···20
연계성 ·····························36, 47, 58
연미국 ······································16
연변아가씨 ························112, 115
연변화 ····································118
영국 ··15, 31, 34, 36, 37, 45, 47, 50, 51, 58, 80
영성 ····································18, 20
예속자본가 ································238

오가사와라 제도 ····························95
오사카 · 74, 100, 160, 189, 190, 192, 193, 194, 267, 270, 272, 279, 281, 285, 289, 292, 294, 295, 296, 298, 299, 300, 302, 303, 304, 305, 308, 309, 310, 311
오사카건국학교 ····························187
오키나와 ·······65, 89, 90, 91, 92, 93, 94, 95, 96, 97, 98, 99, 100, 101, 102, 103, 104, 105, 106, 107
오키나와현 ·············90, 93, 104, 107
오호츠크 ·····················66, 69, 71, 72
올드커머 ·····297, 302, 303, 305, 308
왕정복고 ····································15
외국식민지 ·································79
외국인혐오증 ······························137
우치난츄 ··························91, 92, 98
우파 ····················263, 274, 277, 280
운양호사건 ································16
원불교 ·····························20, 22
원융회통사상 ······················22, 23
원코리아 ··································202
위구르족 ··································118
위정척사 ···································16
유교 ······························12, 22, 143
유라시아 ···································66
유사종교 ··························19, 27, 28
이단 ·······································19, 28
이돈화 ·······································26
이동성 ······41, 46, 50, 121, 125, 130
이민자 ····34, 35, 36, 37, 45, 48, 50, 51, 58, 59, 298, 306, 309
이승만 ·····························240, 251
이정립 ·······································26
이주노동 ··························114, 292
이쿠노쿠 ····289, 294, 295, 296, 299, 309, 310, 311
인간존중사상 ································24
인민집단 ······················237, 241, 243
인본사상 ·····································20
인적교류 ···································288
일본공산당 ··········152, 215, 216, 221
일본정부 ····137, 149, 166, 167, 214, 216, 217, 264, 265, 266, 268, 270, 274, 277, 278, 279, 280, 295, 308, 309
일원철학 ·····································26
일제강점기 ····17, 28, 158, 265, 266, 296, 297
잇손뇨라이 기노 ··························14

〈ㅈ〉

자민족우월주의 ···························137
자이니치 ······52, 143, 218, 219, 233, 246, 247
재일교포 ···································143
재일동포 ······52, 139, 143, 146, 156, 157, 182, 185, 189, 199, 200, 202, 210, 211, 212, 213, 214, 216, 217, 218, 219, 224, 232, 233, 234, 235, 236, 237, 243, 244, 245, 246, 247, 248, 254, 257, 258, 259, 285

재일동포사회 ·········37, 59, 150, 159, 166, 182, 216, 218, 225, 226, 245, 246, 247
재일론 ········159, 160, 184, 245, 246, 247, 259
재일본조선인연맹 ·······147, 152, 211, 263, 268
재일조선인총연합회 ·············155, 212
재일코리안 ···31, 34, 36, 37, 51, 52, 54, 55, 58, 59, 60, 92, 143, 295, 296, 297, 302, 305
재일한인 ····135, 138, 139, 140, 141, 142, 143, 146, 147, 148, 150, 153, 154, 157, 159, 160, 161, 168, 185, 188, 189, 194, 196, 197, 199, 200, 201, 202, 203, 204, 205
재추축시대 ·····································19
전통사상 ··························12, 13, 22
전통사회 ·····································12
전통종교 ··························19, 22, 27
접촉이론 ·············286, 287, 288, 291
정상가족 ···································129
정신개벽 ······························20, 22
정역 ··20
정역사상 ·····································26
정주화 ·····························129, 130
정체성 ····31, 33, 35, 36, 37, 39, 40, 41, 42, 45, 46, 51, 52, 53, 54, 55, 56, 59, 60, 61, 109, 110, 139, 140, 147, 148, 150, 160, 161, 194, 201, 205, 265
정한론 ··15
제국사조 ·····································17
제국신민 ·····························64, 80
제국주의 ······12, 13, 14, 15, 26, 27, 28, 140, 149, 151, 152, 242, 252
조련 ···147, 148, 149, 150, 152, 153, 154, 155, 156, 185, 186, 188, 190, 202, 211, 214, 215, 216, 220, 221, 222, 223, 231, 258, 263, 264, 265, 274, 275, 280
조련중앙시보 ·····264, 268, 269, 270, 272, 275, 277, 279, 280
조몬시대 ····················65, 66, 67, 74
조몬해진기 ··································66
조미수호통상조약 ·························16
조선건국촉진청년동맹 ················185
조선대학교 ········141, 156, 157, 161, 163, 167, 177, 181, 182, 183, 184, 224, 231, 241
조선인 ···93, 94, 101, 103, 110, 149, 151, 152, 157, 166, 188, 189, 216, 217, 218, 244, 262, 264, 267, 268, 272, 274, 276, 297
조선인학교 ········188, 199, 212, 215, 272, 278
조선적 ·······················161, 162, 172
조선족 ········109, 110, 111, 116, 117, 119, 120, 122, 124, 127, 129, 131, 200, 203, 204
조선청년 ····································110
조선학교 ····138, 141, 154, 155, 157,

160, 161, 162, 165, 166, 167, 168, 169, 173, 176, 177, 178, 179, 180, 181, 182, 184, 191, 192, 202, 204, 209, 211, 212, 213, 214, 216, 217, 222, 223, 224, 225, 226, 227, 230, 231, 232, 233, 242, 243, 246, 247, 248, 249, 251, 255, 257, 258, 259, 263, 264, 265, 266, 267, 268, 270, 274, 275, 276, 279
조총련 ……138, 140, 153, 154, 155, 156, 157, 160, 166, 182, 187, 188, 203, 204
조총련계 ……138, 139, 141, 143, 150, 159, 202
종교학계 ……14, 19
종군위안부 ……105
좌파 ……215, 216, 263, 265, 280
중광사상 ……20
중국 ……12, 14, 15, 16, 23, 25, 66, 76, 99, 100, 101, 104, 110, 111, 112, 113, 115, 116, 118, 119, 121, 123, 124, 125, 126, 130, 131, 203, 283, 284, 299
중국동포 ……112, 115, 116, 117, 120, 123, 124, 128, 129, 131
중도파 ……280
중일전쟁 ……16
증산교 ……20, 22
지리 마시호 ……80, 81
지리 유키에 ……75, 80
지역공동체 ……287
진상조사단 ……271, 279
집거지 ……117, 295, 297, 302
집단위협이론 ……287, 288, 291

〈ㅊ〉
천도교 ……19, 25
청나라 ……15, 16, 101
청일전쟁 ……16, 17, 79
체제유용성 ……209, 213, 216, 218, 242, 258, 259
초국가주의 ……37, 41, 42
초국적 ……31, 34, 35, 37, 41, 45, 46, 47, 50, 51, 56, 59, 60, 109, 111
최제우 ……14, 21, 22, 24, 26
추축시대 ……18
친일파 ……238
친중국 ……16

〈ㅋ〉
커리큘럼 ……156, 174, 189, 211, 223, 224, 225, 226, 230, 231, 258
코리아타운 ……281, 285, 288, 289, 292, 293, 294, 295, 296, 297, 298, 299, 300, 301, 302, 303, 304, 305, 306, 307, 308, 309, 310, 311

〈ㅌ〉
타자인식 ……14, 27
탈경계 ……303
탈디아스포라 · 35, 37, 51, 54, 59, 60
탈문화 ……303

탈민족적 ……………………………118, 303
탈아입구 ………………………………15, 27
터키이민자 …31, 34, 36, 44, 46, 47, 48, 50, 51, 58
특별영주자 …………………52, 202, 284

〈ㅍ〉
패러독스 ……………………………………93
패전국 ……………………………………262
평화사상 …………………………………20
표상 ……………………………12, 14, 15, 27
피차별자 ……………………………91, 93, 98
필드워크 …………………………………304

〈ㅎ〉
하코다테 ……………………………73, 76, 78
학교폐쇄령 ………244, 266, 274, 275, 276, 277, 278, 279, 280
학우서방 ….158, 176, 231, 233, 234, 236, 247
한국사 …………………25, 193, 199, 248
한류 …122, 136, 192, 196, 202, 294, 295, 298, 300, 303
한류붐 ‥294, 297, 298, 303, 305, 310
한민족문화 ………………………………201
한신교육투쟁 ……222, 261, 263, 264, 267, 268, 270, 279, 280
한인회 ……………………………289, 304
한일국교정상화 ‥188, 214, 216, 217, 245
한일합방 ……………………………13, 17
한중청년창업센터 ……………………125
해방신문 ………………………………263
해외화교 ………………………………112
현대조선력사 ……161, 209, 232, 233, 234, 236, 242, 243, 248, 249, 255
혐한 …137, 138, 142, 203, 218, 292, 298, 302, 303, 305
협정영주권 ……………………………245
호스트사회 ………286, 287, 288, 289, 290, 291, 292, 293, 294, 306, 311
혼슈 ……………………………66, 67, 71
홋카이도 …..63, 64, 65, 66, 67, 69, 72, 74, 77, 78, 79, 80, 83, 85, 87
홋카이도구토인보호법 ……78, 79, 83
홋카이도대학인골사건 …………83, 84
홋카이도아이누협회 ……………82, 83
홍콩 ……………………15, 122, 123, 126
화쟁사상 …………………………………22
환오호츠크해권 …………………………69
후천개벽 …………………………20, 21, 28
히가 슌초 ………………………………93

〈동아시아연구총서 제6권〉

동아시아 마이너리티 사회와 타자표상

초판인쇄 2019년 05월 10일
초판발행 2019년 05월 20일

편　　자 동의대학교 동아시아연구소
발 행 인 윤석현
발 행 처 박문사
등록번호 제2009－11호
책임편집 최인노

우편주소 서울시 도봉구 우이천로 353 성주빌딩 3F
대표전화 (02) 992－3253(대)
전　　송 (02) 991－1285
전자우편 bakmunsa@hanmail.net
홈페이지 www.jncbms.co.kr

ISBN 979-11-89292-34-8　93910　　**정가** 26,000**원**